Azaña. Los que le llamábamos don Manuel

Historia

Josefina Carabias
Azaña. Los que le llamábamos don Manuel

Prólogo de Elvira Lindo

Seix Barral

PEFC Certificado

Este libro procede de
bosques gestionados
de forma sostenible

PEFC/14-38-00305   www.pefc.es

© Josefina Carabias, 1980
© del prólogo, Elvira Lindo, 2021
© Editorial Planeta, S. A., 2021
    Seix Barral, un sello editorial de Editorial Planeta, S. A.
    Avda. Diagonal, 662-664, 08034 Barcelona (España)
    www.seix-barral.es
    www.planetadelibros.com

Adaptación de la cubierta: Booket / Área Editorial Grupo Planeta
Fotografía de la cubierta: © Patricia Toth McCormick / Getty Images
Primera edición en Colección Booket: marzo de 2025

Depósito legal: B. 3.637-2025
ISBN: 978-84-322-4441-4
Impresión y encuadernación: QPprint
Printed in Spain - Impreso en España

Biografía

Nacida en 1908 en Arenas de San Pedro (Ávila) en una familia de agricultores acomodados, Josefina Carabias terminó el bachillerato a escondidas de sus padres, quienes, cuando tenía catorce años, la sacaron del colegio del pueblo. A los dieciocho consiguió marcharse a Madrid, donde estudió Derecho, se alojó en la Residencia de Señoritas y pasó largas horas en el Ateneo. Con veintidós años empezó a colaborar en la revista *Estampa*, cuya difusión era tal que, a los pocos meses, en sus propias palabras, «ya me reconocían por la calle». Durante los años de la República colaboró en medios como los diarios *Ahora*, que dirigía Manuel Chaves Nogales, *La Voz*, donde fue redactora de plantilla, y con Radio Madrid. En el invierno de 1936, ya casada, se trasladó a Francia, donde nació su hija Carmen. Volvió a Madrid a finales de 1942, cuando su marido, José Rico Godoy, salió de la cárcel y, aunque las autoridades le prohibieron escribir con su nombre, lo hizo utilizando pseudónimos hasta que pudo recuperar su identidad en 1948. En 1951 le fue otorgado el Premio Luca de Tena y en 1954 fue nombrada corresponsal en Estados Unidos para varios periódicos de Barcelona, Bilbao y Madrid. En 1959, se trasladó a París como corresponsal para el diario *YA*. De vuelta en Madrid en 1967 consiguió su propia columna diaria, «Escribe Josefina Carabias», que mantuvo hasta su jubilación en 1979. Murió de un infarto el 20 de septiembre de 1980, poco después de enviar las páginas de Azaña a la editorial.

He tratado de gobernar mi país con razones y con votos y me han respondido con calumnias y fusiles.

Que me dejen donde caiga. Si alguien cree que mis ideas pueden ser útiles, que las difunda.

Manuel Azaña

JOSEFINA CARABIAS LO HIZO ANTES

La lucha de esta singular mujer abarca un siglo. O casi. Comenzó en la primera adolescencia, años veinte del siglo pasado, cuando fue prematuramente consciente de que no le gustaba el futuro al que estaba destinada. Hija de unos pequeños terratenientes de Arenas de San Pedro (Ávila) debía cumplimentar su educación básica con lo que entonces se consideraban las disciplinas de la condición femenina, aquellas que preparaban a las niñas bien para el matrimonio: algo de cocina, algo de música, algo de costura. Saberes que jamás le interesaron. Era tal su frustración en aquel colegio de monjas en el que la matricularon que un primo suyo se ofreció a prepararla a escondidas para que obtuviera el título de bachiller. No hay rebelión tan esclarecedora como la de estudiar en la clandestinidad, en contra de la voluntad familiar. Pepita, como así era llamada entonces Josefina, presentó a sus padres el título como una declaración de intenciones y les dio, como recuerda su hija Mercedes, «el disgusto de su vida». Esta subversión inicial fue el principio de una peripecia vital marcada por una tozuda independencia de criterio. La joven expresó a sus padres la voluntad de estudiar una carrera en Madrid. Resignados, aprobaron la decisión siempre y cuando estudiara Farmacia, una titulación apropiada para una chica, y ella, echando un último pulso al deseo de sus padres, eligió Derecho. Rendidos ante tal empecinamiento, los progenitores de Pepita le buscaron plaza en la Residencia de Señoritas. Puede que les tranquilizara ese nombre, *señoritas*, sin advertir que aquel centro creado por la pedagoga María de Maeztu no era sólo ese lugar en el que se vive mientras se cursa una carrera universitaria sino una institución que trataba de impulsar en España una élite cultural femenina y alentaba para ello las ambiciones de las estudiantes.

La joven se licenció en 1930, pero su actividad no se redujo a una mera preparación académica: Carabias estudia y frecuenta el Ateneo; estudia y se cuela en las tertulias de los cafés, los verdaderos centros neurálgicos de la vida cultural, conversaciones sobre el mármol donde se dan cita las grandes personalidades intelectuales del momento. El talento para las relaciones sociales, la curiosidad y el desparpajo la ayudan a traspasar las barreras con que la élite cultural y política bloqueaba la presencia de las mujeres. Es en el Ateneo, antes de que pudiera imaginarse que en poco tiempo se convertiría en periodista, donde Josefina conoce al hombre en el que se centran las páginas de este libro. Ya el título, *Los que lo llamábamos don Manuel*, adelanta y contiene la relación que la autora mantuvo con el político, previa esta también a que él se convirtiera en Azaña, la figura cardinal de la Segunda República Española.

El tipo huraño, atrabiliario y en ocasiones malhumorado que era don Manuel honraba de pronto con una amabilidad inesperada a personas que, como recuerda Carabias, nada tenían que darle ni tampoco que pedirle. Ese hombre, cuyo carácter poseía la facultad de provocar siempre sentimientos encontrados, de la admiración rendida al odio desatado, se acercaba a los jóvenes que frecuentaban el Ateneo con el ánimo de indagar en sus gustos y opiniones, perdía sus buenos ratos tratando de averiguar cuáles eran las tendencias culturales y políticas de estos discípulos, aunque jamás halagó los oídos de los llamados jóvenes levantiscos. Don Manuel no era de dar coba a nadie, y menos a estos muchachos que le debían de considerar un viejo prematuro. Pero cuando el hombre se sentía a gusto charlando en un círculo no amenazante, fueran jóvenes, empleados rasos o personas que por su bonhomía le caían bien, se explayaba en el terreno de la ironía y el humor mordaz.

Entre los jóvenes frecuentadores del Ateneo estaba Josefina Carabias, ya inmersa en la vida social madrileña, alegre, dinámica, con ese aire de modernidad y rebeldía que emanaban las chicas que decidían romper con la tradicional melena y cortarse el pelo «a lo *garçon*». La cronista, que siempre dominó el arte de reproducir los diálogos con viveza y precisión, recupera esta secuencia de encuentros con Don Manuel, golosas conversaciones en las que el hombre cincuentón pregunta a la muchacha sobre sus aspiraciones, disfruta vacilándola, prestando oído atento a sus opiniones y contestando a preguntas que de tan impertinentes son ingenuas: «¿Cuántos años tiene usted, don Manuel?». Se trasluce un cariño paternal, ajeno a la condescendencia, en este hombre socarrón pero siempre intimidante que fue Azaña: «Siempre que hablé con él, sobre todo al principio, tuve miedo de decir alguna tontería». Esos encuentros con el futuro ministro de Guerra, primer ministro y presidente de la República serán determinantes para la posición ideológica de la joven, inclinada desde aquellos años hacia el socialismo republicano y azañista convencida, una condición esta última más humana que política, caracterizada por defender la honestidad del político incluso en los momentos históricos en los que resulta complicado compartir sus decisiones.

Es en estos primeros años ateneísticos cuando la chica que jamás había considerado ser periodista recibe el encargo de la revista *Estampa* de entrevistar a Victoria Kent, entonces directora general de Prisiones; dicha pieza, publicada en una revista semanal que cuenta con una tirada cercana a los doscientos mil ejemplares, le ha de abrir las puertas al mundo de una inesperada vocación a la que entregó la vida. En dos meses la que firmara sus primeros artículos como Pepita se iba a convertir en una de las firmas más populares del periodismo en tiempo de la República. Su juventud, su espíritu audaz y su disponibilidad a tiempo completo para narrar una época fascinante la convierten no solo en cronista sino también en personaje de aquellos tiempos. Como los artículos y entrevistas se publicaban con la foto de la autora, su rostro se hizo tremendamente popular, hasta el punto de que la joven temía tomar el tranvía los sábados por temor a ser reconocida. Santiago Carrillo, el líder del Partido Comunista de España, recordaría en un documental dedicado a la figura de Carabias la sensación extraordinaria que ésta provocaba en un ambiente reservado a los hombres. Intrépida, con chispa, y añadía Carrillo, «además, era muy bonita».

Carabias pasó de una publicación a otra, de la revista *Estampa* al periódico *Ahora* de Chaves Nogales, cuya voz también vemos reproducida en este libro; de los medios escritos a los micrófonos de Unión Radio, donde su manera de contar, llana y directa, sedujo a la audiencia. Josefina

Carabias sostenía con humildad y sabiduría periodística que «escribir es fácil, que la dificultad estriba en hacerse leer». Ser atractiva, jamás verbosa, no engolfarse en la faena, huir de la retórica, estar al servicio de los lectores. De ese estilo fue la maestra. Y también pionera en muchos géneros, como el periodismo de inmersión, infiltrándose en un oficio u otro, haciéndose pasar, por ejemplo, por camarera en el Hotel Palace de Madrid durante una semana, y adecuando el estilo narrativo a cada relato. Cuando se habla de innovación del periodismo, de darle alas al oficio y darle un aire literario, no es necesario mirar hacia América: Josefina Carabias lo hizo antes. De los reportajes sobre la reforma agraria en la República a sus popularísimas crónicas de fútbol ya en la España de Franco. Esa brava disposición para enfrentarse a cualquier tema, esa flexibilidad de cronista todoterreno fue lo que llamó la atención, entre otros, al periodista Chaves Nogales.

Contaba la joven Carabias con un escenario apropiado, Madrid, ciudad entonces tan pequeña como fascinante. Podemos escuchar los pasos de la periodista por las aceras yendo de la redacción del *Ahora* a la tertulia de la Granja el Henar, y del café a la casa de Valle-Inclán. Acude a la radio, donde da un boletín, viaja a El Escorial para relatar el veraneo de los políticos, se marcha al Congreso de los Diputados para estar al tanto de lo último, visita de cuando en cuando el domicilio de don Manuel. Y todo eso que podría ser fatigoso para el lector, como lo son en las biografías los cambios de domicilio, se contagia de una ligereza en la escritura que nos hace a nosotros volar también de un lado a otro por aquel Madrid vibrante, maqueta de la ciudad moderna.

La vida de Carabias merece una biografía rigurosa. Fue una pionera en muchos aspectos. Aunque comparte con Carmen de Burgos (Colombine) haber abierto brecha en el periodismo español escrito por mujeres, podemos considerar a Josefina Carabias la primera periodista profesional, no simple colaboradora, contratada por un medio para formar parte de una redacción. Son muchos los pasajes sorprendentes protagonizados por ella misma, aunque su talante le impidiera usar la primera persona y siempre pusiera el foco en los personajes que ella observa. Vivió la aventura del siglo xx, con su estela de drama y aventura. Al estallar la guerra civil huye a París con su marido, José Rico Godoy. Tras la contienda éste vuelve a España creyendo ingenuamente la promesa de Franco —«No debe temer nada quien no tenga las manos manchadas de sangre»— y es detenido apenas pisa tierra española. Tres años pasó en la cárcel. Mientras, Josefina se queda sola, embarazada de su hija Carmen, abandona el París ocupado y se instala en Poitiers, valiéndose de su carta de refugiada y de las escasas colaboraciones que enviaba a medios latinoamericanos. Su primera niña nace en Francia. Cuando al fin José Rico es liberado, Carabias vuelve a España, donde nace su segunda hija, Mercedes. La periodista se siente muy señalada, su lealtad a Azaña y su republicanismo son de sobra recordados. Hasta en su pueblo figuraba una placa en la que se la reconocía como «la gran propagandista de la República». Durante años publicará escondida tras el seudónimo de Carmen Moreno, aunque con esta identidad consigue de nuevo conquistar a los lectores. En 1948 vuelve a firmar con su propio nombre tras incorporarse a *Informaciones* y en 1951 recibe el Premio Luca de Tena.

Cuando poco tiempo después se enteró de que se abría una corresponsalía en Washington para los periódicos dependientes del *Informaciones* se ofreció a ocuparlo ella. No tenía miedo. Se convirtió en la primera mujer española en llevar una corresponsalía. Sus crónicas desde Estados Unidos, descriptivas de la vida cotidiana, eran esperadas con avidez por un público lector que encontraba en la información internacional aquello que le negaba la censura del periodismo patrio. Ella se inventó esa crónica vivaz que despegaba de la estricta información política para así satisfacer la curiosidad de los españoles sobre lo que sucedía más allá de la grisura nacional. De Washington partió años después a París, un universo que conocía más a fondo, y ahí sí se empleó de lleno en la información política. En 1967 regresaron los Rico-Carabias a España para instalarse de nuevo en Madrid, donde Josefina seguiría ejerciendo su labor periodística, atenta desde el diario *Ya* a los cambios lentos pero imparables que iba a traer la democracia. Cabría pensar que la periodista escribía un diario o apuntaba aquello que había vivido con el fin de no olvidarlo y reescribirlo, pero sus hijas no encontraron tras su muerte cuadernos que hicieran pensar en la existencia de borradores. Era Carabias una mujer con una memoria portentosa y lo que podemos leer de su pluma es aquello que fue publicado en su momento o recordado sobre la marcha para editarse en libro. Ahí están sus entrevistas a personalidades como Unamuno, Valle-Inclán, Margarita Xirgu o Baroja. Lo extraordinario en esos retratos que nacen de la pluma de una mujer en absoluto egocéntrica nos revela a través de un estilo sencillo y transparente su carácter audaz y una tendencia innata a la ironía.

Josefina Carabias tuvo la oportunidad de disfrutar de la llegada de las libertades a España. Tal vez esa circunstancia también histórica activó sus recuerdos y la llevó a escribir este libro en 1980. De memoria reconstruyó los encuentros que tuvo con aquel al que algunos llamaban don Manuel. La narración se abre paso en el momento en que Azaña es elegido presidente del Ateneo, da cuenta luego de las charlas que se producían de manera fortuita en los salones del Congreso de los Diputados, y ofrece una perspectiva inédita de las decisiones políticas de un hombre encerrado en sí mismo, poco amigo de dar explicaciones, tan justo unas veces como arbitrario otras. Si la voz de Carabias nos resulta auténtica en este relato es porque no es una admiradora acrítica de su personaje. Este retrato desbordante de Azaña está compuesto por confesiones a las que el político era aficionado cuando se encontraba entre personas de su confianza. Como periodista, Josefina Carabias sintió en numerosas ocasiones que don Manuel la hacía caer en una trampa, porque ella, que vivía de contar, se veía obligada a callar aquello tan interesante que escuchaba por lealtad hacia el político. También influía en su silencio un compromiso ético en el desarrollo de su profesión que la hacía distinguir entre lo público y lo que se dice en un ámbito de confianza. No quería dejar a su eminente amigo en un mal lugar, pero también era muy consciente y, así se lo transmitió, de que algún día lo contaría todo.

Aquí tenemos lo que la mujer de memoria prodigiosa recordó muchos años después. Es el relato de una periodista que jamás traicionó el afecto y la admiración que sentía por Manuel Azaña. Incluso cuando en esa larga noche que fue el franquismo se recurría al nombre del presidente de la República sólo para calumniarlo, Carabias se atrevía a mantener esa alianza secreta que se creó entre los dos cuando ella era una chica de veinte años y él un señor de cincuenta. Las páginas dedicadas a los últimos días de don Manuel estremecen. Se trata del testimonio directo del fiel amigo del político, el pintor Francisco Galicia, al que Carabias conocía. El deterioro repentino y brutal de Azaña en el exilio francés, auxiliado por unos cuantos fieles y por la embajada mexicana, es narrado desde dentro de la habitación del pequeño hotel en Montauban donde el político agonizó y murió.

Josefina Carabias trata de redimirlo de la idolatría y del odio, esos dos sentimientos que deshumanizan a un personaje que ha de ser observado con justicia y sosiego por la historia. Nos lo devuelve la periodista al momento presente y, por obra de ese estilo en el que imperan la naturalidad y la verdad, parece que lo estamos escuchando de viva voz, que somos uno más entre el grupo de privilegiados que despertaba su simpatía. La mirada de Josefina Carabias es imprescindible para entender aspectos psicológicos de esta figura esencial de nuestra historia reciente. Virtudes y defectos que se complementan, que lo humanizan: el carácter generoso enfrentado al temperamento maniático, la austeridad en las formas en contraste con el amor por la belleza y el bienestar burgués, la reacción desabrida con unos con la respuesta generosa hacia otros; la antipatía unas veces y el humor socarrón otras. Son esas historias de cronista que pocas veces se cuelan en los libros de historia y que nos hacen comprender, junto con la literatura, la complejidad de los seres humanos sometidos a la dramática sacudida de los hechos.

La pregunta planea a lo largo de la lectura de este apasionante libro: ¿por qué ha estado tanto tiempo fuera de circulación, descatalogado? Ustedes se van a preguntar lo mismo cuando se sientan inmersos en sus páginas, seducidos por la pluma de una maestra del retrato. Construye la figura de Azaña haciéndolo progresar en esa década fundamental, de 1930 a 1940, de uno a otro de los escenarios en los que transcurrió su vida política, esa que fuera del ascenso a la derrota, y enriquece el punto de vista narrativo con las miradas de Negrín, Valle-Inclán, Largo Caballero, Chaves Nogales, Lola Rivas Cherif (esposa de Azaña), Alcalá Zamora, Indalecio Prieto, Unamuno, Margarita Xirgu y tantos otros que protagonizaron estos diez años fascinantes y convulsos. Se trata de una polifonía de voces en las que escuchamos el clamor de aquellos tiempos.

Este libro tiene que llegar a las manos de quienes sueñan con ser periodistas, de quienes ya lo son, de las mujeres que anhelan un ejemplo de coraje, de los que no lo leyeron en su momento, de los que no lo han incluido en su listado de crónicas fundamentales de la República. Puede estar en las manos de cualquiera porque Josefina Carabias tenía el don y la voluntad de escribir para todo el mundo, con una humildad de estilo que hacía que pudiera saborearla cualquiera. La periodista no pudo ver este volumen publicado: murió cuando el libro estaba en la imprenta. Para los lectores de 1980 fue una gran sorpresa, también para sus más allegados, porque Carabias no era muy aficionada a contar batallas ni a hacer gala de las aventuras en las que se había visto inmersa, sino a dejarlas por escrito.

Cuando nos sintamos creadores de un género, inventores de un estilo, cuando tengamos la tentación de atribuirnos méritos o colocarnos en la solapa el título de innovadores, recordemos antes de que la vanidad nos ciegue que Josefina Carabias ya lo hizo antes.

ELVIRA LINDO

INTRODUCCIÓN

Cuando se cumplen cien años de su nacimiento en Alcalá de Henares y cuarenta de su entierro en Montauban (Francia), la figura de Manuel Azaña, nunca olvidada pero sí escarnecida durante decenios, vuelve a inspirar respeto y hasta admiración.

Para quienes le conocimos y hasta le tratamos durante varios años, es un deber contar cómo era, o cómo nos parecía, aquel hombre poco común que, habiendo vivido cincuenta años en una relativa oscuridad, dentro de un círculo reducido de intelectuales, dio en sólo los diez años siguientes el salto a la fama más extensa, conoció el sabor del triunfo, la mordedura de la calumnia y, finalmente, un doloroso calvario.

Esto que tiene el lector en sus manos no es una biografía más de Azaña. Es sólo un modesto testimonio de primera mano, que puede servir a sus biógrafos.

Se ha hablado de «los dos Azañas». A mí, desde que le conocí, antes de que fuera conocido en España y en el mundo, hasta que le perdí de vista, siempre me pareció uno solo. Un hombre más humano de lo que él dejaba ver, con más corazón del que mostraba y con no pocas contradicciones dentro de sí mismo.

Procuraba mostrarse siempre enérgico, pero él sabía que no lo era tanto.

«Si la República no se hace respetar, se hará temer», le oímos decir con la mayor firmeza una tarde inolvidable que la República y él mismo habían sufrido una afrenta inesperada, una acometida grave.

«Si ellos derriban la silla, yo derribaré la mesa», fue otra frase suya muy aplaudida.

Y, sin embargo, él era el primero en no ignorar, sobre todo a medida que transcurría el tiempo, que a la República española muy pocos la respetaban y ninguno la temía. Que por muchas sillas que derribasen otros, él no derribaría ninguna mesa —lo que solía hacer era restaurarlas en vista de que le encantaban los muebles de estilo, que son los que usan los gobernantes—, porque nunca se hubiera perdonado que la mesa pillara debajo a un niño, un gato o una mujer de las que hacen la limpieza en los Ministerios.

Mi interés por Azaña empezó porque me parecía un ser humano raro, muy distinto hablando con él de como se le veía desde lejos. Nunca llegó a inspirarme tanto cariño, tanta simpatía como otros grandes hombres de su tiempo —Baroja o Valle-Inclán, por ejemplo—, porque también le traté menos.

Nunca le pedí ningún favor. Tuve, sin embargo, el honor de que él, desde la altura en la que se hallaba entonces, me pidiera a mí uno. Un favor muy modesto, muy pequeño, pero con el que me honró como si fuera él quien me lo hacía, porque me daba ocasión de aportar un granito de arena a la obra difícil que se traía entre manos aquellos días, y que consistía nada menos que en salvar la vida de un hombre, sin que se supiera —habría sido imprudente tal como estaban las cosas— que era él quien ponía más tesón en aquella empresa humanitaria que consistía en evitar al general Sanjurjo el pelotón de fusilamiento.

Pero, si bien este libro no es una biografía, tampoco es una apología.

Aunque oyéndole hablar lo pareciera, Manuel Azaña no era un hombre perfecto, ni siquiera un político perfecto. Cometió bastantes errores, entre otros, el no darse cuenta de que la pasión de mandar no era en él lo bastante fuerte —aun siéndolo mucho— para poder dominar con éxito situaciones tan terribles como las que le tocó afrontar.

Tampoco diré que este libro sea absolutamente imparcial. Azaña, que no era capaz de disimular sus antipatías, aunque fueran justas —mala cualidad para un político—, también era muy leal y constante en sus simpatías. Yo le caí bien desde que nos conocimos antes de que fuera conocido. Siempre tuvo para mí una sonrisa, una palabra amable, incluso cuando me tropecé con él en malos momentos suyos. ¿Quién es insensible a eso? Yo no.

Algo que quiero aclarar, y porque quizá choque al lector a lo largo de este libro, es que todos los que intervenimos nos llamábamos de usted. El tuteo, ahora tan corriente y contra el que yo no tengo nada porque me resulta agradable y amistoso, era entonces muy raro.

Incluso los socialistas, que se trataban entre sí de «compañeros», incluso en el hemiciclo de las Cortes, eran muy pocos los que se tuteaban. Prieto llamaba de usted a Lar-

go Caballero; Saborit, antiguo tipógrafo, se trataba de usted con Manuel Muiño, que seguía siendo portero de una
finca urbana, porque «esto de diputado no va a durar siempre», decía él, y todos absolutamente llamaban de usted
a Besteiro, la figura más respetada y admirada, sin apear-
le jamás el «don» antepuesto a su nombre. «El compañero don Julián», decían cuando hablaban de él unos con
otros.

Eran otros tiempos y otras costumbres lo que he querido retratar fielmente en este puñado de recuerdos. Creo
que todos los que hemos vivido una época histórica —en
algunas cosas tan distinta, en otras tan semejante a la actual— tenemos el deber de contar lo que vimos, aunque
sea mal contado, como es mi caso.

I

CUANDO LOS JÓVENES FUIMOS
A BUSCARLE

—¿Cuántos años tiene usted, don Manuel? Supongo que a un futuro hombre de Estado se le puede hacer esa pregunta sin que resulte indiscreta.

—Tengo cincuenta años cumplidos. Nací en enero de 1880.

Estábamos en la galería central del Ateneo y no sé por qué a mí se me ocurrió plantearle tal pregunta mientras él andaba en aquellos momentos mirando paredes, techos y muebles a fin de hacer un cálculo, muy por lo alto, sobre lo que costaría poner un poco decentes aquellos salones que habían caído en un lamentable estado de cochambre durante los años en los que, por razones políticas —solidaridad con la Junta Directiva que presidía el doctor Marañón y cuyos miembros en su totalidad fueron metidos en la cárcel bajo la acusación de haber tomado parte en la famosa «sanjuanada» contra el general Primo de Rivera—, habían desertado de aquella casa un gran número de intelectuales y figuras conocidas.

Al caer la Dictadura, volvió la Junta legítima a sustituir a la llamada «facciosa» (por haber sido nombrada de Real Orden) y volvieron los antiguos socios ilustres. Azaña entre ellos.

Seguramente puse una cara muy rara porque, para mí, cincuenta años eran la ancianidad. Además, Azaña tampoco representaba menos. Lo notó y me dijo medio riendo, como para disculparse:

—Sí; reconozco que es un poco tarde para empezar una carrera política. Ya lo intenté mucho antes. Pero sin suerte. Ahora, el intento va a ser todavía más dificultoso e infinitamente más arriesgado.

Conste que no le hacía aquellas preguntas para publicarlas en ninguna parte. Yo no era todavía periodista ni pensaba que lo sería nunca. Se las hacía por curiosidad.

Lo que me había chocado no era que Azaña tuviera cincuenta años en 1930 —ya he dicho que parecía tener esa edad o más—, sino que hubiese en el mundo alguien que, teniendo tal cantidad de años, lo dijese tan tranquilo, sin echarse a llorar.

También me resultaba chocante sentir simpatía y encontrarme en muchas cosas de acuerdo con un señor que tenía tres años más que mi padre.

No sé si Azaña participaba del entusiasmo por la juventud que en aquellos momentos estaba tan de moda. Supongo que no desde el momento en el que no sólo no hizo nada por disimular su edad, sino que sus primeros trabajos literarios los publicó en una revista llamada *Gente Vieja* —un título que ahora parece inconcebible, disparatado, extravagante—, a pesar de que él por entonces era muy joven.

Tampoco había hecho nunca alusiones halagadoras hacia los estudiantes levantiscos, como hacían otros políticos e intelectuales, ni nos había enviado ninguna carta como aquella que nos envió don Miguel de Unamuno desde su voluntario destierro en Hendaya, carta de la que hicimos miles de copias en ciclostil y que comenzaba diciendo: «Recuerdo, estudiantes de mi España...».

No. Nada de eso. Azaña no daba coba a nadie, aunque, contra lo que mucha gente creía y sostenía, era un hombre amable al que gustaba reír y gastar bromas. Hablaba casi siempre en tono humorístico, aunque a veces fuera un humor mordaz. Solamente se mostraba antipático a propósito, cuando él quería y con quien, según su criterio, se lo merecía. Pero, desde el principio, tuve la impresión de que le costaba cierto esfuerzo.

Sin embargo, y a pesar de estar convencida de que los problemas, las aspiraciones e incluso el orgullo de la juventud de entonces no entraban para nada en sus preocupaciones, se sintió muy halagado cuando un grupo reducido de chicos, en el que también figurábamos dos chicas, fuimos a verle para que accediera a presentar su candidatura a las elecciones para el puesto de depositario, que era el único que en aquellos momentos había quedado vacante en la Junta Directiva del Ateneo.

Casi ninguno de los que fuimos a verle le conocíamos. Ni siquiera el que dirigía el grupo, que era Santos Martínez (Santitos, le llamábamos), que más tarde sería su fiel secretario y al que él nombra mucho en sus memorias.

—¿Cómo se les ha ocurrido a ustedes pensar en mí? —nos preguntó.

—Porque sabemos que usted es el único que puede salvar el Ateneo de la decadencia en la que ha caído. Hace años que no se compra un libro ni nadie se preocupa de nada. Aquello está desastroso.

—Sin embargo, ya ha vuelto a sus funciones la Junta legítima, la que la Dictadura encarceló y destituyó. Esa Junta hará lo que pueda para poner las cosas en orden.

La Junta a la que Azaña aludía estaba formada por el doctor Marañón como presidente y figuraban en ella el poeta Luis de Tapia, el catedrático Jiménez de Asúa, el doctor don Salvador Pascual, otro encantador personaje barbudo, el señor Dubois y algunos más.

—Pues precisamente queremos que en esa Junta figure también usted, en el único cargo que, de momento, está vacante. Además, pronto habrá otras elecciones porque termina el mandato reglamentario y entonces usted podrá ser de nuevo secretario o tal vez presidente. Está claro que el doctor Marañón no se presentará. No podría, aunque quisiera, ocuparse de eso.

Le explicamos también que los socios viejos nos habían contado cosas de la época de esplendor que había atravesado el Ateneo mientras Azaña fue secretario. Lo bien cuidada que estuvo la biblioteca, la forma perfecta en la que funcionaba todo.

Los empleados que servían los libros —el viejo Mallas, el serio y eficiente Mariano, el simpático Juanito— nos explicaron muchas veces que don Manuel Azaña no sólo los trataba con una amabilidad inolvidable, sino que, cuando a uno de ellos —Mariano— le llegó la hora de hacer el servicio militar, lo que equivalía a dejar sin pan a sus padres durante tres años —entonces duraba ese tiempo la mili—, don Manuel consiguió que la Junta le prestase a Mariano las mil pesetas que costaba entonces hacerse «soldado de cuota». El convenio era irle descontando el préstamo a razón de veinte pesetas mensuales. Pero como a Azaña le daba fatiga rebajar de unos honorarios modestos esa cantidad, respetable a la sazón, a un empleado tan honesto y tan eficiente, se le ocurrió subirle el sueldo a Mariano en cuatro duros al mes y le descontó la deuda de la subida.

Todas estas historias y otras muchas que sabíamos de la época ateneística de don Manuel Azaña fue lo que nos decidió, a unos cuantos de los que habíamos tomado cariño a la casa, a tratar de convencerle para que volviera a la Junta.

—Yo se lo agradezco mucho. Pero ¿y si me derrotan? Yo tengo bastantes enemigos dentro del Ateneo. Ya habrán ustedes oído hablar mal de mí. Siempre se me ha discutido mucho allí dentro.

—Precisamente por eso hemos venido a ofrecernos a trabajar para que usted vuelva. Se le sigue discutiendo. Eso es bueno para usted y para nosotros. Nos gustan la lucha y las dificultades —dijo uno de los chicos.

—Además, aunque nosotros no le conocíamos, nos hemos fijado en que siempre que se arma entre los «antiguos» alguna discusión a propósito de usted, los que están en contra suya son los que dicen más tonterías. Los inteligentes le defienden —dije de pronto sin poder contenerme, aunque arrepintiéndome enseguida de haber hablado. Mi papel se reducía a «hacer bulto». Eran otros los que tenían que hablar.

Creo que hasta me sofoqué y hubiera querido desaparecer. Azaña, incluso cuando se mostraba risueño y acogedor, era un hombre cuya presencia intimidaba. Siempre que hablé con él, sobre todo al principio, tuve miedo de decir alguna tontería.

El hecho de que todos rieran —incluso el propio Azaña— no me tranquilizó en absoluto. Comprendí, además, que aquella razón no era electoralmente válida. En todas partes, incluso en un centro tan prestigioso como el Ateneo, los tontos son más que los inteligentes. Y como se trataba de unas elecciones democráticas que ganaría el que reuniera más votos, yo había perdido una magnífica ocasión de quedarme callada.

Creo que para lo único que me valió aquello fue para que don Manuel Azaña se fijara en mí con benevolencia y me tratara de entonces en adelante empleando el tono humorístico, que era el terreno en el que él se sentía más cómodo, aunque tantos le tuvieran por hombre adusto y desagradable. Tal vez lo fuese con los que le caían mal.

Azaña aceptó. No recuerdo cuál era su contrincante, pero sí que la elección resultó bastante reñida. Mucho menos lo fue meses después la de presidente, a pesar de que sus fogosos enemigos seguían en contra.

—Para ese cargo —decían— hace falta un intelectual de prestigio. Lo que se llama «un figurón». No se puede elegir presidente del Ateneo a alguien que no es conocido más que aquí dentro. El noventa y ocho por ciento de los españoles ignoran que Azaña existe. Esta casa la han presidido los hombres más ilustres de España, desde el duque de Rivas hasta Marañón, pasando por Cánovas y Romanones.

Aclararé que la división de los socios del Ateneo entre «azañistas» y «antiazañistas» no correspondía a la división clásica en derechas e izquierdas.

Entre los enemigos de Azaña abundaban los anticlericales de toda la vida, los republicanos —también de toda la vida, que eran federales—, los de tendencias socializantes y, por supuesto, los jóvenes comunistas, trotskistas, ácratas, etc., que proliferaban de día en día hasta convertirse en la plaga que asoló el Ateneo poniéndolo inhabitable dos o tres años más tarde.

Azaña dirigía, desde hacía algunos años, una especie de partidito al que ni siquiera se llamaba así, sino simplemente Grupos de Acción Republicana. Hoy, a eso se le calificaría de «testimonial».

Por supuesto, ni sus partidarios ni sus detractores hubieran apostado una peseta por el porvenir político de aquel hombre.

Se comentaba que antes del advenimiento del general Primo de Rivera, Azaña había intentado —no sé si una o dos veces— salir diputado a Cortes por un distrito de la provincia de Toledo. Pero el voto popular le resultó tan adverso como a don Pío Baroja. Era la época de los caciques, y un hombre nuevo, aunque perteneciese al partido de don Melquíades Álvarez, no salía.

Algunos de sus amigos explicaban estos fracasos diciendo que Azaña, a pesar de su gran talento, no tenía ninguna de las condiciones que tienen que tener los políticos y que era inútil que se obstinara en seguir un camino para el que no había sido llamado y en el que, si insistía, le aguardaban los más grandes descalabros.

Presidir el Ateneo, en la época revuelta en la que Azaña fue elegido para ello, no era ninguna pera en dulce. Un gran número de jóvenes, más o menos estudiosos, lo que queríamos era que organizara bien aquella casa, a la que teníamos mucho cariño porque nos había deparado la ocasión no sólo de cultivarnos, sino de codearnos e incluso entablar amistades con los grandes intelectuales españoles, como Valle-Inclán, que iba por allí a diario y le encantaba hablar con la juventud.

Pero había otros muchos jóvenes —e incluso adultos— dispuestos a aprovecharse de la libertad relativa concedida por la llegada del Gobierno Berenguer —la «Dicta-blanda», se le llamaba— para convertir las juntas generales en algo semejante a una convención de jacobinos desmandados.

Una de las últimas veces que presidió aquellas juntas el doctor Marañón, le recibieron con un pateo de los más terribles y sonrojantes.

Pero el bueno de don Gregorio no era de los que se inmutaban. Sin embargo, agitaba la campanilla con bastante fuerza y se veía que hacía intentos desesperados para que se le escuchara entre el tumulto.

Cuando al fin se logró un relativo silencio, el inolvidable y bondadoso doctor dijo, siempre con su calma habitual:

—Ruego a los señores socios que están arriba que hagan el favor de trasladarse a patear abajo. La tribuna alta amenaza ruina. El patio de butacas parece más seguro y, como quedan sitios libres, pueden continuar el pateo sin correr peligro ni hacérselo correr a nadie.

Fue tal la risa que nos dio a todos que los pateadores se calmaron, al menos por aquella tarde.

Don Manuel Azaña no se había dejado elegir presidente del Ateneo por hacer carrera política, como decían algunos. En eso ya estaba bien encaminado. Tampoco se había echado encima aquella carga por fastidiar y humillar a los ateneístas que le odiaban, como aseguraban otros.

Sus razones eran mucho más simples y nobles. En primer lugar, seguía sintiendo un gran cariño hacia aquella casa. Había pasado gran parte de su juventud en aquella espléndida biblioteca que él contribuyó tanto a engrandecer mientras fue secretario. Además, aquel cargo, difícil de llevar a buen término, significaba una especie de válvula de escape para la pasión de mando y el afán de organización que sintió siempre.

En efecto, al poco tiempo —poquísimo— de haber tomado posesión de la presidencia, no había quien conociera el Ateneo. El nuevo presidente, probablemente a fuerza de contraer deudas, hizo pintar puertas, paredes y ventanas. Cambió las tapicerías de los butacones y sofás donde anidaban las más variadas especies de polillas y hasta de chinches. Consiguió que los enormes cristales de las ventanas altas estuvieran fregados y los suelos barridos. Ordenó poner tal cantidad de ceniceros que resultaba más difícil arrojar una colilla al suelo que depositarla donde se debía. Logró que el cantinero sirviera café en lugar de recuelo y que sustituyese las gruesas tazas desportilladas por otras decorosas.

Restauró cuadros, arregló lámparas, introdujo detalles como unos cubrerradiadores, imitación caoba con rejilla dorada, y consiguió, en fin, que el Ateneo, sin perder su aire entonado y ochocentista, se desprendiese de la cochambre que lo envolvía y que se iba haciendo cada vez más espesa.

Durante un par de meses, se le veía ir y venir en compañía de tapiceros, carpinteros, etc., mientras los socios viejos que se pasaban allí el día —se decía que algunos de los más bohemios pasaban también la noche durmiendo en los sofás, cuando se les acababa el dinero para pagar la pensión— protestaban de la incomodidad a que estábamos todos sometidos por las obras. El número de antiazañistas aumentó.

A veces, Azaña no parecía fijarse en los que andábamos por allí, cambiando de sitio o quedándonos de pie cuando nos quitaban el sofá en el que estábamos sentados para remozarlo. Pero él se fijaba en todo.

—Ya ve... —me dijo una tarde en la que estaba de muy buen humor, como le vi muchas veces—, todo el lío que estoy armando para que usted pele la pava confortablemente.

Hubo un gran coro de risas en los alrededores, mientras Azaña se alejaba. El hombre que tenía tanta fama de antipático, de malhumorado, de autoritario, resultaba de pronto ser uno de los pocos «viejos» (a nosotros nos lo parecía) a quienes no molestaba que en el Ateneo hubiera parejas de novios. Al contrario, parecía hacerle gracia, a juzgar por la broma que acababa de gastarme a mí.

Era un hombre lo bastante moderno para saber que el amor no es incompatible con nada, que no tiene por qué perturbar la vida normal de un centro que nació como cobijo de la intelectualidad y que, si allí pelábamos la pava habiendo en Madrid tantos sitios donde pelarla con más libertad, era porque también nos interesaban el estudio y el trato con las gentes ilustres que frecuentaban aquella casa. Opinaba que, lejos de perturbar su buen funcionamiento, la presencia de tantas muchachas jóvenes —la mayoría estudiantes y algunas también ya profesoras, escritoras y poetisas— lo que hacía era revitalizar un ambiente que, al menos en ciertas épocas anteriores, tiraba a vetusto y decimonónico.

Por otra parte, resultaba que nuestro presidente, aquel hombre del que tanto se ponderaba la fealdad y que, incluso a aquellos que habíamos dado en la extravagancia de encontrarle simpático —especialmente si, como era mi caso, nos miraba con benevolencia y no nos regateaba sonrisas—, nos parecía ya un viejo, sin serlo, no podía tener nada contra el amor puesto que él mismo había sido y seguía siendo muy afortunado en amores.

Tras una juventud en la que parece ser que no faltaron las aventuras, se había casado hacía menos de seis meses —en octubre de 1929— con Lolita Rivas Cherif, hija y hermana de unos íntimos amigos suyos. Estaba enamoradísimo de ella.

Era, su mujer, veintidós años menor que Azaña. Pero la diferencia se hacía aún más visible porque, mientras ella aparentaba menos de la edad que tenía, él aparentaba más. Rubia, llenita, con melena muy corta, escasamente maquillada —a pesar de que la moda entonces era llevar los labios, ojos y mejillas cargados de pintura—, vestida con elegancia, generalmente en tonos claros, pero absolutamente nada llamativa, Lolita «daba» joven a pesar de ir siempre «muy de señora».

Por entonces ya iban borrándose las diferencias entre la vestimenta y el arreglo de las casadas y las solteras. Pero quedaba una prenda de la que las chicas jóvenes —muy en especial las estudiantes— ya habíamos prescindido, aunque no todas: el sombrero. Lolita Rivas (o Lolita Azaña) no abandonó el sombrero para la calle ni siquiera en los años de la guerra, cuando ya nadie se atrevía a ponérselo.

Los amigos decían que el enamoramiento de Azaña venía desde que empezó a frecuentar la casa de los Rivas, siendo Lolita todavía una chiquilla. Por eso no se había casado con ninguna otra.

Que un hombre maduro se enamore de una jovencita es lo más normal del mundo. Lo contrario, es decir, que la muchacha se sienta atraída por un hombre «de cierta edad», tampoco era entonces demasiado raro. Los otoñales estaban muy de moda. A las chicas rara vez nos gustaban los de nuestra edad. Los compañeros de clase solían ser sólo eso, compañeros, y, a veces, muy amigos. Pero de ahí no pasábamos. En la universidad, las chicas generalmente se enamoraban de los profesores. Amores platónicos, por supuesto. Sobre todo si se trataba de catedráticos titulares. Con los adjuntos y ayudantes ya había idilios y hasta bodas.

Para fijarse en un chico hacía falta que fuera por lo menos seis o siete años mayor que nosotras. Si no había tanta diferencia, se la inventábamos. De mi novio, que tenía veintisiete años cuando empezamos, les dije a mis compañeras de la Residencia que tenía treinta. ¡Qué suspiro de satisfacción el día que los cumplió, sin miedo ya a que me pillaran de nuevo en aquella mentira tonta en la que me habían pillado más de una vez!

Los llamados «otoñales» tenían, en efecto, mucho éxito. Pero a condición de que fueran guapos o, al menos, interesantes. Las había —igual que ahora— que estaban dispuestas a encontrar guapos e interesantes a algunos que ya pasaban de otoñales a condición de que tuvieran una situación brillante. Don Manuel Azaña no era guapo. Era feísimo. Tal vez se exageraba aún más su fealdad porque en las fotografías quedaba peor que al natural. Entre los intelectuales y entre los políticos, los catedráticos y los obreros y empresarios ha habido siempre hombres feos, horrorosos. Pero ninguna fealdad tan sonada como la suya. Tampoco era interesante, en el sentido que entonces se daba a esa palabra. Su fama de antipático —aunque a mí no me lo hubiese parecido las pocas veces que hasta entonces hablé con él— era todavía más proverbial que la de feo.

Y, sin embargo, una chica joven, bonita, que podía haber elegido a quien quisiera, se había inclinado por él. ¿Por interés? De ningún modo. Azaña, que heredó de su padre una fortunita bastante buena, se había quedado sin ella. No tenía más que lo que ganaba como funcionario

—seis mil pesetas al año con descuento— más alguna ayuda que le proporcionarían sus trabajos literarios, los artículos y las traducciones, que no sería gran cosa. ¿Porvenir político? Cero.

En el momento en el que se casó Azaña —1929— ser republicano, como él era ya, equivalía a iluso. Aparte de que había otros republicanos, sin contar los líderes socialistas, mucho más conocidos, mucho mejor situados para el caso —todavía sumamente improbable— de que la República se implantara algún día en España.

No perdamos de vista, además, que si alguien aportaba a aquel matrimonio algún dinero o esperanzas de tenerlo, era ella y no él. El padre de Lolita, el señor Rivas Cuadrillero, no sé si era realmente rico, pero al menos tenía fama de serlo entre sus amigos escritores y artistas. Vivían en una buena casa de la calle de Columela, tan grande que, además de los salones, dormitorios, etc., quedaba sitio para que allí tuviese su consulta un hijo de la familia —Manolo— que era oculista.

A la vista de todos estos datos, más los testimonios de los amigos, hay que admitir que si Lolita Rivas se casó con Manuel Azaña fue por amor y por fascinación ante aquel amigo de su padre y de sus hermanos, que frecuentaba su casa y en el que vio un hombre de inteligencia superior a la normal, aunque aún no hubiera obtenido ningún éxito.

Esto probaría, si no estuviera ya probado, que, en asuntos de amor, las mujeres son generalmente mucho menos materialistas que los hombres.

Se dice, o se decía —la mujer de nuestro tiempo, más cultivada y más independiente ha cambiado bastante en cuanto a la relación amorosa—, que «al hombre, el amor le entra por los ojos, y a la mujer, por el oído».

35

Es, pues, probable (sólo ella podría decirlo, puesto que afortunadamente aún está viva) que Lola Rivas Cherif se enamorase de Azaña poco a poco, a fuerza de tratarle y darse cuenta de que su conversación no sólo era original e ingeniosa, sino también inteligente, que sabía de todo y siempre decía sobre todo cosas acertadas.

También es posible que fuera ella, con su intuición femenina y juvenil, una de las primeras personas en descubrir que, bajo aquella apariencia poco grata, a veces áspera, latía una gran sensibilidad y sobre todo un gran corazón.

Sé que mucha gente se sentirá alborotada al leer esto. De la gran cabeza de Azaña —grande por fuera y por dentro— se ha hablado lo suficiente. Hasta los que fueron sus más feroces enemigos no niegan ya que era un hombre de gran talento.

Pero de su corazón no se ha ocupado casi nadie, como no fueran los médicos que le cuidaron cuando los enormes sufrimientos se lo habían deteriorado de modo irreversible.

Ciertamente, tampoco él ayudaba a que esa cualidad —para mí la mejor de un ser humano— se hiciera visible. Al contrario. Se esforzaba en disimular ante los extraños sus buenos sentimientos, incluso sus sentimientos más nobles, bajo una máscara de dureza o de sarcástica ironía, según los casos.

Don Manuel era como una castaña. Para poder llegar al fruto había que retirar las espinas. No a todo el mundo le gusta empezar por pincharse.

Solamente con los amigos, los niños y a veces con los jóvenes que le caían bien se despojaba él mismo del erizo en el que le gustaba vivir encerrado.

No sé si su mujer tendría que sufrir alguna vez un pinchazo. Supongo que no. Ella tenía un carácter dulce, discreto y un fondo de mujer sufrida, valiente, serena, que a él mismo le asombró siempre y en especial durante los últimos años terribles. Y él sentía por ella, además de amor, admiración y una gran ternura.

Por testimonios de algunos amigos que tuvieron más intimidad que yo con el matrimonio Azaña, y que los trataron a los dos desde antes de su boda —alguno de ellos estuvo también a su lado a la hora de la muerte de don Manuel—, me consta que, si él fue un buen marido, siempre atento a su mujer, siempre enamorado de ella, la correspondencia por parte de Lola fue aún mayor, si es que cabe medida en los sentimientos absolutos.

«Lo mismo hará con España»

Pero volvamos de nuevo al Ateneo, que es de donde arrancó —esto lo sabe todo el mundo— la carrera política de Manuel Azaña y mi conocimiento de su personalidad que me permite hoy escribir algo sobre él, simplemente como ser humano, así como sobre los diversos aspectos, a veces contradictorios, de su modo de ser y de actuar.

Si grandes fueron las mejoras que introdujo en los salones y demás dependencias de la llamada Docta Casa, lo mejor de todo creo que fue la labor que emprendió en la biblioteca, que era lo más deteriorado.

Se retiraron las bombillas fundidas, que habían llegado a ser la mayoría, siendo sustituidas por otras nuevas y de más potencia. Cada lector que ocupaba un pupitre estaba seguro de que al dar a la llave la luz se iba a encender.

—Le advierto a usted que de esto se ha tenido cuidado siempre. Lo que pasaba es que también hubo siempre socios que las desenroscaban y se las llevaban a casa. Ahora, con don Manuel, ya no hay cuidado. Muchos le odian, pero todos le respetan —me dijo uno de los empleados.

Los libros se servían con rapidez, los ficheros se pusieron al día. Y no obstante la «resaca» que sufrían por parte de los ateneístas desaprensivos (llevarse un libro era más fácil y menos vergonzoso que llevarse una bombilla eléctrica, así como menos expuesto a que Azaña lo descubriera), la biblioteca estaba ya en camino de volver a ser lo que había sido antes del deterioro.

Algunos de los azañistas incondicionales, que a veces se ponían tan cargantes como los antiazañistas, llegaron a decir:

—¿Veis lo que ha hecho con el Ateneo? Pues lo mismo hará con España en cuanto entre en el Gobierno. Mejor dicho, hará mucho más porque dispondrá de dinero, cosa que aquí en el Ateneo no le ocurre.

«Ser pobre no es deshonra, pero ser tramposo, sí»

En efecto, nadie sabía de dónde pudo sacar el presidente lo indispensable para aquellos primeros gastos de adecentamiento. Desde luego, de las cuotas de los socios no fue. Lo único que Azaña no pudo conseguir mientras estuvo tan dedicado al Ateneo —unos pocos meses, ya que, en diciembre, tras el golpe de Jaca lo clausuraron y cuando lo abrieron de nuevo él seguía escondido para evitar la detención y sólo salió del escondite para ser ministro—, lo único, repito, que no pudo conseguir fue que los socios pagaran sus recibos corrientes y menos aún los atrasados. En este sentido, su fracaso fue de los más rotundos.

Y eso que lo intentó con energía. A todos los socios, y en especial a los jóvenes, nos sentó rematadamente mal que Azaña hiciera poner en las vitrinas de avisos unas listas con los nombres de los morosos y el montante de lo que debíamos. A algunos les pareció aquello una vergüenza. Otros pensamos que, siendo tantos centenares, la vergüenza quedaba muy repartida y tocábamos cada uno a muy poco. En cualquier caso, aquello nos parecía un acto tiránico —¡nos amenazaba con la expulsión!—, una mezquindad impropia de un hombre que en aquella misma casa, primero en secreto y luego en menos secreto, albergaba todas las tardes al llamado Comité Revolucionario —Alcalá Zamora, Largo Caballero, Indalecio Prieto, Miguel Maura, Álvaro de Albornoz, Marcelino Domingo, etc.— que se proponía traer la República y acabar con todas las opresiones. Obligarnos a pagar aquellos recibos nos parecía a nosotros un atentado contra las libertades individuales de todo punto intolerable.

Por eso, un grupo de los más jóvenes le pedimos audiencia en su despacho de la presidencia en vista de que cada vez se le veía menos por los salones de tertulia, los pasillos y la biblioteca.

Al principio, se negó a recibirnos. Insistimos y por fin logramos hablar un momento con él en una de las aulas de las correspondientes al edificio de Santa Catalina a las que se accedía por el vestíbulo de la calle del Prado. Era precisamente en una de aquellas habitaciones donde se reunían cada tarde los líderes políticos.

Pensamos que don Manuel nos recibiría «a cara de perro» por ir a molestarle con un asunto semejante. Pero como era hombre a quien gustaba desconcertar al interlocutor, nos acogió con gran amabilidad, todo sonriente, saludando e incluso llamando por nuestros nombres a aquellos de nosotros a quienes conocía. Aquella actitud inesperada nos dejó fritos. Tanta cortesía, cuando a lo que íbamos nosotros era a protestar por habernos sacado «a la vergüenza pública», suponía echar por tierra todo lo que llevábamos preparado. No sabíamos por dónde empezar.

Uno de los chicos farfulló el «mandado» como Dios le dio a entender, que fue bastante mal.

—¡No se aflijan tanto! Después de todo, ¿qué son diez pesetas al mes comparado con las facilidades que encuentran aquí para sus estudios? Y, además, lo bien que lo pasan —dijo, siempre sonriente. Se veía que pensaba en lo del pelado de la pava.

—Sí, don Manuel. Diez pesetas son poco. Pero es que tenemos que ponernos al corriente... ¡Además, si debemos tanto, es porque habíamos dejado de pagar, como protesta contra la «Junta facciosa»!

—Razón de más para ponerse al corriente ahora que ya tienen ustedes «Junta legítima».

Alguien intentó decir que precisamente los jóvenes éramos los que más habíamos trabajado para que la Junta fuera la que era e incluso para que la presidiera él.

Muchos sentimos vergüenza y lo evitamos. La sola insinuación nos pareció de lo más inelegante. No dejamos al joven seguir hablando. Aquello era como pasar factura, es decir, lo mismo que nos habían dicho que hacían los electores a sueldo de los caciques de provincias, antes de la Dictadura. Abandonamos, pues, el aula mientras Azaña seguía riendo, cosa que nos humilló todavía más.

La equivocación mayor fue interpretar aquella buena acogida e incluso nuestra propia humillación —de la que Azaña se dio cuenta— como señal de que sería benévolo con los que debíamos recibos. Al menos con los jóvenes.

Pero, pocos días después, Azaña convocó una Junta General para tratar el asunto entre todos. Los morosos seguíamos amenazados de expulsión.

Se recibió al presidente en el salón de actos con un gran abucheo, que él oyó como quien oye llover. Enseguida pidió la palabra un socio, ya maduro, uno de los portavoces más elocuentes de la «resistencia al pago», un veterano del abuso que terminó así su alegato:

—Señor presidente. Usted sabe muy bien que la injuria que ha querido inferirnos al sacar nuestros nombres al vilipendio público en el tablón de anuncios no nos mancilla. En esta casa, el ser pobre no ha sido nunca deshonra.

—De acuerdo, señor socio. El ser pobre no es deshonra. Pero el ser tramposo, sí.

Hubo grandes carcajadas y finalmente alguien propuso que la Junta General aprobase y elevase a la Junta de Gobierno una propuesta, según la cual ésta sólo podría obligar a pagar y castigar con la expulsión, en caso de no hacerlo, a aquellos socios ilustres que hubieran conquistado ya la gloria literaria o la celebridad política. También a los que fueran «ricos por su casa». Había varios. Esto era fácil averiguarlo sin más que pedirles la cédula personal. La cédula era el documento de identidad que se usaba entonces. Era también una especie de impuesto, ya que cada uno pagaba una cantidad u otra según lo que pagase de contribución. Esos socios ilustres o ricos eran precisamente los que menos frecuentaban el Ateneo. Pero siempre se habían honrado perteneciendo a la Docta Casa.

—¡Que paguen sus recibos el conde de Romanones, los hermanos Quintero, don Jacinto Benavente, el duque de Canalejas, don José Ortega y Gasset, don Melquíades Álvarez, don Francisco Bergamín...! Todos ellos son socios, pero rara vez se les ve por aquí. En cambio, a nosotros no se nos debería exigir nada. Incluso deberíamos cobrar porque somos los que animamos el recinto. Los que mantenemos vivo «el fuego sagrado». Si la lista de socios del Ateneo sólo se compusiera de nombres ilustres, habría que cerrar. Así es que... ¡que paguen ellos! —dijo un socio como final de discurso.

Alguien aclaró que precisamente todos esos hombres célebres, a pesar de que iban cada vez menos por allí, eran los únicos que no debían recibo alguno.

—Está bien. En ese caso, no hay más que elevarles la cuota mensual y establecer una derrama a fin de que el señor presidente pueda seguir y rematar las obras de embellecimiento.

Empieza la conspiración

Durante el final de aquella primavera y el verano, el Ateneo fue animándose cada vez más. Ya no se trataba de un Centro Científico Literario y Artístico, como se leía en todos sus rótulos, sino de un recinto político donde se conspiraba para cambiar el régimen.

El día 1 de mayo de 1930 llegaba a Madrid, por primera vez después de unos años de exilio voluntario, don Miguel de Unamuno. El alboroto en la estación fue considerable. Los guardias cargaron sobre los estudiantes y los ateneístas.

Más de uno y más de dos aparecieron al día siguiente, en la conferencia que dio don Miguel en el Ateneo, con la cabeza vendada. También Unamuno llevaba un brazo en cabestrillo. Pero a él no le había pasado nada. Venía ya así desde su exilio de Hendaya, donde sufrió una caída o no sé qué pequeño accidente, pocos días antes.

La conferencia —más bien mitin— fue impresionante, apocalíptica. Desde entonces don Miguel acudía puntualmente al Ateneo todas las tardes, hacia las tres, porque le gustaba almorzar temprano. Momentos después se formaba a su alrededor una tertulia animadísima.

Recuerdo también una conferencia de don Fernando de los Ríos. Otra de Indalecio Prieto, también muy sonada. Con la «Dictablanda» de Berenguer se había reanudado la tradición de que, dentro del Ateneo, se podía decir todo lo que se quisiera. Pero en la calle estaban los guardias de seguridad y en los periódicos seguía la censura. Mucho más suave que la de Primo de Rivera (que realmente no había sido excesivamente dura), pero todavía con grandes limitaciones, sobre todo en lo que se refiriese a ataques frontales contra el Gobierno y, sobre todo, contra el Régimen.

Gracias a la inmunidad de que gozaba el Ateneo, el Comité Revolucionario (al que algunos jóvenes extremistas de izquierda empezaban a llamar «el comité reaccionario») podía seguir reuniéndose allí todas las tardes.

¿Por qué eligió la cartera de Guerra?

Pronto nos enteramos de que para cuando viniese la República, cosa que a algunos les parecía un imposible salvo si se lograba convencer a los militares para que la trajeran, aquel Comité se convertiría en Gobierno provisional. Ya estaban repartidas las carteras.

—Azaña será el ministro de Guerra. Es seguro.

A muchos les extrañó. Se suponía que en caso de adjudicarse una cartera al menos conocido de todos los políticos que se reunían allí, la que le correspondía sería la de Justicia. Era abogado, aunque sólo ejerció breve tiempo como pasante, siendo muy joven. Después había ganado unas oposiciones, precisamente a Oficiales Letrados del Ministerio de Gracia y Justicia (así se llamaba entonces) y era jefe de Negociado, teniendo a su cargo algo tan lúgubre como el Registro de Últimas Voluntades.

Poca imaginación tenían y muy mal conocían a Azaña quienes daban por supuesto que le gustaría entrar como jefe precisamente en el Departamento Ministerial donde había pasado tantos años como funcionario.

Mejor encaminados estaban quienes calcularon que, dada su vastísima cultura, sus capacidades intelectuales, su vocación literaria, sus aficiones artísticas, haría un gran ministro de Instrucción Pública. Así se llamaba entonces al que luego cambiaría de nombre tantas veces.

Sin embargo, parece ser que Azaña llevaba muchos años estudiando temas militares. No porque hubiera querido nunca ser militar y no hubiera podido conseguirlo —ésa fue una de las calumnias más extendidas entre las muchas que se le levantaron años más tarde—, sino porque, habiendo seguido muy de cerca y con mucho apasionamiento los avatares de la guerra de 1914-1918 y habiendo frecuentado Francia en esa época, así como antes y después, estaba convencido de que los ejércitos tradicionales ya no valían. Que tenían que cambiar por completo haciéndolos más pequeños en tiempo de paz y acomodándolos para resultar más eficaces, más operativos para caso de guerra. Todos tendrían que transformarse por completo.

¿Había encontrado Azaña en aquellos áridos estudios una distracción, una evasión de otras preocupaciones o, tal vez, sus frustraciones?

A veces ocurren cosas así de raras. Unamuno aseguraba que lo que más le distraía, lo que calmaba muchas noches aquellas angustias espirituales suyas, era ponerse a leer un libro del economista inglés David Ricardo que tenía siempre en la mesilla de noche al alcance de la mano.

Y, más próximo a nosotros, el novelista Miguel Delibes asegura que lo que mejor le ha enseñado a escribir con justeza, con precisión, a vencer dificultades, ha sido el estudio del Tratado de Derecho Mercantil, que escribió para libro de texto el catedrático don Joaquín Garrigues. Aquellos dos tomos de Mercantil —de los que muchos de los que fuimos alumnos de Garrigues no queremos ni acordarnos— los sigue releyendo Miguel Delibes, por gusto y por agradecimiento a su «utilidad literaria».

Algo parecido pudo ocurrirle a don Manuel Azaña con los temas militares, que había estudiado tan a fondo, por puro capricho. No es verosímil que hubiera pensado alguna vez en llegar a ser ministro de Guerra ni aun en el supuesto de dedicarse de lleno a la política. Era tradición muy arraigada que ese cargo, en España, lo desempeñase siempre un militar.

No había, sin embargo, ningún militar destacado entre quienes conspiraban, más o menos secretamente, para traer la República. Los que mantenían algún contacto —siempre de lejos— con el Comité Republicano eran, en su gran mayoría, jóvenes. El único con renombre nacional, aunque también joven y excesivamente impetuoso, era el aviador Ramón Franco —el héroe del *Plus Ultra*—, que fue muy pronto encerrado en prisiones militares de donde logró escapar ignorándose su paradero hasta que reapareció en diciembre de 1930, para expatriarse, pocas horas más tarde, tras un fracasado intento de sublevación en Cuatro Vientos el 15 de diciembre de 1930.

Los miembros del Comité Republicano que conspiraban en el Ateneo oyeron sin duda a Manuel Azaña sus

45

exposiciones sobre temas militares, así como sus ideas de renovación y remodelación del Ejército, y estuvieron de acuerdo en que, llegado el caso, se hiciera cargo del Ministerio de Guerra, que recobraría su antiguo nombre después de haberse llamado «del Ejército». En casi todos los países modernos, muy en especial en Francia, el país que se tomaba como modelo, ese Ministerio lo venía desempeñando un hombre civil.

—Es una forma como otra cualquiera —decían algunos ateneístas— de que la carrera política se le frustre de nuevo, igual que cuando se presentó diputado por el Puente del Arzobispo. Si ahora no le conoce nadie, después le conocerán solamente los centinelas del Palacio de Buenavista, en caso de que llegue a poner el pie allí. Ser ministro de Guerra en una república que tendrá por fuerza que ser pacifista e incluso abandonar Marruecos si quiere hacerse popular, es lo mismo que poner un puesto de helados en el Polo Norte.

Cuando se lo contaron a Azaña, en el propio Ateneo, se rio bastante. Después dijo:

—¿En qué quedamos? ¿No están siempre diciendo que yo no podré ser nunca un gran político? Ahora he decidido conformarme, si es que llega el caso, con ser un «ministro técnico» y también se quejan de que me voy a malograr.

II

MANUEL AZAÑA, DE ALCALÁ DE HENARES, NUEVO EN ESTA PLAZA

Hacia finales de agosto empezó a hablarse de que se iba a celebrar un gran mitin republicano en la plaza de toros. Nadie pensaba que el Gobierno del general Berenguer autorizaría una manifestación de esa clase. Pero la autorizó. ¿Era que al Gobierno le había pillado la cosa en la hora tonta o pensaba que iba a ser un fracaso? Probablemente las dos cosas, o mitad y mitad.

No era lo mismo llenar de estudiantes, de políticos y de intelectuales el Teatro de la Zarzuela para oír a Sánchez Guerra romper con el Régimen aun sin llegar a declararse republicano, que movilizar las masas necesarias para llenar la plaza de toros a la luz del día.

Azaña, siempre escéptico, siempre pesimista, dudaba de que aquello saliera bien.

—Si vienen los valencianos, tal vez tengamos media entrada. Allí hay «republicanos hereditarios»...

—Se olvida usted de los socialistas madrileños... Recuerde el entierro de Pablo Iglesias... ¡Aquello eran masas en la calle! ¿O no?

Azaña se quedó callado. ¿Los socialistas? De acuerdo. Había que contar con ellos. Ya estaban metidos en el Comité Revolucionario. Pero estaban siempre sujetos a su disciplina. Tenían que contar con sus comités. En el mitin republicano no hablaría ninguno de ellos.

Por otra parte, a Azaña le gustaría que la República la trajeran los republicanos y también que la gobernasen. Él era un «burgués liberal». Lo decía siempre. Lo dijo incluso en un discurso en momentos, como los de los finales de la guerra, en los que aquello resultaba extravagante y peligroso: «También los burgueses se baten...».

Él sabía muy bien que a aquellas alturas los burgueses que se batían en las filas republicanas lo hacían con poco entusiasmo. Calificar como burguesía republicana a los intelectuales, a los científicos, a los artistas, a los poetas (aunque se hubieran educado en ambientes de alta burguesía) no era una verdad absoluta. Era sólo un viejo deseo del burgués liberal que él se sentía.

Siempre le pareció necesario que en España hubiera un partido socialista fuerte, como los que había entonces en Inglaterra, en Francia y todavía en Austria e incluso en Alemania.

Convencer a la pequeña burguesía, y, por supuesto, a la alta, de que no tenía nada que temer de la libertad, o mejor dicho, de que sin ella no podría desarrollarse sobre todo industrialmente y prosperar como había prosperado en el resto de Europa, era, seguramente, su idea más fija.

El socialismo le parecía no sólo útil, sino indispensable para conseguir mejorar la condición de la clase trabajadora. Y no únicamente la condición material, sino su nivel de cultura. Pero el socialismo anteponía los intereses de clase a la forma de Estado. También Azaña anteponía la libertad, la justicia, la cultura y, por supuesto, el progreso a la forma republicana de gobierno. El contenido le importó siempre más que el nombre. Por eso empezó militando en el Partido Reformista de don Melquíades Álvarez, que postulaba «la accidentalidad de la forma de gobierno». Monarquía o república daba lo mismo. La cuestión era poder conseguir la verdadera libertad, la modernización y el saneamiento de las instituciones.

Solamente cuando Azaña se convenció, en tiempo de la Dictadura, de que la monarquía emprendía un camino que a él —como a otros— les parecía equivocado e irreversible, empezó a trabajar por la república, sin estar seguramente muy convencido de que ésta llegaría a implantarse.

También los socialistas parecían embarcados en la aventura republicana. Tres de sus líderes —Prieto, Largo Caballero y Fernando de los Ríos— figuraban en aquel Comité Republicano y estaban dispuestos a formar parte del equipo gobernante de una república que, por mayoría en quienes pensaban formarlo, habría de ser, o se suponía que el país quería que fuera, el régimen de la burguesía liberal. Una república más o menos avanzada, según lo que saliera de las elecciones constituyentes. Pero se daba por descontado que no sería un régimen socialista.

¿Acudirían, pues, en masa los obreros socialistas al mitin de la plaza de toros? Podría ser. Pero en sus filas figuraban muchos reticentes. El socialismo español había conseguido grandes avances en las zonas industriales. Había engrosado mucho sus filas durante los años de la Dictadura. Era el único partido político al que se había permitido seguir funcionando con normalidad, aunque sin alborotos callejeros. Sólo con ocasión de la muerte de Pablo Iglesias —en diciembre de 1925— salieron las masas a la calle, y el Madrid «alegre y confiado» de aquellos años vio con asombro las enormes colas para desfilar ante el cadáver velado en la Casa del Pueblo, así como el imponente entierro en el que la gente —toda a pie— cubría varios kilómetros. Cuando los primeros entraban en el cementerio civil, los últimos no habían podido aún ponerse en marcha en la calle de Piamonte, junto a Barquillo.

Tengo un recuerdo muy vago de todo aquello que me pilló en Madrid por casualidad —aún no había terminado el bachillerato—, pero me dejó bastante impresionada la frase que escuché al padre de unas amigas de mi edad, en cuya casa estaba yo merendando cuando él volvió del Casino:

—¡Más gente en la calle que la tarde que se llevaron a Sevilla el cadáver de Joselito, hace cinco años! Y eso que aquello era en mayo. ¡Estamos apañados!

Precisamente por aquel crecimiento del socialismo, no estaban seguros los republicanos de que el Partido, y mucho menos su central sindical, la UGT, estuvieran dispuestos a jugarse las conquistas conseguidas en la aventura de implantar una república burguesa. La forma de Estado era para ellos cuestión de segundo orden. Bien claro lo decían en aquellas coplas que cantaban cuando se celebraba alguna fiesta, con asistencia de las mujeres y los niños, en el café o en el teatro de la Casa del Pueblo:

El socialismo es de oro
la República es de plata...

—Bueno, hombre, si les parece de plata, no vamos mal... —decía un azañista en el Ateneo, mientras empezaba a verse ya con optimismo que el billetaje de la plaza de toros iba a agotarse con mucha más rapidez de la que habían calculado los más optimistas.

—Siempre que la plata no sea de la que c... la gata —respondió otro de los que figuraban en el grupo. Era uno de los que todas las tardes que había discusión en el salón de actos echaban en cara a los socialistas el haber colaborado con la Dictadura de Primo de Rivera.

Las vísperas

Los pesimistas sospechaban que, vistas las perspectivas de afluencia, la autoridad acabaría por prohibir el mitin.

—Es posible que ya esté suspendido. He visto a Azaña salir de la reunión del Comité y llevaba una cara que daba miedo.

—Me gustaría saber cuándo ha visto alguien a Azaña con buena cara.

Don Ramón del Valle-Inclán era el único que se sentía seguro de que se celebraría el mitin.

—¡No tienen más remedio que permitirlo! Si este Gobierno de lo que trata es de volver a poner las cosas como estaban antes de la Dictadura, para tratar de afianzar la monarquía, tiene que dejar que se expansionen los republicanos. Lerroux celebró, en tiempos, más de un mitin en la plaza de toros de Barcelona. Casi siempre coincidían con las visitas del rey a aquella ciudad.

—¿Y no pasaba nada?

—Sí; pasaba que el gobernador, el capitán general y demás responsables del orden se encontraban comodísimos. Tener a todos los republicanos, entre los que figuraban muchos anarquistas, encerrados en un recinto equivalía a dejar

las calles libres para que se desarrollasen con toda normalidad las aclamaciones del resto de la población.

El propio don Ramón del Valle-Inclán, seguramente
por ser el socio más ilustre de cuantos frecuentaban asiduamente el Ateneo y también el más querido, el más
simpático y el más ocurrente, fue el depositario y libre dis-
ponedor de la mayor parte de las entradas de los dos palcos que los organizadores del mitin habían reservado para
el Ateneo.

—Te invito... —me dijo.

—El caso es, don Ramón, que la directora de nuestra
Residencia, la señorita De Maeztu, pretende que para ir
pidamos antes permiso a nuestras familias. Es por si pasa
algo, ¿comprende?

—¿Y por qué no lo pides?

—No queda tiempo. Y, además, no me lo darían... Es
peligroso. Fíjese que los propios amigos, novios y compañeros nuestros no quieren cargar con chicas por si se
arma tumulto. Ellos van todos al callejón.

—¡Nada!, ¡nada...!, no te apures. Tú dices que vas conmigo al palco y ya verás cómo nadie te pone ningún inconveniente.

Para mí misma era un gran alivio. Siempre fui miedi-
ca. Pero como a don Ramón le conocía todo el mundo,
además de lo que me halagaba ir con él, tenía la seguridad
de que nadie nos aplastaría suponiendo que se produjera
algún lío. Además, en un palco, donde estarían algunas de
las señoras de los miembros de la Junta —no todas, puesto que, por entonces, incluso los republicanos más avan-
zados seguían opinando que donde mejor está la mujer es
en casa y, a ser posible, con una pierna escayolada—, esta-
ríamos no sólo tranquilos sino cómodos.

La libertad no hace felices a los hombres.
«Les hace hombres.»

Hacía un día de otoño que parecía de verano. Llegamos cuando la plaza de toros, que no era la de ahora sino la que derribaron para hacer más tarde el actual Palacio de los Deportes, estaba ya medio llena. En el ruedo habían puesto miles de sillas y no bastaron. Nada más aparecer don Ramón en el palco, le hicieron una ovación tan entusiasta como la que harían poco después a los oradores. Los altavoces multiplicaron el ruido de aquellos aplausos y don Ramón saludó a derecha e izquierda muy contento.

Lo malo fue que, poco después, empezó a hacer comentarios, tan divertidos y originales como era siempre todo lo que él decía, pero peligrosos en aquel ambiente de enardecimiento. Por ejemplo, cuando el primer orador, que era valenciano, mencionó a Blasco Ibáñez y estalló la ovación estruendosa, don Ramón exclamó a grito pelado:

—¡Si empezamos así, más vale marcharse!

Después se puso a gritar todo lo que se le ocurrió, y aunque no se le oía, se notaba, por sus gestos y ademanes, que mostraba una cierta disconformidad, lo cual era peligroso en aquel ambiente de enardecimiento.

De uno de los oradores más importantes y aplaudidos comentó:

—¡Es un guitarrista de balneario...!

Uno de los ateneístas que estaban con nosotros en el palco no se cansaba, en cambio, de admirar al grupo de oradores.

—Ya sí que empiezo a creer que viene la República...

—¿Por qué?

—Mírelos. Han cambiado de pinta todos ellos. Ya parecen ministros de verdad.

Cuando le tocó hablar a Azaña, hubo menos expectación. Casi nadie le conocía. Incluso se le oía mal al principio porque muchos hablaban entre sí. La gente estaba pendiente más bien de don Alejandro Lerroux y de Alcalá Zamora, que eran las «estrellas» y hablarían los últimos.

Sin embargo, y a pesar de ser la primera vez que hablaba ante tanta gente —más de veinticinco mil personas, pues, aunque aquella plaza era más chica que la de ahora, el ruedo, el callejón, los accesos y los pasillos de fuera estaban abarrotados—, y a pesar también de que no hizo ninguna clase de concesiones demagógicas ni de palabra ni de gesto, Manuel Azaña logró hacerse escuchar con interés y respeto, y al final, con entusiasmo.

—Éste es la cabeza mejor amueblada de la República —dijo don Ramón, sintiéndose conformista por un momento.

Todo terminó bien. Hubo bastante orden a la salida y cuando bajamos a pie por la calle de Alcalá, como casi todo el mundo, porque entonces a la gente le gustaba andar, sobre todo con buen tiempo, nos vimos sorprendidos por la presencia de Azaña a nuestro lado. Habíamos visto pasar a todos los otros «primeros espadas» en automóviles propios o de amigos. Don Manuel había rehusado los ofrecimientos. Vivía cerca y prefería ir andando hasta su casa.

Formamos grupo y la gente que pasaba a nuestro lado sólo se fijaba en Valle-Inclán. Algunos se detenían para dejarle paso y hasta le aplaudían. En Azaña no se fijaba nadie. Es curioso que casi ninguna de las veinticinco mil personas que momentos antes le habían ovacionado e incluso muchas que recordarían su nombre, muy fácil de retener, no recordaban su estampa ni le miraban, a pesar de ser el más alto y corpulento del grupo.

—Se sentirá usted muy contento —le dijo alguien.

—Sí; contento de haber terminado y de verme en la calle —respondió.

Todos los del grupo le felicitamos diciéndole sinceramente que había estado muy bien.

Pero don Ramón del Valle-Inclán, quien, después de saludarle muy afectuosamente, por cierto, se había quedado callado mientras hablábamos los otros, se puso de pronto a gritar:

—Discrepo. ¡Ha estado usted muy mal!

—¿Por qué me dice eso, don Ramón? —preguntó Azaña sin perder el buen gesto que yo le había visto muchas veces, pero que no era en él absolutamente habitual.

—Pues porque ha dicho usted que «la libertad no hace felices a los hombres». Usted tenía que haber dicho que la libertad y la República nos van a hacer felices a todos. Ya sabemos que no es así, que ni la República ni ninguno de los que estaban hablando allí nos pueden hacer felices. Pero su obligación era decirlo. ¿Se imagina usted a esos pobres hombres que han venido desde Valencia o desde Sevilla o a pie desde los pueblos más cercanos, cuando vuelvan a su casa y les digan a sus convecinos: «Todo estuvo muy bonito, pero de pronto salió un señor calvo con anteojos y dijo que la República no nos va a hacer felices»?

Mientras don Ramón seguía con su tema, le dije a Azaña con disimulo:

—Le aseguro que mientras usted hablaba, estaba encantado. Ha dicho que es usted «la cabeza mejor amueblada de la República».

—No se preocupe. Cuando usted todavía no había nacido, ya conocía yo a don Ramón. Sé muy bien lo que piensa de mí y lo que dice. Además, es posible que esta vez tenga toda la razón.

Estábamos a la altura de la calle de Velázquez y Azaña se despidió. Tenía que tomar aquel camino para ir a su casa.

—Hasta mañana. Y conste, don Ramón, que me quito de en medio para que pueda usted ponerse a hablar bien de mí, con libertad.

III

ENTRE LA LITERATURA Y LA POLÍTICA

Durante aquellos meses de octubre y noviembre de 1930, creo que fue cuando mejor me di cuenta de cómo era realmente don Manuel Azaña. Un hombre con el que se podía hablar de cualquier cosa sencilla y claramente.

No porque tomara parte con frecuencia en las tertulias que funcionaban en el Ateneo, a pesar de que allí había interlocutores donde escoger. Desde algunos señores mayores, que no se atrevían a decir que eran monárquicos, no fuera a ser que los tomaran por partidarios de don Alfonso XIII, siendo así que sus verdaderos sentimientos eran carlistas —éstos apenas hablaban nunca en grupo, limitándose a cambiar impresiones con algún otro viejo en el vestíbulo de la biblioteca—, hasta los jóvenes que pasaban la tarde en el diván que estaba más al fondo en el último salón de abajo.

Para ellos, Azaña, Prieto, Miguel Maura, Lerroux y, en primer lugar, don Niceto Alcalá Zamora, eran algo así como diplodocus, enanos supervivientes de especies prácticamente extinguidas a los que no valía ni siquiera la pena catalogarlos dentro de la zoología político-burguesa.

Algunos pensaban que tal vez fueran útiles para que «el burgués» se confiara y empezase una revolución, que no tendría más remedio que devorarlos antes de terminar la primera semana. Después seguiríamos adelante con los faroles —o a farolazos— ayudados por los portugueses —había entonces bastantes portugueses refugiados en España—, que se encargarían de socavar los cimientos del Imperio británico, que tanto los oprimía a ellos y a otros, mientras los españoles le decíamos «una palabrita al oído» a la República francesa, el gran bastión de la burguesía, que dedicaba un ejército formidable a la tarea de tener oprimido a medio mundo. España sería la tea que prendería un gigantesco incendio o función de fuegos artificiales, cuya traca final consistiría en derribar y colgar a Stalin, el tirano más reaccionario del mundo.

—¿Y a quién pensáis poner? ¿A Trotski? —les preguntó alguien en vista de que ellos hablaban bastante fuerte y cada uno de los que pasaba podía tomar parte en la confección de aquellos «programas».

—Eso ya se verá... Trotski no se puede negar que es un gran escritor, pero por lo mismo tiene que ser «blando». Cometió muchas equivocaciones. Por eso le han pasado y le están pasando las cosas que todos sabemos. Un hombre que confiesa que en los días de la gran revolución se dejó conmover o, por lo menos, se quedó en suspenso al oír el carrillón de un reloj de música en una de las habitaciones de un palacio desde donde él y Lenin trabajaban, está bastante descalificado para acabar con Stalin y rematar la tarea que todavía no se ha empezado.

Don Manuel Azaña solía llegar al Ateneo antes de que llegaran los otros miembros del Comité Republicano, que se reunía en una habitación pequeña lejos de todo aquel barullo. Daba una vuelta por los salones y rara vez se sentaba, salvo si encontraba en el salón de en medio el grupo en el que estábamos don Ricardo Baroja, Cipriano Rivas Cherif (el cuñado de Azaña), algún profesor de los que estaban afiliados a su partido, Melchor Fernández Almagro y, a veces, Valle-Inclán.

—¿Oyó usted al pasar el «programa» que están enunciando los jóvenes sentados allí al fondo? —le pregunté.

—Esas cosas siempre se han oído en esta Casa —decía riendo—. Lo malo son los «republicanos sensatos», los que vienen a ofrecerse muy seriamente demostrándonos lo fácil que sería que cualquiera de estas noches, en lugar de irnos a casa a cenar, nos fuéramos a detener al Gobierno.

Si alguno del grupo, en broma o en serio, trataba de seguir comentando, Azaña daba un giro a la conversación, hablaba de teatro, de música, de pintura o de literatura. A veces preguntaba a alguno de los periodistas del grupo, Vicente Sánchez-Ocaña o Paulino Masip, contertulio suyo de café y afiliado a su partido, qué se decía por los periódicos. En realidad, en los periódicos se decía mucho. Estaba organizándose la aparición del diario *Ahora*, que sería la competencia del *ABC*. Un gran diario de información, con huecograbado y sin compromisos políticos con nadie. También *El Sol* daba mucho que hablar por los sensacionales artículos de Ortega y Gasset y la inminente marcha del periódico de todos los intelectuales que le habían dado fama y que se disponían a fundar otro diario.

Yo no era entonces periodista. Ni pensaba serlo. Me habría gustado escribir. Pero ¿para qué intentar algo en un campo en el que ya estaba todo hecho? ¿Cómo pensar en publicar un libro en un país donde había escritores como Valle-Inclán, como Baroja, donde los había habido como Galdós?

Al propio Azaña se le tenía por un escritor de gran talla sobre todo desde que había publicado *El jardín de los frailes*. No cabía duda de que como protesta era perfecto. Quizá demasiado. A mí me parecía mucho más sugestivo hablando. Los jóvenes de entonces nos dividíamos en vanguardistas, o sea, partidarios de aquel estilo en el que todo se volvían metáforas —les encantaban Cocteau, Paul Morand, etc.—, o neorrealistas, que éramos los partidarios de que la gente —salvo las excepciones geniales— escribiera como hablaba. Que se dijeran las cosas como eran sin meterles demasiados adornos literarios.

—Si usted escribiera como habla —le dije un día a Azaña—, si hiciera un libro, una novela en la que nos contara las ocurrencias de la gente y las anécdotas que le han ocurrido, tal como nos las cuenta aquí...

—Es que eso es muy difícil. Y, además, arriesgado. Usted lo que quiere es que yo le caiga mal todavía a más gente de la que me tiene esa especie de manía patológica...

Entonces le conté que una de aquellas tardes que yo había llegado al Ateneo cuando aún no había casi nadie, encontré a un señor de los más viejos y gruñones durmiendo la siesta en un sillón. De pronto empezó a desperezarse, y entre estirón y estirón de brazos y piernas exclamó bostezando y todavía medio dormido:

—¡Me revienta Azaña...!

Nunca he oído reír de mejor gana a don Manuel, quien adivinó enseguida quién era el viejo en cuestión. Nos contó su historia y el origen de aquella obsesión que no le abandonaba ni en sueños. Siento no recordarlo porque era divertidísimo.

—¿Ve? Esas cosas son las que debía usted escribir en lugar de estar tan entregado a hacer el análisis literario de don Juan Valera.

—¿Es que a usted no le gusta Valera?

—No demasiado. Esa Pepita Jiménez, con esas cartas interminables del curita a su tío... ¡No, la verdad! Sería en su tiempo muy nuevo, pero ahora preferimos otras cosas. Y no es porque nos sintamos modernos... Yo prefiero *La desheredada* de Galdós a todas las «Pepitas Jiménez»...

—Bueno, no diría yo que tiene usted mal gusto.

Aquellas conversaciones no duraban mucho porque enseguida venían a avisarle de que estaban llegando los prohombres republicanos para reunirse a conspirar. Algunas tardes se celebraban conferencias en el salón de actos —la que dio Prieto fue una de las más sonadas— y otras veces había reuniones para los socios en las que también tomaban parte los que se suponía que iban a ser ministros.

Los socios les pedían que se explicasen. Una tarde que a Miguel Maura le gritaron desde la tribuna alta «¡No olvidamos el año nueve!», se levantó como un rayo y, con aquella elocuencia fogosa, se despachó a gusto. Dijo que él no renegaba de la Historia, ni podía esperar nadie que renegase tampoco de lo que representaba su apellido y del orgullo que era para él llevarlo y honrarlo. Que pesase a quien pesase, consideraba a su padre como el político más grande, el patriota más cumplido que había tenido este país. Y que, precisamente, el hecho de que entre las izquierdas y las derechas —más todavía estas últimas— hubieran destrozado el patrimonio político que el ideario y la conducta de Maura representaban, era lo que le había hecho a él cambiar de rumbo. Él era republicano sincero, pero conservador, porque, aunque muchos decían que aquí no había nada que conservar, había que conservar primero España y después la República si se lograba implantarla. La libertad sería para todos. Necesitaba de todos. Si a él se le aceptaba como era y como seguiría siendo, del mismo modo que él aceptaba a los demás, ¡bien! Si se trataba de imponerle que renegase precisamente de los ejemplos de lealtad y honestidad que había recibido de su padre... ¡por esa puerta se iría a la calle!

Azaña rara vez habló en aquellas controversias. Tras la magnífica conferencia titulada «Tres generaciones del Ateneo» que pronunció recién elegido presidente de la Casa, apenas le oímos en público nada más.

IV

EL PARÉNTESIS

—¿Qué dice Azaña de todo esto?

—No se sabe. No ha venido por el Ateneo. No se le ve. Creo que están todos reunidos en casa de Miguel Maura y han dicho que no se moverán de allí hasta que el movimiento triunfe o hasta que vayan a detenerlos.

—¿Sabéis si está Azaña en esa reunión?

—Puede que no esté. Con lo aguafiestas que él es por naturaleza, los habría desmoralizado a todos, más de lo que están. Parece ser que el único que confía todavía en el milagro, el que mantiene la moral del grupo es Maura, a pesar de que también está furioso. Dice que ha sido una precipitación lo de Jaca.

Este diálogo lo mantenían en voz baja en un rincón del Ateneo unos cuantos socios, ya mayores, en la tarde del 12 de diciembre de 1930.

La mayoría de los jóvenes, por el contrario, hablaban más fuerte en el corredor central. No todos se sentían optimistas, pero procuraban aparentarlo.

Habían llegado las noticias de que un capitán de Infantería llamado Fermín Galán —cuyo nombre oíamos muchos por primera vez— estaba sublevado desde la madrugada en Jaca. Que se había hecho dueño por sorpresa de toda la guarnición, que en compañía de otros oficiales jóvenes, así como de muchos paisanos —entre ellos un grupo de ateneístas, cuya falta empezábamos a notar—, había proclamado la República.

—Por el momento parece que ha logrado reducir y detener a todos los jefes en vista de que los soldados han respondido con mucho entusiasmo. Pero una telefonista dio el soplo y ya ha salido una columna de Zaragoza para acabar con la sublevación.

Un militar, también joven, vestido de paisano logró hacer corro a su alrededor explicando que, aun en el supuesto de que en el resto de España no se produjera nada de momento, los sublevados podrían resistir en la ciudad del Pirineo todo el tiempo que hiciera falta hasta que se formase en el país un ambiente propicio o hasta que otros militares hicieran lo mismo.

—Una de las lecciones que se estudian en nuestra Academia —decía— se titula «Ataque de revés a Jaca».

—Bueno, ¿y eso qué...?

—Pues eso significa que es una plaza fuerte, concebida para la defensa contra cualquier intento de invasión. Que allí no hay quien entre si los que están encerrados disponen de agallas para defenderla. Según mis noticias, no tendrán que aguantar nada más que hasta el lunes. Pero me vais a perdonar que no diga más. No puedo. Tengo que irme a una reunión ahora mismo. Lo más fácil será que no me veáis en varios días. O que no nos veamos nunca más. ¡Quién sabe!

Volví al grupo donde estaba la gente mayor. Uno de los más amigos de Azaña decía que lo de Jaca había sido una precipitación del capitán Galán, y que lo había echado a perder todo.

—¿Y qué era «todo»? —preguntó un joven desafiante.

—¡Ah...! No sé... Y, aunque lo supiera, no lo diría.

Cada cual parecía ser depositario de grandes secretos, que no podía comunicar por discreción y precaución.

Poco a poco todo el mundo se fue apelotonando en el anchurón de donde parte la escalera que conduce a la biblioteca. Desde allí se divisaba bien la entrada por donde se suponía que llegaría alguien con noticias.

De pronto empezaron a llegar señoras bien vestidas. Hasta con sombrero algunas de ellas. Se dirigieron al salón de actos.

Gracias a eso recordamos que para aquella tarde estaba anunciado un recital de la poetisa cubana Emilia Bernal, que llevaba ya algún tiempo viviendo en España. Todo el mundo la conocía y yo más que otros porque una de sus hijas era compañera mía en la universidad y también vivía, como yo, en la Residencia dirigida por María de Maeztu.

Doña Emilia Bernal seguramente había sido bellísima porque aún conservaba unos ojos claros espléndidos. Lo malo era que estaba un poco metida en carnes, tal vez demasiado, incluso para aquella época en la que, si bien entre las jóvenes, lo distinguido era el «tipo Penagos» y la ropa de moda sólo les caía bien a las que eran lisas como tablas por delante y por detrás, no sólo se toleraba sino que incluso se celebraba que siguiera triunfante el tipo llamado «jamona de buen ver», especialmente si andaban alrededor de los cuarenta años.

La poetisa Emilia Bernal tenía mala suerte con sus recitales. Parece ser que el primero que dio, recién llegada de Camagüey, se celebró con normalidad aunque con poco público, porque entonces no era muy conocida.

Pero cuando ya tenía muchos amigos y todos estábamos dispuestos a escucharla y aplaudirla, siempre pasaba algo. El más importante se había suspendido dos veces a causa de las reuniones, coloquios e incluso controversias políticas que ocupaban el salón de actos tan a menudo.

Cuando la vimos llegar aquella tarde, con su traje brillante, de anchas mangas, como las de Berta Singerman, tan ilusionada y tan contenta, pensando tal vez que toda aquella afluencia expectante se debía al interés por su recital, no sabíamos cómo decirle que «no estaba el horno para recitales».

Fue finalmente un ilustre colega de Emilia, el poeta Paco Vighi, el encargado de convencerla de que era mejor que lo suspendiera ella misma.

—Pero ¿qué tiene que ver la poesía con una revolución que está tan lejos?

—Es que a lo mejor está más cerca de lo que nos figuramos. Además, ya ve usted lo nervioso que anda por aquí todo el mundo.

—Y ¿qué mejor cosa que la poesía como relax y distracción para todos estos jóvenes tan agitados?

—¡Claro...! ¡Claro...! Pero ¿quién consigue que entren en el salón? Yo que usted lo dejaba para la semana que viene.

Tuvo que dejarlo, ¡qué remedio...! Lo malo fue que a la semana siguiente el Ateneo ya había sido clausurado por la policía y cuando se abrió de nuevo, en plena efervescencia a causa de las elecciones municipales, tampoco estaba la gente para versos, como no fueran las sátiras políticas de José Antonio Balbontín y de Luis de Tapia, que casi todas las tardes nos hacían reír leyéndonos las famosas «Coplas del Día» que iba a publicar en el diario *La Libertad* la mañana siguiente.

—Yo creo que esto de los recitales de Emilia Bernal no hay que dejarlo. Es menester tener siempre alguno organizado. Es la única forma de que venga la República —dijo Luis de Tapia.

Así fue. Creo que el que se suspendió el 12 de diciembre volvió a estar anunciado —una vez que el Ateneo volvió a abrirse— para el martes, no sé si para el 13 o el 14 de abril. ¡Naturalmente, tampoco se celebró!

El cerrojazo

Pero volvamos a la tarde del 12 de diciembre. Alguien entró de pronto con noticias frescas.

—Todo eso de que el Comité Republicano está reunido en casa de Miguel Maura es mentira. Azaña está aquí. En el Ateneo.

—¿Reunido con los otros?

—No. Está él solo encerrado en la habitación en la que suelen reunirse. Un ordenanza ha oído algo así como si estuviera rompiendo papeles.

—Ésa es muy mala señal... ¿Ha hablado con alguien?

—Creo que sí. Le han dicho el revuelo que hay por aquí.

—Sí. Y dicen que se quedó muy sorprendido.

—¿Es que no sabe lo que ha pasado en Jaca?

—Él sí lo sabía. Lo que ignoraba es que lo supiéramos todos nosotros.

Entonces se decidió nombrar una comisión para ir a verle por si se le podía sacar algo. Nombrar comisiones era uno de los deportes preferidos por los ateneístas. Casi ninguna tenía éxito en las gestiones emprendidas y aquélla menos que las otras.

—Acaba de marcharse. Por lo visto, ha venido a buscarle el mexicano. Han salido por la puerta de la calle de Santa Catalina. Seguramente hay policía en la puerta principal.

El mexicano era Martín Luis de Guzmán, gran escritor, hombre muy educado y discreto. Era amigo no sólo de Azaña sino de todos los intelectuales de entonces. Su libro *El águila y la serpiente* estaba muy leído. También habían tenido éxito los folletones que publicaba la revista *Estampa* en los que se contaba la Revolución mexicana bajo el título *A la sombra de Pancho Villa*.

El sábado fue otro día expectante. Todo Madrid sabía ya lo que había pasado. Los sublevados de Jaca salieron de la ciudad bien entrada la tarde, llegando a Ayerbe a altas horas de la noche. Los optimistas decían que el recibimiento en aquel pueblo había sido apoteósico. Pero la radio había dicho que al amanecer tropezaron en el Santuario de Cillas, muy cerca de Huesca, con la columna leal que había salido a su encuentro y los había deshecho materialmente. El capitán Galán (según las noticias oficiales) estaba en fuga. Algunos otros oficiales rebeldes fueron hechos prisioneros.

—Esto no es más que el principio del fin —decían algunos de los que les gusta repetir esa frase que tiene tantos años de antigüedad.

—Más bien el fin del principio.

Al día siguiente, domingo, se supo que el capitán Galán —que se había constituido prisionero— y otro capitán llamado García Hernández habían sido fusilados en Huesca aquella misma tarde. La impresión fue atroz. ¡Hacía tantos años que no ocurría nada parecido!

—¡Es terrible!

—Sí, pero eso va a acelerar las cosas. Los socialistas, ante una tragedia así, parece que se han decidido a dar la orden de huelga general para esta madrugada. Al mismo tiempo hay preparado un movimiento militar en toda España.

A las cuatro de la mañana empezaron a oírse en Madrid las campanillas de los tranvías y después todos los ruidos normales de la actividad diaria. No había, pues, huelga general —aunque la hubiese habido, habría dado lo mismo, y no se comprende cómo se reprochó después tanto a los socialistas el no haber cursado las órdenes—, aunque sí se decía que algunos cuarteles se habían sublevado y que el comandante Ramón Franco estaba volando sobre el Palacio Real. Unos decían que tiraba bombas y otros que tiraba solamente proclamas. La gente iba por la Gran Vía tan tranquila. Yo pensaba dirigirme al Ateneo porque entre las once y las doce nunca faltaba don Ramón del Valle-Inclán, que lo sabía todo y, además, era un gozo oír sus interpretaciones originalísimas de los acontecimientos. Tuve la precaución de llamar antes. Me respondió el conserje:

—No se le ocurra venir, señorita. En este momento la policía está cerrando el Ateneo y expulsando a los socios que andaban por aquí. Había más que otros días. Algunos no querían marcharse y los están desalojando a la fuerza.

—¿Le ha pasado algo al señor Valle-Inclán? —dije recordando que don Ramón había demostrado ya ser maestro en resistencias pasivas, así como en respuestas desconcertantes, cuando le hicieron un interrogatorio, después de ser detenido hacía ya años, en tiempos de Primo de Rivera.

«¿Cómo se llama usted?», parece que le preguntó con toda corrección el comisario, cumpliendo lo que se llama «las generales de la Ley». «¿Que cómo me llamo yo? ¿Que cómo me llamo yo...? Y usted, ¿cómo se llama? Porque usted sabe perfectamente cómo me llamo yo. De otro modo no habría podido mandar que me detuvieran. En cambio, yo no tengo la menor idea de cómo se llama usted.»

Me horrorizó pensar que don Ramón hubiera podido tener algún choque aquella mañana en la que se notaba que ni las autoridades ni la Fuerza Pública se hallaban en la plácida disposición de ánimo que era la tónica de años atrás cuando los intelectuales se veían a veces maltratados de palabra, en las notas oficiosas de Primo de Rivera, pero nunca de obra. Aparte de que se les toleraba que ellos maltratasen de palabra a su vez.

—No. Al señor Valle-Inclán no le ha pasado nada. No estaba aquí, y además, en cuanto empezó la cosa, mandé al botones por el mismo camino que suele traer todas las mañanas, para evitar que llegase si venía ya para acá.

—Perdone. Le voy a hacer otra pregunta. Pero antes me gustaría saber: ¿le están escuchando a usted? ¿Hay alguien a su lado en el teléfono?

—No, señorita. Los guardias están en la puerta y los policías y otros guardias que quedan dentro andan buscando socios por los rincones de la biblioteca y las otras salas altas, por si hubiera alguno escondido.

—Bueno, pues óigame: ¿y del señor presidente, o sea, del señor Azaña, se sabe algo?

—No. De ése no se sabe nada. Alguien le ha llamado a su casa para darle cuenta de lo que estaba pasando aquí. Pero no estaba ni han podido decir dónde está.

Pocas horas después se supo que don Niceto Alcalá Zamora y don Miguel Maura, así como don Álvaro de Albornoz (no confundir con don Claudio Sánchez Albornoz, como se nota con tanta frecuencia en los periódicos desde hace algunos años) y don Fernando de los Ríos estaban en la cárcel. De los otros no se tenían noticias.

No sé si fue en la mañana del martes o en la del miércoles cuando, al pasar por el Café Lion, vi que, como siempre, había muchos conocidos y entré. Al poco rato llegó Melchor Fernández Almagro. Hombre moderado, liberal, enemigo de la violencia, por lo que le horrorizaban del mismo modo los excesos revolucionarios que los excesos de la reacción, venía disgustado, pero no tanto como era de suponer. Traía noticias:

—Son importantes. Esta mañana se ha presentado al juez Largo Caballero. Se ha presentado al juez don Felipe Sánchez Román. Hay muchos más. Pero ésos son los que tienen más peso y pueden hacer variar el tono e intensidad de la represión.

—Pase lo que pase, la reacción va a ser fuerte y al menos en un año aquí no se va a poder hablar no ya de República sino ni siquiera de libertad.

—No sé... Parece que no había gran interés por detener a Largo Caballero. Los gobiernos siempre imitan al que los antecedió, aun sin proponérselo. Alguien ha debido de aconsejar que no conviene echarse encima a los socialistas. O sea, la misma táctica que Primo de Rivera. Al fin y al cabo, pudiendo declarar la huelga general revolucionaria, no la declararon. Es bueno que él se haya presentado, haciéndose responsable solidariamente con los otros de todo lo ocurrido. Mejor dicho, de lo que hubiera podido ocurrir.

—Bueno, pero ¿y Sánchez Román?

—También tiene su importancia que un hombre de tanto prestigio se solidarice con los otros presos. La represión no parece que vaya a ser muy dura. Eso es lo deseable.

En aquel momento apareció en la puerta del café don Felipe Sánchez Román acompañado de su primer pasante, José García Tréllez. Se sentaron donde siempre, al fondo a la derecha, en el local que ahora es cafetería y que entonces era café porque aún no estaba funcionando el otro local más grande de al lado.

Todos nos quedamos un poco como quien ve visiones. Nadie se atrevía a acercarse a preguntar nada. El profesor Sánchez Román era hombre joven —escasamente cuarentón— y muy amable pero que imponía mucho respeto por su sabiduría y su fama. Melchor, más amigo de él que los otros que estábamos en la mesa de enfrente, sí se acercó. Hablaron. Al poco rato vino a despedirse de nosotros.

—Por lo que se ve, el juez no ha querido tomarle... —nos dijo.

—¿Cómo?

—Sí, eso, que don Felipe se ha presentado solidarizándose con los otros detenidos. Pero le han dicho que no. Que contra él no hay nada, que su declaración no basta para hacerle responsable de lo que ha ocurrido o de lo que podría haber ocurrido. Que, por el momento (y aparte lo de los militares, que pertenece a la jurisdicción militar), la Justicia Civil sólo hace responsables a los que formaban parte del Comité Republicano, firmantes del manifiesto que arrojó Ramón Franco desde el avión.

—Entonces, ¿han soltado también a Largo Caballero?

—No. A ése le han enviado a la cárcel con todos los otros. Era del Comité y firmaba el manifiesto.

—¿Azaña también está detenido?

—No. Parece que han ido a detenerle, pero no le han encontrado en su casa. Tampoco a Lerroux ni a Indalecio Prieto ni a Marcelino Domingo.

Pocos días después se supo que de los cuatro últimos, sólo dos del Comité Civil, Prieto y Marcelino Domingo, estaban en París, adonde también habían llegado varios militares: Queipo de Llano, Ramón Franco, Hidalgo de Cisneros —un aviador del que nadie había tenido noticias hasta entonces— y algunos más.

Ni de Lerroux ni de Azaña había la menor noticia. El primero era muy ducho en escondites. Llevaba treinta años o tal vez más de lucha republicana. En cuanto a don Manuel Azaña, era la primera vez que tenía problemas con la policía y la Justicia. Pero como gozaba la ventaja de ser poco conocido, sería muy difícil que lo encontrasen si él no quería que lo encontraran o no se presentaba voluntariamente. Además, Azaña tenía una gran cantidad de amigos de los que no inspiraban sospechas de ninguna clase.

Las tertulias del Ateneo se desperdigaron por distintos cafés. Valle-Inclán, que sólo solía ir al Ateneo por las mañanas y cuando había algo interesante a última hora de la tarde, vio redoblada de concurrencia su tertulia de la Granja el Henar a la hora del café. Luego, a la hora de la merienda, tenían otra en el Café Regina a la que siempre había asistido Azaña, hasta que se escondió.

Eran todos señores mayores, distinguidos, a los que la casa trataba muy bien. Les reservaban un amplio rincón del fondo, relativamente independiente del bullicio, y les ponían manteles en las mesas y platitos con pasteles para acompañar el líquido. Azaña tomaba siempre té. Mejor dicho, no perdió jamás, ni siquiera en los años más agitados, la costumbre de tomar el té de las cinco —que en Madrid se convertía en el té de las siete— y que ya empezaba a decaer sobre todo entre la gente joven. Las señoras mayores sí seguían fieles al rito del té. Pero les costaba bastante trabajo arrastrar a sus hijas. Los «tés-baile» o *thés dançants* del Ritz, del Palace y del Palacio de Hielo, que tan gran éxito tuvieron durante los años veinte, habían decaído. La mayoría de las chicas —aunque fueran de las que no hacían nada más que esperar un buen novio— empezaban a encontrarlos cursis.

Todo aquello de las meriendas de don Ramón del Valle-Inclán, don Manuel Azaña, don Luis de Hoyos y otros señores igualmente respetables, con teteras y tazas de porcelana, con pasteles y manteles, yo sólo lo conocía de oídas, por lo que me contaba Cipriano Rivas Cherif, el cuñado de Azaña que, dicho sea en honor a la verdad, tomaba un poco a guasa esa especie de rito vespertino.

Tampoco lo habían visto nunca ninguna de las esposas de aquellos contertulios. El Café Regina, instalado en la calle de Alcalá, era uno de los muchos locales de Madrid donde no podían entrar las mujeres decentes. Lo mismo si éramos jóvenes universitarias que viejas decrépitas.

Cuando yo llegué de mi pueblo tardé mucho en entender por qué razón en sitios como el Regina, donde yo veía entrar a unas señoritas vestidas con gran elegancia —muchas de ellas con sombrero—, no podíamos entrar ni siquiera las estudiantes que íbamos con la mayor naturalidad a comer a una tasca sin que tampoco estuviera mal visto que tomáramos un aperitivo de pie en el mostrador de un bar de la calle del Príncipe, muy famoso porque era el único donde servían una copita de vermú con una aceituna y una anchoa diminuta sólo por quince céntimos.

Más raro todavía era que, en dos locales que estaban el uno junto al otro, como la Granja el Henar y el Negresco, donde mirando desde la puerta no se notaba ninguna diferencia ni de público ni de nada, resultase que en uno podíamos entrar las señoritas y las señoras y en el otro no.

Todo esto tenía explicación clarísima. Lo que ya tenía una explicación menos clara es que aquella tertulia de Azaña —especie de té literario-político de las siete— se reuniera en un café donde jamás podrían entrar ni sus mujeres ni ninguna mujer de su familia, aunque fuera en caso de extrema gravedad.

—Dime en confianza, Cipriano —le pregunté una vez a Rivas Cherif—, ¿es que esos señores tan serios caen alguna vez en la tentación de merendar «acompañados»?

—¡Qué idea...! ¡Lo que se va a reír Azaña cuando se lo cuente! Lo que pasa es que tienen costumbre de ir allí desde hace años. Disfrutan de su rincón relativamente aislado, que siempre les reservan, aunque algún día no vayan y, en resumen, se sienten cómodos.

Cuando varios días después de la desaparición de Azaña, vimos de nuevo a su cuñado, lo único que se nos ocurrió preguntarle fue si estaba bien. Hubiera sido una indiscreción tremenda preguntarle dónde estaba. Es muy posible que él no lo supiera.

—Parece ser que está en París —nos dijo.

Todos nos lo creímos. En primer lugar, porque si habían logrado pasar la frontera Prieto y algunos otros cuyas caras conocía todo el mundo, y muy especialmente la policía, mucho más fácil le habría sido a Azaña, quien con sólo quitarse las gafas, ponerse un buen bigote y disimularse la calva con un poco de pelo postizo —sin llegar a ser una peluca— ya no sería posible que le reconocieran ni los más íntimos. Le sobraban amigos que con mucho gusto le hubieran prestado un pasaporte e incluso el medio de «arreglarlo». Por otra parte, nunca he conocido un hombre que fuera tan entusiasta de Francia como Azaña. Su francofilia era, a mi modo de ver, exagerada. Yo creo que muchas veces incluso pensaba en francés, sobre todo cuando andaba metido en preocupaciones literarias. La cultura francesa nos ha seducido a muchos desde muy jóvenes. Pero un entusiasmo como el que sentía Azaña por Francia, habiendo pasado allí relativamente poco tiempo, es muy difícil que lo sienta nadie.

Azaña admiraba mucho a la Tercera República francesa —tal vez demasiado—, pero, español antes que nada, evitó aliarse con ella. Siempre pensó que la neutralidad de España en caso de un segundo conflicto era no sólo un principio respetable, sino algo muy conveniente para los intereses españoles. Con el precedente de la neutralidad en la Primera Guerra Mundial y estando Suiza muy amenazada por su situación geográfica en caso de que se produjera otro conflicto con armamentos modernos más devastadores y de más difícil control (se pensaba mucho en la guerra química por aquellos años), Azaña estaba convencido de que la nueva Suiza de Europa sería España. Nosotros no teníamos un imperio colonial que defender, como los franceses, ni había ninguna posibilidad de que lo adquiriésemos aun en el caso de que ayudáramos a los supuestamente victoriosos.

Quedamos en que su entusiasmo por Francia era grande. Ninguna ocasión, pues, mejor para trasladarse allí a pasar un destierro que, al menos durante las primeras semanas a partir del fracaso, amenazaba ser largo.

¿Por qué no se fue? ¿Por qué prefirió andar escondiéndose de un lado para otro —después supimos que había estado en tres o cuatro sitios distintos— hasta que, por fin, se instaló en su propia casa, una vez que se convenció de que era allí donde estaba más seguro?

Lo más probable, incluso creo que se lo oí decir una vez al cabo de varios años, es que pensara que no tenía derecho a arrastrar a su mujer —quien, sin duda, habría ido a reunirse con él en cuanto supiera dónde estaba— lejos de los suyos, dejando el grato hogar que disfrutaban desde hacía poco más de un año.

En Francia la vida era también entonces mucho más cara que en España. Él no era hombre para pasarlo bien, haciendo la vida que hacían los otros fugitivos, que llegaron sin un céntimo, se alojaban en hoteles que no podían pagar, haciendo una vida prácticamente en común, peleándose a veces unos con otros, aliviando su nostalgia a fuerza de café con leche y noticias falsas.

Un día corrió la voz en Madrid de que Azaña, en su escondite, había caído gravemente enfermo. La prueba era que le había visitado el doctor don Salvador Pascual, compañero de la Junta del Ateneo y que, ¡cosas de la vida!, era también quien cuidaba la precaria salud del príncipe de Asturias.

Preguntamos a su cuñado. Nos dijo que no. Que él no sabía dónde estaba ni quería saberlo.

—Pero lo que sí puedo deciros es que mi hermana ha ido esta tarde al cine. Si estuviera malo su marido, aunque fuera en el escondite más remoto, ella habría sido la primera en saberlo.

Casi todos los bulos, por disparatados que sean, tienen algún fundamento. El fundamento del bulo de la enfermedad de Azaña quedó bastante aclarado meses más tarde, cuando, ya proclamada la República, se publicó en *Estampa* un reportaje sobre la última noche que pasó la familia real en palacio. Después de haberse marchado el rey quedaron solos la reina con todos sus hijos, excepto don Juan, que estaba en San Fernando, en la Escuela Naval, y desde allí fue trasladado a Gibraltar por orden de su padre.

El doctor Salvador Pascual, republicano, pasó la noche si no a la cabecera, por lo menos muy cerca del príncipe, por si había que atenderle. La situación era difícil ya que hasta la alcoba llegaban los gritos de júbilo de la multitud que llenaba la plaza de Oriente. El médico sabía, sin embargo, que no había peligro de molestias más graves para las personas reales.

El Gobierno había creído más prudente que la Fuerza Pública no se hiciera visible en el exterior de palacio. Pero, aparte de los grandes rótulos que se colocaron ordenando al pueblo respetar el edificio, una larga fila formada por más de un millar de jóvenes con brazaletes se colocó formando barrera a bastantes metros de la fachada y a todo lo largo de ella, señalando así bien claramente que de allí, de donde ellos estaban, no se podía ni se debía pasar.

A pesar de esto, el doctor Pascual contó a Vicente Sánchez-Ocaña que la noche fue tremenda y que las horas del bullicio en la plaza, que no fueron tantas —llegó un momento en el que la gente, cansada de gritar, se fue a la cama—, se les hicieron larguísimas a los que estaban dentro.

El doctor Pascual contó también, en la misma entrevista, que, algún tiempo antes, el príncipe le había preguntado un día que estaba un poco mejor de su quebrantada salud y tenía ganas de tertulia:

—¿Es cierto que tú eres amigo de ese Azaña que dicen va a ser ministro si viene la República?

—Muy cierto, Alteza.

—También me han dicho que ése no es de los que han huido al extranjero, sino que está escondido en Madrid, igual que Lerroux.

—Es posible.

—Oye, y si se pusiera malo en su escondite, ¿te llamaría a ti?

—Pues también es posible, si se diera ese caso.

—Entonces te enterarías de dónde está...

—Sin ninguna duda, señor.

—¿Y se lo dirías a la policía si fuera necesario?

—De ningún modo, señor. Eso sería una vileza.

El príncipe asintió con mucha rapidez, poniendo la mano cariñosamente en el brazo de su médico.

—Tienes razón. Sería una vileza.

Fue seguramente de ahí de donde salió el bulo de la enfermedad de Azaña. Es posible que el príncipe se lo contase a alguien. Es posible también que el doctor Pascual lo comentase con alguna persona de su confianza a fin de alabar los nobles sentimientos de aquel desdichado joven, cuya salud mejoró notablemente después de salir de España hasta permitirle hacer vida casi normal e incluso casarse dos veces.

Total, que una palabra de aquí, otra de allí, unos cabos que se atan mal atados, el caso fue que corrió por los cafés la noticia de que Azaña estaba gravísimo. Hubo quien llegó a asegurar que había muerto.

Azaña no quería que fueran a las municipales

En febrero, el Gobierno Berenguer, que había fracasado en el intento de celebrar elecciones generales en vista de que todos los partidos dijeron que no acudirían a ellas, fue sustituido por el del almirante Aznar. Se celebró el consejo de guerra contra los líderes republicanos que fueron absueltos.

No hay por qué insistir sobre algo que ha sido contado tantas veces. Incluso por los propios protagonistas.

Lo chocante —eso todavía no nos lo ha explicado nadie— es por qué razón los mismos que se habían negado a acudir a las elecciones generales por no fiarse de un Gobierno al que consideraban ilegítimo, decidieron acudir a las municipales convocadas por otro Gobierno, muy semejante.

Con motivo de la apertura de la campaña electoral hubo que restablecer las garantías constitucionales. Se suprimió la censura de prensa, se abrió el Ateneo, empezaron a darse mítines, se llenaron los periódicos de fotografías de los capitanes Galán y García Hernández. En fin, que la marea subió enormemente en muy pocos días.

Muchos republicanos pensaban que aquella euforia iba a terminar peor que la primera intentona. Salir derrotados en unas elecciones, aunque quede el recurso de decir que han sido falseadas, es peor para una causa cualquiera que someterse ante la fuerza. Bueno, en realidad no es peor, pero sí es menos airoso.

El escondite de Azaña, siempre tenido en secreto, era menos hermético. De vez en cuando, en un sitio o en otro, le visitaba algún amigo.

—¿Qué dice don Manuel de esto de las elecciones? —le pregunté un día en secreto a un amigo de quien me constaba que había estado con él en casa de Amós Salvador o en no sé qué sitio.

—Pues... qué quieres que diga... Le parece de todo punto ridículo que el presidente del Gobierno de la República se conforme con un puesto de concejal por el distrito de Chamberí y se exponga a que encima le derroten...

En efecto, don Niceto Alcalá Zamora se presentaba por el distrito de Chamberí, el suyo. Se había hecho un frente llamado Conjunción Republicano-Socialista y todos los grandes líderes —Besteiro, Largo Caballero, Andrés Saborit, así como otros destacados socialistas y republicanos, a excepción de los que estaban escondidos o en el extranjero: Lerroux, Prieto, Azaña— figuraban en las candidaturas de Madrid.

Todos los taxis de Madrid, de Barcelona, de Valencia, de Sevilla y muchos coches particulares, entre ellos algunos de gran lujo, salieron a la calle llevando en todos los cristales letreros rojos que decían en letras negras muy gruesas: **conjunción republicano-socialista**. Nada más. Pero ya era bastante para dar una impresión de fuerza arrolladora.

—Azaña dice que el Gobierno no puede ser tan tonto como para dejarse ganar estas elecciones.

El domingo 12 de abril por la mañana estuvimos dando una vuelta por Madrid. Nos llevó un ateneísta que tenía coche.

—Ha dicho el doctor Cárceles, ese viejecito que conoció la otra República, que Cuatro Caminos parecía el cantón de Cartagena en sus mejores días.

—Oye, pues es una comparación como para no llegar hasta allí. Por lo menos, démonos prisa. No vaya a ser que lleguemos antes de que hayan empezado los cañonazos —dijo Luis de Tapia, que no era pesimista como Azaña, pero tenía gracia y reaccionaba con viveza cuando oía alguna tontería como la del cantón de Cartagena.

A pesar de todo, bastaba ir por cualquier colegio electoral para sacar la impresión de que todo el mundo votaba republicano.

Un ateneísta dijo al mediodía que él no había votado.

—Pues dese usted prisa. Porque si esto sigue así, antes de las cuatro meterán los caballos de la Guardia de Seguridad en los colegios electorales. Yo, del Gobierno, haría eso o tomaría esta noche el tren para Hendaya. Son las dos soluciones incruentas que le quedan.

V

SEGUÍA PESIMISTA CUANDO LE LLEVAMOS
A SU CASA, EL 13 DE ABRIL

La frase que pronunció un ministro, ante los periodistas a la salida del consejo celebrado en el Palacio Real, aquel lunes 13 de abril de 1931 («España se acostó monárquica y se ha levantado republicana»), causó una gran impresión a los periodistas a quienes iba dirigida y que se apresuraron a divulgarla.

Sin embargo, no era exacta. Todo el mundo sabía desde la noche del domingo que los republicanos habían ganado las elecciones en todas las grandes y pequeñas ciudades. Además, la mayoría de votos era abrumadora. Un setenta por ciento por término medio.

Sabiéndose como se sabía esto desde las últimas horas de la noche del domingo, y vista la normalidad que se observaba en las calles de Madrid durante la mañana del lunes, así como las miradas de perplejidad de los transeúntes, lo justo, lo conforme a la realidad, habría sido que el ministro dijese:

—España el domingo se levantó monárquica, se acostó republicana y hoy lunes se ha levantado sin saber lo que es ni qué va a pasar.

Efectivamente, eran muy pocos los que pensaban que el régimen monárquico, con su Ejército, su Fuerza Pública y todo su aparato estatal intacto, pudiera venirse abajo por los resultados adversos de unas simples elecciones municipales.

Si a esto se añadía que el número de concejales monárquicos en el conjunto del país superaba al número de republicanos —gracias a los resultados en los pueblos pequeños y a los miles de ellos que habían sido proclamados por el famoso artículo 29, es decir, sin someterse a votación en vista de que no había otros candidatos que les disputasen los puestos—, se comprende que mucha gente, e incluso una parte de los ministros del Gobierno, pensara que todo podría repararse de distintas formas.

En primer lugar, reprimiendo con firmeza cualquier intento de motín que pudiera producirse en cualquier parte. Podría llegarse hasta el estado de alarma, con la consiguiente supresión de las garantías constitucionales, censura de prensa, etc. Esto permitiría que «bajase la marea» mientras llegaba el momento de la constitución de los nuevos municipios republicanos. Si éstos se mostraban levantiscos y emprendían una labor subversiva, contraria a las normas constitucionales, se les podría sancionar con la disolución o, al menos, con la suspensión mientras se celebraban las elecciones generales que podrían tener o no carácter constituyente. Algunos recordaban que el general Primo de Rivera había disuelto, en 1923, todos los municipios de España, nombrando alcaldes de Real Orden en todas las capitales, ciudades, villas y pueblos sin que pasara absolutamente nada en ninguna parte.

Estas cosas se comentaban en las oficinas, en los bancos e incluso en algunos grupos que se formaron en la calle durante aquella mañana primaveral, y que, contra lo que suele ser costumbre en Madrid en esa estación del año, se disfrutaba un sol espléndido y una temperatura deliciosa.

Ni siquiera en los cafés, como el Lion, donde se reunían los republicanos más ilustres a tomar el aperitivo, se daba como probable un cambio de régimen como consecuencia de las elecciones.

Los jóvenes más optimistas anticipaban noticias sobre lo que iba a ocurrir de allí a un par de meses:

—Lo primero que hará el Ayuntamiento republicano será poner a la Gran Vía el nombre de avenida de la República.

—Y a la Cibeles, plaza de los capitanes Galán y García Hernández.

—Y la plaza de la Villa ya ha amanecido esta mañana con un letrero que dice: PLAZA DEL 12 DE ABRIL.

Esto era lo más revolucionario que se le ocurría a la gente antes de ir a comer a casa, mientras el Consejo de Ministros, reunido en palacio, iba mucho más allá en sus deliberaciones, vislumbrando incluso el abandono de las riendas si no daban resultado las consultas que se pensaba hacer a los jefes de las guarniciones y a los responsables de las Fuerzas de Orden Público.

Por la tarde, la temperatura política subió. Se decía que algunos periódicos tenían ya impreso para el martes, 14, el titular de primera plana con la frase histórica: «Cúmplase la voluntad nacional».

Al anochecer se supo que el Comité Revolucionario estaba reunido desde primeras horas de la tarde en casa de don Niceto Alcalá Zamora, en el paseo de Martínez

Campos, y que incluso Lerroux —escondido hasta entonces— asistía a aquella reunión. Había ido en coche y la gente, reconociéndole al pasar, le había aplaudido. También se decía que, al igual que el Gobierno, también los líderes republicanos estaban celebrando consultas con jefes militares. Incluso con el general Sanjurjo, director general de la Guardia Civil. Alguien preguntó en la tertulia del Lion:

—¿Sabéis si está Azaña en esa reunión de casa de don Niceto?

—Creo que no. Se sigue sin noticias suyas. Ahora mismo acaba de marcharse de aquí su cuñado Cipriano y asegura que ni la familia sabe todavía dónde está don Manuel. Seguro que lo saben, pero siguen tomando precauciones.

—Pues si Azaña no se confía, es que las cosas no marchan como dice la gente. Que la fruta no está madura ni mucho menos...

No. La fruta no estaba madura, pero la temperatura subía. Ya bien entrada la noche, parece que se formó una manifestación que, viniendo desde el Ateneo, se fue engrosando por el paseo del Prado. Al llegar a la Cibeles parece ser que los guardias civiles que custodiaban el Palacio de Comunicaciones dispararon, probablemente al aire. Desde el interior del café no oímos nada. Pero vimos de pronto que un grupo de habituales entraba en tumulto. Como la tibieza de la noche permitía que estuvieran los ventanales abiertos, los que no cabían por la puerta saltaron desde fuera con el consiguiente susto de las señoras que estaban en las mesas con vistas a la calle.

—¡A cañonazos...! Nos persiguen a cañonazos —oí decir a Federico García Lorca, que era uno de los que entraron en el café en tromba.

Minutos después, el propio Federico se reía de su exageración andaluza. Lo malo fue que detrás de su salto limpio y ágil, de bailarín granadino, llegaron otros fugitivos más torpes que echaron al suelo la silla donde estaba sentada la esposa de un republicano bastante importante. El matrimonio llevaba varios años en espera de descendencia y, miren por dónde, ahora que se iban a cumplir sus deseos, todo se echó a perder a causa de la avalancha y sobre todo del susto que se llevó la pobre señora.

Poco después, cuando la calma se había restablecido y no circulaba ya ni un alma por la calle —no hay disolvente comparable al hecho o el rumor de que la Guardia Civil dispara—, entró en el Café Lion Cipriano Rivas Cherif, quien, en su habitual tono de broma, se dirigió a la amiga que estaba conmigo (propietaria de un coche que ella misma conducía) y nos dijo a las dos:

—¿No os importa llevarme a mí a dar un paseo?

—Parece que la noche no está para pasearse. ¿Dónde quieres ir?

—Es un secreto. Algo muy importante. Si os fiais de mí, no me preguntéis nada y... ¡andando! Ya veréis qué sorpresa...

Como con Cipriano era bastante difícil saber cuándo hablaba en broma y cuándo en serio (rara vez hablaba en serio), yo pensé que nos llevaría a buscar una farmacia de guardia por necesitar alguna medicina para su mujer. Estaban entonces esperando su segundo hijo, y ya se sabe que los niños eligen para nacer días y horas inoportunos. Pero, aparte de que una cosa así nos la habría dicho con menos misterio, lo normal habría sido que hubiera tomado un taxi en la puerta de su casa, sin pasar antes por el café.

Al ir a subir al coche, estacionado en la misma puerta —entonces los coches se podían tener siempre a mano—, yo me dispuse a colocarme en el asiento de delante, al lado de mi amiga la conductora.

—No. Ese asiento me lo dejas a mí. Tú colócate en el de dentro. Es mejor así.

—¿Por qué? ¿Es que hay jaleo y piensas que vamos más seguras con un hombre en sitio visible?

—No es eso. Es que a la vuelta seremos dos parejas.

—Bueno, Cipriano, ya está bien de gansadas. Se habla esta noche de parejas y todo el mundo piensa en las de la Guardia Civil.

—También es en ésas en las que estoy yo pensando. Por eso os he pedido que me acompañéis. Con dos señoritas y en coche... ¡a buena hora se figurarán los guardias a dónde vamos!

—Por supuesto. Ni los guardias ni nosotras. Si tú no nos lo dices...

—Ahora veréis. Tú sigue por la Castellana arriba y ya te diré por dónde tienes que torcer... —le dijo a la conductora.

Siempre guiadas por Rivas Cherif, dimos la vuelta a la plaza de Colón, tomamos Génova y después nos metimos en la calle de Zurbano hacia arriba, en vista de que entonces esa calle no era, como fue mucho después, de dirección única hacia abajo. No nos cruzamos con ningún coche ni con ningún guardia. La calle de Zurbano, sobre todo después de su cruce con Almagro, era a la sazón una verdadera zona verde. Apenas había por allí unas pocas casas de pisos. Lo demás todo eran palacetes y hotelitos con jardines, además del Instituto oftálmico. Cuando ya íbamos a llegar al cruce con la avenida de Martínez Campos, Cipriano le dijo a la conductora que parase.

—Esperadme aquí. Serán sólo cinco minutos. No tengáis miedo.

Tras apearse, Cipriano cruzó la calle y echó a andar por la acera de la izquierda de Martínez Campos.

—Ya está aclarado el misterio. Va a casa de Alcalá Zamora, que vive en esa casa de estilo andaluz que está ahí mismo. Es ahí donde están reunidos desde esta mañana todos los del Comité Republicano, menos Azaña, del que por lo visto no se sabe nada. Seguro que Cipriano ha venido a traer una carta o algún recado de su cuñado, que sigue escondido. Ése es de los que no se fían.

No habían pasado los cinco minutos cuando volvió a aparecer nuestro amigo. Pero no venía solo. Le acompañaba un señor corpulento al que enseguida reconocimos. Llevaba sombrero, como de costumbre —todavía el «sinsombrerismo» era cosa de jóvenes—, y una capa española sobre los hombros. La capa española, tan caída en desuso en la década de los veinte, volvía a ser usada de vez en cuando por gentes ilustres. Marañón, Luis de Tapia, Emilio Carrere, Manuel Machado salían, especialmente de noche, con esa prenda. También a Azaña le habíamos visto llegar algunas veces con capa al Ateneo, aunque, especialmente en invierno, prefería un buen gabán.

Nada más verlos, abrimos las dos portezuelas del coche que quedaban del lado por donde ellos venían. Don Manuel se adelantó y con el mejor humor del mundo dijo en voz alta:

—¡Ah...! De manera que son las ateneístas guapas las que vienen a raptarme. ¡No esperaba yo tanto!

Después nos dio la mano, como él acostumbraba a darla. Es decir, sin gran efusividad, sin apretar ni sacudir.

—¡Qué sorpresa, don Manuel...! ¡Tanto tiempo sin verle! —dije yo por decir algo, en vista de que en casos así no se le ocurren a nadie grandes cosas.

—Sí; a mí se me ha hecho bastante largo. Sobre todo al principio. Ahora ya estoy más cómodo. Lo van a ver ustedes enseguida.

Quería mostrarse amable, pero se veía que estaba preocupado. Le contamos lo de los tiros en la Cibeles. Ya lo sabía. No había sido nada, pero podía ser mucho si la gente seguía empeñada en salir gritando a la calle. Varios amigos habían telefoneado a casa de don Niceto mientras ellos estaban allí reunidos, diciéndoles que en varios puntos de Madrid, especialmente en los barrios extremos, había intentos de manifestación. Ellos habían recomendado que aquella noche no saliera ni un solo republicano a la calle.

—Cualquier imprudencia puede echarlo todo a perder. Nos han asegurado que hay agentes provocadores. ¡Ése es el peligro!

En la Castellana vimos un grupo poco numeroso de jóvenes con aspecto de estudiantes que gritaban: «¡Ya se ha ido! ¡Ya se ha ido!».

—¿Es eso verdad, don Manuel? En la reunión de donde usted viene tendrían que saber algo.

—¡Claro que se sabe! ¡Ni se ha ido ni se irá...! Ni tiene por qué irse, al menos por ahora. Y si la gente se empeña en salir a la calle, los que tendremos que irnos mucho más lejos seremos nosotros.

—¡Usted siempre tan optimista! Bien dice Valle-Inclán que Azaña debería ser manguero municipal por lo bien que maneja el chorro de agua fría.

—No creo haberme equivocado, por desgracia, cada vez que he manejado simbólicamente la manga. Si de ver-

dad tuviera una, esta noche me dedicaría a disolver a todos esos grupos que andan por ahí gritando insensateces.

Cipriano nos guiaba en aquel momento por la calle de
Velázquez. Él vivía en el 38, pero le dijo a la conductora
que se metiera por Hermosilla. En Hermosilla número 24
vivía Azaña. Paramos un poco más arriba.

—¡Vaya...! Tan pesimista, y resulta que ya viene usted
a dormir a su casa. Que ha dejado de estar escondido.

—Llevo ya mucho tiempo escondido en mi casa. No
hay sitio mejor. Es el único adonde no fueron a buscar-
me nada más que una vez. Además, como mi mujer sale
muchas mañanas y todas las tardes, los policías la siguen
a ella seguros de que se las arreglará para verme y que,
tarde o temprano, darán con mi escondite. Entretanto, yo
puedo permitirme incluso salir y entrar mientras ella está
fuera.

Momentos después de que el coche se detuviera, Cipriano se apeó y llamó al sereno. Cuando éste acudió, se
fueron juntos hacia la calle de Velázquez. Nosotros seguimos con él un buen rato, dentro del coche.

—¿Es que el sereno está en el secreto?

—No. Precisamente Cipriano se lo lleva de aquí para
que le abra a él la puerta y le da un poco de palique a la
vuelta de la esquina mientras yo entro con el llavín.

En la calle no había un alma. Pero, de todos modos,
Azaña se despidió de nosotras antes de apearse.

—Muchísimas gracias.

—¡Por favor, don Manuel! Gracias a usted, que nos ha
dado esta prueba de confianza. Por lo demás, la aventura
ha tenido alguna emoción, pero ningún riesgo. ¡Si ya es
usted casi ministro!

—¡Como broma, pase! Pero no se lo crea ni por un
momento. Y ahora, ¡a casita...! Háganme ese favor, ade-

más del que acaban de hacerme. No se paren en ningún sitio y eviten los grupos que vean. Ahora, a la salida de los espectáculos, correrán bulos y puede pasar algo. No se fíen de nada de lo que oigan por ahí. No hay nada resuelto. Esto puede durar todavía mucho tiempo. Créanme.

Por supuesto que le creímos. De otro modo sería difícil explicarse que a aquellas alturas y en medio de la euforia que reinaba en los cafés, en los grupos y en las redacciones de los periódicos, don Manuel Azaña siguiera tomando aquellas precauciones. No quiso ni siquiera salir de casa de don Niceto en compañía de los otros líderes republicanos ni de los amigos que los llevaban de un lado para otro en coche. Ni tampoco tomar un taxi, cosa que hacía con frecuencia aprovechando lo poco conocido que todavía era. Todas las precauciones le parecían pocas en aquella noche que, pensando con lógica como él pensaba siempre, podía ser muy crítica.

Sin duda por eso le pareció de perlas la idea de su cuñado. Dos señoritas en un coche —una de ellas conduciendo y, además, elegante y hasta con sombrero— significaban la mejor garantía. Él iba dentro y llevando a su derecha a la que, a simple vista, podía ser su hija. Era cosa que no inspiraría a nadie la menor sospecha. Aun en el supuesto de que en alguna parte encontrásemos una pareja de la Guardia Civil deteniendo y registrando coches sospechosos, al nuestro le habrían dejado pasar sin el menor inconveniente. De las jóvenes estudiantes ya sospechaban entonces los guardias. Pero nunca si iban con un señor que pareciera su padre.

Vista la cosa al cabo de los años, se comprende que Azaña hiciera bien tomando tantas precauciones, porque lo que cuesta trabajo explicarse es que las cosas pasaran como pasaron y que la República viniera con la facilidad que vino.

Pero en aquellos momentos, y dado el optimismo que, por lo que hemos sabido luego, reinaba en las reuniones de casa de Alcalá Zamora, a todos les parecieron exageradas.

En el libro de Miguel Maura titulado *Cómo cayó Alfonso XIII*, el autor explica que la prudencia de Azaña era algo patológico.

«No le vimos —viene a decir— en ninguna de las reuniones que celebramos y a las que acudió Lerroux a pesar de que también estaba escondido. Por fin apareció en mi casa la tarde del 14 de abril, cuando ya nos disponíamos a subir a los coches para ir a tomar posesión del Ministerio de la Gobernación. Aun así, Azaña fue uno de los últimos en decidirse.»

En 1962 tuve ocasión de visitar a don Miguel Maura, que vivía a la sazón en Barcelona, y le dije:

—Me va a perdonar, pero en su libro hay un error, referente a Azaña. Dice usted que no acudió a ninguna de sus reuniones hasta el mismo día 14. Se ha equivocado. El 13 por la noche estuvo en casa de don Niceto.

—Pues yo no lo vi.

—Es probable que no estuviera mucho tiempo. A lo mejor usted había salido de la reunión. O no había llegado todavía, en vista de que también tenía reuniones en su propia casa. Desde luego, la permanencia de Azaña en casa de don Niceto no fue larga. Salió de allí antes de las doce. Además, estaba pesimista. Si hubiera hablado con usted, que es un ser que siempre ha derrochado un optimismo contagioso incluso en los peores momentos, se le habría visto más alegre aquella noche. Dentro, claro está, de lo que era su carácter. Pero como estar, en casa de don Niceto, puedo asegurarle que Azaña estuvo allí la noche del 13.

—¿Y tú cómo sabes eso? ¿Quién te lo contó?

—No me lo contó nadie. Lo vi yo misma.

Entonces le expliqué lo del coche, con la conductora, con Cipriano que podría parecer su marido, mientras en el asiento de detrás iba yo con Azaña, aparentemente padre de las dos y suegro de su cuñado, hasta que le dejamos en su casa, que era donde realmente estaba escondido desde hacía varios meses.

Oyéndome, don Miguel Maura se mataba de risa mientras sostenía con la mano derecha el vaso de refresco y hacía jarra con la izquierda sobre aquel talle que, cerca ya de los setenta y seis años, conservaba esbelto, airoso, distinguido, como a los cuarenta. Mantenía la magnífica planta que tanto llamaba la atención de las periodistas extranjeras que venían a hacer reportajes sobre la situación española, y les chocaba mucho que aquel hombre apareciese tan elegante y tan alegre y tan atractivamente simpático incluso mientras estaba en la cárcel.

—¡Figúrate...! Si Azaña tomaba tales precauciones la noche del 13 de abril, cuando la Guardia Municipal se cuadraba ya ante nosotros a la puerta de nuestras casas y los de seguridad nos sonreían y se llevaban con disimulo la mano al casco..., ¿qué no habría hecho en los días de verdadero peligro, cuando a algunos nos tenían presos y él, así como otros, lograron escapar a la detención?

—A usted, don Miguel, nunca le cayó bien Azaña...

—Estás muy equivocada. Siempre le admiré. Era un hombre de inteligencia portentosa. Tenía una mente clarísima y el don de explicarse de una forma que muy pocos hombres han sido capaces. Lo que ocurría es que no siempre era el mismo.

—Sí, ya sé. Usted es el autor de la teoría de «los dos Azañas» que ha dejado muy bien explicada en su libro y que tantos le han copiado después. Puede decirse que ha pasado a la Historia. Muchos de los que le conocimos no estamos conformes. Azaña era siempre el mismo. Mucho más blando por dentro que por fuera. Lo que ocurría era que unas personas le caían demasiado bien (a veces sin merecerlo) y otras le caían irremediablemente mal.

—En cualquier caso, yo era de los que le caían mal.

—¿Se ha olvidado de aquel elogio tan bonito que hizo de usted el día que dimitieron usted y don Niceto? Logró emocionar al Congreso hasta el punto de que aquella tarde arrancó en honor de usted la ovación más cerrada y larga que se haya oído nunca en aquel hemiciclo.

—Lo recuerdo muy bien y no me importa confesar que hizo saltar lágrimas. Yo no había llorado desde la muerte de mi padre, en 1925. Aquel día lloré y no me pesa. Luego me di cuenta de que en aquellas palabras dirigidas a mí, y que creo sinceras, entraba por mucho el agradecimiento por mi dimisión. Azaña estaba contento de que yo no formara parte de su Gobierno. Él sabría por qué.

VI

PRIMER CHOQUE CON BARCELONA

Azaña se equivocó —todo el mundo se equivoca, especialmente los que discurren según las reglas de la lógica en lugar de dejarse llevar por impulsos apasionados— pensando que en la noche del 13 de abril podrían ocurrir cosas graves y que él seguía tan en peligro, o aún más, que durante los días y meses anteriores.

No más lejos que la noche siguiente —la del 14 o más bien ya entrada la madrugada del 15—, él llegaba de nuevo a su casa de la calle de Hermosilla número 24. Pero ya no en un coche de turismo, arropado por tres personas, sino en un potente Hispano-Suiza, con mástil para banderín y dos conductores militares. Es decir, en el coche destinado al ministro de Guerra que era en lo que se había convertido entre la tarde y la noche.

Ya no fue menester engañar al sereno para que pudiera entrar en su portal. Al contrario, el sereno que no estaba allí cuando llegaron los dos coches —el del ministro y el de la escolta— tuvo que ser llamado para que abriera el portal. Uno de los amigos que le habían acompañado desde Gobernación —donde se reunió el primer Consejo de Ministros del Gobierno provisional de la República— hasta el Palacio de Buenavista para hacerse cargo del Ministerio de Guerra, nos contó después que, al cambiarse de traje por la tarde para ir a casa de Miguel Maura, a don Manuel se le había olvidado meterse en el bolsillo las llaves.

—No sé si fue olvido —contaban que dijo— o lo hice de una manera subconsciente. No iba a necesitarlas para el regreso, en vista de que entraba dentro de lo posible que, desde la Puerta del Sol, en caso de que lográsemos llegar, nos llevarían a la cárcel o nos descerrajarían dos tiros a cada uno.

Sobre lo que fue el 14 de abril en Madrid ya está todo dicho. No es pues cuestión de hacer nuevas descripciones.

Desde las once o las doce de la mañana había corrido el rumor de que a las tres de la tarde el Gobierno provisional de la República recibiría los poderes de manos de las autoridades monárquicas en buena y debida forma.

Muchos dudábamos de que fuera cierto. Hacia mediodía yo me encontré, al ir a tomar un taxi en la Gran Vía, con Gonzalo de Figueroa, duque de las Torres, íntimo amigo de Sánchez Román y afiliado al partido de Azaña.

Tanto por sus amistades y pertenencia republicanas como por sus vinculaciones familiares monárquicas —era sobrino carnal del conde de Romanones—, suponía yo a Gonzalo muy bien enterado de la situación. Le pregunté que si era verdad lo de «las tres de la tarde» y en qué iba a consistir aquella supuesta entrega de poderes.

—Lo único que hay de verdad en todos los rumores que corren hoy es que esta tarde, no sé si a las tres o a las cuatro, se reunirán, en casa del doctor Marañón, Alcalá Zamora y mi tío, Romanones.

—Pero ¿tu tío va a esa reunión en su calidad de ministro, con poderes del rey, o se trata de una gestión personal?

—Eso no lo sé. Ya sabes que mi tío es muy hábil, muy maniobrero. Es posible que trate de dar largas, que prometa convocar mañana mismo unas elecciones generales. Tal como están las cosas, no creo que los republicanos acepten.

—Depende. Hay miembros del Comité que no creen que venga la República por ahora. Que el rey no se marcha, ni tiene por qué marcharse.

—Supongo que te refieres a Azaña, que todavía no ha salido de su escondite.

—Salió anoche. Pero volvió a entrar.

—¿Quién te lo ha dicho?

Iba a responder: «No me lo ha dicho nadie. Lo he visto yo», pero me contuve pensando en la prudente reserva y el pesimismo de don Manuel.

—Lo curioso —dije dando un giro a la conversación— es que sé de bastante gente que ha puesto telegramas a sus conocidos e incluso a los Ayuntamientos comunicando esa noticia de que «a las tres de la tarde se transfiere el poder a los republicanos» y en el Palacio de Comunicaciones no sólo se los toman, sino que les dan curso...

Es probable que fueran esos telegramas la causa de que a las tres de la tarde apareciera en lo alto del Palacio de Correos, junto al reloj, la famosa bandera que nos dejó boquiabiertos a los pocos que a aquella hora circulábamos por allí a pie o en tranvía. No era propiamente una bandera republicana porque no las había. Se confeccionaron a toda prisa en los talleres de modistería y en algunas casas particulares —en casa de Giral, entre otras—, pero no estuvieron listas las primeras hasta las cinco o las seis. Era la de Correos una bandera roja, o mejor, un trapo rojo. Pero todo el mundo comprendió y la plaza no tardó ni una hora en llenarse de gente. En el Café Lion, donde empezaban a llegar los habituales de después de la comida, todos querían ocupar las mesas de las ventanas y la terraza y se hacían apuestas sobre si la famosa bandera permanecería allí colocada diez minutos o dos horas.

—Todo depende de las órdenes que vengan de Gobernación desde donde ya habrán llamado a los bomberos para que suban a quitarla.

Creo que, en efecto, la quitaron a las dos horas. Pero fue para sustituir la roja por otra que, además de roja, era amarilla y morada. Es decir, la de reglamento.

Pocas horas después, y sin que se supiera todavía el resultado de la conferencia en casa de Marañón —un trámite totalmente ignorado todavía por la inmensa mayoría del país—, empezaron a proliferar las banderas y empezaron a llenarse las calles de gente.

Los guardias se limitaban a custodiar los edificios oficiales. Primero en la puerta y luego desde dentro. Esto animó mucho al personal, que se echó a la calle, en verdaderas oleadas.

Un señor setentón decía en el Café Lion que nunca había salido tanta gente a la calle ni había visto tanto júbilo popular desde el día que Alfonso XII entró en Madrid y recorrió a caballo el trayecto desde Atocha hasta el Palacio Real.

El testigo que nos lo contaba tenía por aquellas fechas trece o catorce años. Según don Natalio Rivas, también hubo testigos de aquel recibimiento triunfal al joven rey y exclamaban:

—¡Qué día...! Nunca se ha visto tanta gente llorando de alegría. ¡Ni cuando echamos a la madre!

El «salvoconducto» terrible

El 15 se declaró también día de fiesta y siguió la algazara. Pero aun no habiéndose producido ningún desmán ni ocurrido ningún suceso callejero lamentable, el recién constituido Gobierno y muchos de nosotros sufrimos una primera y gran contrariedad.

A la hora del aperitivo del mediodía llegó al Café Lion Melchor Fernández Almagro, al cual había pillado la proclamación de la República en Barcelona. Venía triste, preocupadísimo. Casi sin decirnos nada a sus amigos, se acercó a la mesa donde estaba Sánchez Román y, sacando del bolsillo un papel, se lo entregó para que lo leyera. A Sánchez Román se le puso todavía peor cara que a Melchor.

—Usted, que conoce a Azaña, vaya inmediatamente al Ministerio a enseñárselo. Si no quiere ir solo, yo le acompañaré. ¡Esto es gravísimo!

Ya de pie los dos, nos enseñaron el papel a los que estábamos en la mesa de al lado. Era un salvoconducto y el encabezamiento decía en letra impresa: REPÚBLICA CATALANA.

Después seguía algo así como: «Permítase la salida del territorio de "l'Estat català" a don Melchor Fernández Almagro». Quiero recordar que decía más cosas, pero lo esencial era eso.

El coronel Macià había proclamado desde el balcón de la Diputación (reconvertida en Generalitat o sede del Gobierno catalán) no la República a secas, como en todas partes, ni la República española, sino lisa y llanamente la República catalana, el Estado catalán.

Ignoro si el Gobierno tuvo la noche anterior noticias de este hecho. Pero como las comunicaciones eran más lentas y la radio que más se oía en Madrid era la de Madrid, probablemente la primera persona que llegó con una prueba tan terminante fue nuestro amigo Melchor. Además, una cosa era la palabrería, lo que se pudiera gritar en catalán desde un balcón, y otra cosa era un documento, un impreso rellenado a nombre de una persona seria y responsable.

—Así, no sólo han proclamado la República catalana, sino que exigen pasaportes para salir de Cataluña. Como si Madrid fuera otro país y otra República.

—Todo esto pasa por lo del Pacto de San Sebastián. Aquellos polvos tenían que traer estos lodos —dijo uno de los contertulios del jurista.

—Eso no es cierto. El Pacto de San Sebastián fue muy distinto de lo que se ha dicho, murmurado y criticado.

—Pero sabemos seguro que hubo agarrada entre Carrasco Formiguera [el cual llegó a decir que a los catalanes sólo les interesaba la república y sólo ayudarían a traerla si les garantizaba una total autonomía para Cataluña], por un lado, y, por el otro, Miguel Maura y Prieto, que rechazaban todo compromiso previo en ese sentido.

—En efecto. Sin embargo, todo se arregló sin más compromiso por parte de los políticos castellanos que el de llevar al Parlamento Constituyente un Estatuto de autonomía, bajo la condición de que antes el pueblo catalán, consultado en elecciones libres, declarase que deseaba tal autonomía y que esa misma posibilidad se les daría a todas las demás regiones que desearan y contaran con los medios de «descentralizarse». Este acuerdo se adoptó por unanimidad. O sea, que los catalanes votaron a favor.

—Sí, pero en aquella reunión no estaba el coronel Macià, que es separatista fanático y que fue quien ayer se apoderó de la Generalitat, se autonombró presidente y proclamó desde el balcón la República catalana.

Melchor Fernández Almagro seguía mirando con ojos tristes el papel que le habían dado en la República catalana como salvoconducto o pasaporte para poder abandonar el territorio de Cataluña.

—Repito que eso hay que llevárselo enseguida a Azaña. Es el único con energía suficiente para arreglar este asunto, si es que tiene arreglo —insistió Sánchez Román.

—¿Por qué no habla usted antes con Prieto, que es tan amigo suyo y sobre el que usted tiene tanta influencia?

—Es muy impulsivo. Además, este asunto de las autonomías le tiene en ascuas, porque a él lo que más le importa es el norte y temería que los vascos nacionalistas, que por añadidura no son republicanos, aprovechen para hacer una barbaridad mayor. Si ve ese papel, lo que hará será irse inmediatamente a Bilbao, no a Barcelona, que es adonde hay que ir.

Otro contertulio, creo que fue García Tréllez —primer pasante e íntimo amigo de Sánchez Román—, hombre poco o nada comprometido en política, pero identificado con su maestro, dijo en su tono sereno e inalterable:

—Lo que a mí no me cabe en la cabeza es que un Gobierno, por pocas horas que lleve en el poder y por mucho que se le hayan subido a la cabeza las aclamaciones, no esté enterado de eso. ¿Es que no hay teléfono? ¿No dicen que Maura se puso en contacto durante la noche con los gobernadores civiles? Tienen que saberlo y se supone que habrán tomado las medidas oportunas.

Creo que fue el doctor Vicente Cebrián, personaje simpatiquísimo, listo, ocurrente, gran animador de aquella tertulia de Sánchez Román, que casi siempre se producía en tono susurrante y misterioso, quien dijo en su tono habitualmente campechano:

—¡No seáis tontos! Lo más probable es que estén en ayunas de esto, como lo están de tantas otras cosas. Ayer tarde, cuando estaban en casa de Miguel Maura disponiéndose para ir a «tomar» Gobernación, les dieron por teléfono la noticia de que Macià había proclamado al mediodía la República desde el balcón de la Generalitat al grito de «¡Viva España!». Naturalmente, eso los puso contentísimos. Los tranquilizó por completo.

Melchor Fernández Almagro, cada vez más preocupado, dijo:

—La verdad es que yo, lo de la proclamación, no lo vi. Pero lo que sí oí fueron muchos *viscas* a la República catalana. Pocos a España, algunos más a la República a secas y también me tropecé al ir hacia la estación con un grupo que gritaba «¡Viva la República española!» en castellano y con acento aragonés. Llevaban una rondalla y cantaban jotas de vez en cuando. Otros grupos les contestaban con gritos de «*Visca Catalunya lliure!*», y luego se abrazaban unos con otros. Pero lo cierto es que a mí, para salir, me hizo falta el papelito. Aquí lo tenéis...

—Pues, por si acaso, hay que ir enseguida al Ministerio de Guerra. Lo más unificado es lo militar. Las únicas autoridades que no se han movido de sus puestos son los capitanes generales a quienes Azaña ordenó anoche mismo que siguieran donde están y cumpliendo con su deber hasta nueva orden. Parece que, de los gobernadores civiles, Maura no pudo entrar en contacto telefónico ni con la mitad. Los otros se habían «replegado» hacia no se sabe dónde.

Nunca pude averiguar si el Gobierno sabía o no lo que había ocurrido en Cataluña la víspera o si lo supo cuando vio el «salvoconducto» de Melchor Fernández Almagro. Lo único cierto es que, tan pronto como se reunieron los ministros, que fue enseguida, estuvieron de acuerdo en que debía trasladarse lo antes posible a Barcelona una comisión a fin de hablar con Macià y deshacer el entuerto fuera como fuera.

El Gobierno de Madrid había estado relativamente tranquilo, gracias a que Companys estaba haciendo equilibrios en la cuerda floja. Companys estaba muy pendiente de Madrid, cualquiera que fuese su actitud posterior, siempre desbordado por los fanáticos. Él fue quien izó la bandera republicana española antes o al tiempo que la catalana en el Gobierno Civil y en el Ayuntamiento. Y si algún «viva España» se profirió desde los balcones fue probablemente suyo. Él era quien hablaba con el ministro de la Gobernación, con el de Guerra y, en fin, quien no perdió el contacto con Madrid ni un solo momento.

De todos modos, había que poner las cosas en claro lo antes posible. Que no se produjeran más escándalos como el del «salvoconducto» de Melchor Fernández Almagro, que seguramente recibieron muchas otras personas y que no le dieron importancia. Unos por unas razones y otros por otras, la cuestión es que aquellos días todo el mundo andaba con la cabeza fuera de su sitio, salvo aquella especie de «cátedra» que era la tertulia de don Felipe Sánchez Román en el Café Lion.

No fue hasta lo menos tres días después cuando el Gobierno resolvió enviar a Barcelona tres ministros. Fueron en avión, lo cual demuestra que había prisa. Los personajes civiles jamás se habían subido a un avión. Ni siquiera se pensó en ese medio para que el rey llegase antes a Cartagena. La prueba de que era cosa insólita es que los periódicos dieron más importancia a la anécdota de los «primeros ministros voladores» que al grave asunto que había determinado que se tomase aquella «resolución heroica».

Los tres ministros, que no vacilaron ante la «heroicidad», estaban bien elegidos. Uno de ellos era Marcelino Domingo —catalán castellanizado, es decir, que no hacía política regionalista, sino que era personaje de talla nacional—, Luis Nicolau d'Olwer, catalán «ejerciente», o sea, que representaba a Cataluña en el Gobierno provisional, habiéndosele atribuido la cartera de Economía, tan importante para los intereses catalanes, y don Fernando de los Ríos, quien con su presencia, su barba respetable, su autoridad como catedrático de Derecho Político, su inmensa erudición histórica y su dominio de la dialéctica estaba como hecho de encargo para imponer respeto con la fuerza de su sabiduría y de su prestigio, a fin de desenvolver los argumentos necesarios para que el coronel Macià se convenciera de que había que hacerlo todo conforme a reglas jurídicas y a los compromisos establecidos.

Lo que consiguieron fue sólo «echar un remiendo» a la situación. No se habló más de «República catalana» ni de «Estado catalán» —como había hablado Macià los primeros días— y se convino en que el presidente del Gobierno, don Niceto Alcalá Zamora, haría un viaje a Barcelona tan pronto como se lo permitieran las circunstancias críticas que exigían su presencia en Madrid.

El coronel Macià quería hablar «de presidente a presidente»; el único interlocutor válido para él era Alcalá

Zamora. Así pues, viajó a Barcelona con el voto en contra de algunos ministros, principalmente de Azaña, quien, a pesar de los sambenitos que le colgaron después, era hombre de tendencia centralista y temperamento jerarquizante, por lo cual seguía y siguió creyendo que el presidente del Gobierno de la nación no era el interlocutor apropiado para el «autotitulado» presidente de una región, todavía no declarada autónoma.

Azaña no quería

Sin embargo, don Niceto creyó que no era el momento de crear más problemas ni de complicar la situación, ya de por sí delicada, con «tiquismisquis» protocolarios, y decidió complacer a Macià anunciando que saldría de Madrid el 25 de abril por la noche para llegar a Barcelona el 26 hacia mediodía.

No era cosa de repetir el sensacionalismo del avión que, además de peligroso, daba la impresión de cosa precipitada por razones de urgencia y de ningún modo se prestaba a la solemnidad que, desde casi un siglo atrás, rodeaba a los recibimientos en las estaciones de ferrocarril engalanadas.

En principio, el coronel Macià se había salido con la suya. El presidente del Gobierno de la nación iba a visitarle en lugar de venir él a Madrid a presentarse al Gobierno, como sostenía Azaña con todo fundamento.

—Es él quien tiene que venir. La República no puede empezar reconociendo señoríos feudales ni templando gaitas —repetía.

Sin embargo, las cosas salieron al revés y quien se llevó la baza no fue el Gobierno central.

Nadie podía imaginarse que don Niceto tuviera en Barcelona un recibimiento como el que tuvo. Toda la ciudad se echó a la calle —igual o más que el 14 de abril— y Alcalá Zamora estuvo rodeado de multitudes y aclamaciones desde que se apeó del tren hasta que volvió a subir.

Lo más curioso de todo fue que el presidente de Madrid supo desplegar tal habilidad que, además de «conquistar Barcelona», como se solía decir en los términos estereotipados de los periódicos, se conquistó al propio Macià. El viejo coronel, semejante por fuera a la estampa de don Quijote, era también quijotesco por dentro. La nobleza, la sencillez y la cordialidad andaluza de Alcalá Zamora pudieron más que la aparentemente inquebrantable intransigencia de aquel hombre, también noble, pero de un fanatismo tan tenso y susceptible que cualquier roce le causaba una herida. Don Niceto supo convencerle para que esperase a la aprobación del Estatuto. Además, a fuerza de buenas palabras, entre abrazo va y abrazo viene, el seco Macià, el viejo sarmiento de la *rabassa*, se conmovió tanto con el zumo de la uva moscatel andaluza, que nació entre ellos una verdadera amistad que duró mientras vivió el coronel. Un par de años solamente.

La mejor prueba de lo que digo es que Macià, al que no se había visto en las Constituyentes, a pesar de ser el diputado número uno por Barcelona, dio a todo el mundo la sorpresa de presentarse en el Palacio de la Carrera de San Jerónimo el día que se eligió presidente de la República a don Niceto Alcalá Zamora. «He venido exclusivamente para votar a quien tiene tan merecido ese puesto», dijo al entrar en el Congreso, donde su presencia causó la natural sensación. Muchos no le habíamos visto nunca en persona.

Uno de los diputados catalanes me dijo:

—Fíjese usted bien en él cuando se dirija a depositar su papeleta. Será la primera vez que le vea votar en este recinto y, con toda seguridad, la última.

—Pero ¿no tomará parte después en las discusiones del Estatuto?

—Seguro que no.

En efecto, ni tomó parte, ni siquiera vino a votar el Estatuto el día de su aprobación definitiva, a primeros de septiembre de 1932.

Recuerdo muy bien que aquella tarde —una de las muchas a las que se dio el nombre de «históricas»— yo tuve que quedarme en el Congreso esperando a que aquello se despejara después de tanto revuelo, tanta emoción, tantos «vivas» y tantas lágrimas, porque tenía que hacer un reportaje con las impresiones de todos los diputados catalanes, casi un centenar, para publicar en las páginas de huecograbado del diario *Ahora*. Cuando los tenía ya a todos en el Salón de Conferencias dispuestos para las fotografías, salió Azaña del Despacho de Ministros con algún amigo suyo. Por lo visto, se había encerrado allí hasta que se marchara todo el mundo, precisamente huyendo de la batahola de los parabienes. A la hora del regocijo, no quería «hacer sombra» a los diputados catalanes, que eran los que tenían motivos para estar regocijados. Trataba de evitar que la gente siguiera felicitándole a él, como artífice del hecho, en lugar de felicitar a los que de veras debían ser felicitados.

Al ver desde la puerta que éramos un fotógrafo y yo quienes estábamos poniendo en «pose» a los diputados catalanes, se acercó con la jovialidad que siempre solía ser habitual en él cuando se dirigía a algunas personas, entre las que yo figuraba.

—¿Qué...? ¿Va usted a raptar a todas estas docenas de catalanes, como hizo conmigo aquella noche?

Estaba visto que lo del «rapto» no se le olvidaba. Lo malo era que cada vez que lo decía delante de alguien, yo tenía después que explicarlo.

Viendo que Azaña gastaba bromas conmigo, y que le distraían las maniobras del fotógrafo que luchaba por colocar a los diputados por Barcelona de forma que le cupieran todos y en grande, en una sola placa, Companys se separó del grupo y me dijo:

—No quiero meterme en el modo de hacer su reportaje. Pero ¿no cree que estaría bien que Azaña saliera, al menos en una sola foto, en medio de todos nosotros? Pídaselo.

—¡Por favor, don Luis, que no le oiga...! Don Manuel es un hueso para los periodistas. Si todos los hombres conocidos, sean o no políticos, fueran como él, los que hacemos reportajes nos tendríamos que dedicar a otra cosa.

—Siempre he visto, sin embargo, que a usted la trata con afecto.

—Eso viene de cuando sólo éramos ateneístas. Me conoce bien y si gasta bromas delante de mí es porque sabe que no las voy a contar. Al menos por ahora...

Con algún disimulo mientras el fotógrafo seguía sus maniobras y el chico del magnesio se disponía a llenarlo todo de humo, Azaña inició la retirada y yo pegué el oído haciendo como que iba a algo en la dirección que él y su amigo tomaban.

—¡Qué raro que no haya venido Macià a votar el Estatuto! En cambio, ha venido Cambó, y le ha robado la expectación —decía el acompañante de Azaña, que no recuerdo quién era. Puede que fuese Casares Quiroga, pero no estoy segura.

—Nada tan natural. Si el Estatuto le parece bien a Cambó hasta el punto de venir a votarlo, está claro que a Macià no puede gustarle. Por supuesto, ya sabíamos que no le gusta.

Me separé para volver a mi grupo. Azaña me volvió a sonreír con malicia como diciendo: «Ya sé que no les va usted a contar a los catalanes lo que acaba de oírme».

VII

SU AÑO TRIUNFAL

Hay que volver a 1931, el año crucial en la vida de Azaña, aquel en el que dio el salto desde el anonimato a ser el hombre con más poder, con más fuerza, con legiones de admiradores y también con muchos y temibles enemigos.

«Era sólo un oscuro funcionario del Ministerio de Gracia y Justicia, con pujos de escritor, ¡y vean ustedes qué caprichos tiene el destino! Pero, cuanto más suba, más terrible será la caída», decían algunos ateneístas, de los que seguían sin tragarle.

La verdad es que su puesto de funcionario no era tan oscuro. Entró por oposición como «oficial letrado» en el Ministerio de Gracia y Justicia, un cuerpo que no carecía de alguna brillantez. Había llegado, por sus pasos, a jefe de Negociado y llegaría a jefe de Administración.

Su destino como jefe del Registro de Últimas Voluntades a los jóvenes nos parecía una cosa mitad cómica y mitad siniestra. En cuanto a los viejos enemigos suyos, solían murmurar: «Le pusieron donde le corresponde.

Un hombre tan déspota no podría tolerar junto a sí más voluntades que las de los muertos».

En cuanto a lo de «con pujos de escritor», tampoco tenían razón. Azaña era ya un escritor hecho. Su novela *El jardín de los frailes*, basada en los recuerdos de su vida en el Colegio Universitario de El Escorial, era la obra de un maestro de la lengua castellana. Tal vez por eso mismo a los jóvenes no nos arrebataba del todo. Nos olía, quizá injustamente, a siglo pasado.

A la sazón estábamos entusiasmados con el neorrealismo pacifista, como *Sin novedad en el frente*, de Heinrich M. Remarque, y de españoles, los *Esperpentos* y la serie «El Ruedo Ibérico» de Valle-Inclán. Y, por supuesto, Baroja. Todo lo demás, incluso Galdós, nos olía a naftalina. Menos mal que del pecado de menospreciar a Galdós nos arrepentimos la mayoría tan pronto como lo leímos con algún detenimiento.

Tampoco nos explicábamos —de esto ya he hablado— que Azaña llevara años dedicado a estudiar la obra de don Juan Valera. Sin duda se trataba de una personalidad interesante. Un verdadero esnob de su tiempo, que un día ya muy lejano escandalizó a sus contertulios del Ateneo —Valera también fue asiduo ateneísta en el siglo pasado— cuando les dijo:

—Me he hecho diplomático porque me gusta esa vida. Tampoco me importaría dedicarme a otra cosa, si creyera que ella me iba a proporcionar los cien duros mensuales que yo necesito para vivir.

Confesar que necesitaba para vivir cien duros, en un sitio como el Ateneo donde había grandes poetas, grandes escritores y, en fin, toda clase de hombres de talento que se habrían sentido felices y potentados con un duro diario, fue cosa que se tomó como una provocación.

No era la primera vez que yo hablaba de Valera con Azaña. Me divertía pincharle diciéndole que no me explicara que *Pepita Jiménez* se considerase como una obra maestra.

—Lo fue en su tiempo —me dijo un día Azaña, que, por casualidad, encontró un rato para sentarse en un corro en el que había de todo; es decir, jóvenes y mayores. Recuerdo entre otros a Luis de Tapia, a Ricardo Baroja —dos sesentones con espíritu juvenil—, el poeta Paco Vighi, los periodistas Vicente Sánchez-Ocaña y Paulino Masip, mezclados con algunos chicos y chicas de los que ya estábamos recién licenciados en la universidad.

—Pues lo que caracteriza a la obra maestra es que lo es en todos los tiempos. Ahí tiene usted el *Quijote*.

—Sin ir más lejos... —dijo Azaña, riendo con las mejores ganas.

—De verdad, don Manuel, ¿es que a usted le divierte esa correspondencia del seminarista con su tío el cura, en la que cuenta las excursiones con la viudita? ¡Jesús, qué pereza!

—Ese estilo de novela supuso una revolución. La prueba fue su éxito. Tendríamos que hablar muy largamente sobre ello. Valera no es mi ideal literario. Creo que vale la pena dedicar un tiempo a estudiar un tipo que nadie ha estudiado a fondo y a escribir una biografía que nadie ha escrito. A lo mejor, un día escribe usted la mía con muchos menos motivos, y los jóvenes de aquel tiempo futuro le dicen que *El jardín de los frailes* es un pestiño insufrible. Claro que esto lo digo suponiendo que yo logre escribir una novela que se venda como *Pepita Jiménez*. El recuerdo que deje como presidente del Ateneo no será biografiable.

—¿Y si digo, como repiten algunos por aquí, que era usted un déspota?

—Bueno, con tal que a lo de déspota no se olvide de añadir «ilustrado», me conformo.

—Para todo eso hay un grave inconveniente, don Manuel. Que yo no soy escritora.

—Bueno, pero lo será con el tiempo.

—No pienso. Yo lo que quiero es que traigan ustedes las repúblicas para que el título de abogado conseguido por una mujer valga igual que el de un hombre.

—¿Es que se los dan más baratos?

—No, señor. El papel pergamino cuesta igual. Mil pesetas. Y los estudios los mismos: preparatorio y cinco años. Pero luego no nos dejan hacer nada.

—¿Cómo que nada? ¿Y la señorita Campoamor? ¿Y la señorita Kent?

—Ya ve. Esos son buenos ejemplos. Muy conocidas, con buen porvenir político según se dice, pero ¿usted cree que sus bufetes podrían llegar a darles para vivir bien? El público no confía en las mujeres como ganadoras de pleitos o como sanadoras de enfermos. Lo que nosotras queremos es que nos dejen ser, por ejemplo, registradores de la Propiedad.

—¡Caramba...! ¿Le gusta a usted la Hipotecaria? ¡Qué raro!

—La Hipotecaria o lo que sea. Lo humillante es tener una carrera y que no nos sirva igual que a los hombres.

—Pueden ser funcionarios. Los Ministerios se están llenando de mujeres.

—Sí, eso, como lo de poder informar ante los Tribunales, se lo debemos al general Primo de Rivera. La verdad es que los estudiantes, sin exceptuar las chicas, le dimos muchos disgustos. Por lo menos deberíamos haber reconocido que fue feminista...

—Yo diría «feminófilo»...

—Es posible. Por eso se quedó a medio camino. Permitió que las mujeres con título universitario podamos hacer oposiciones a oficiales de los Ministerios. Pero sin pasar de eso, de oficiales. Sigue prohibido el acceso a jefe de Negociado. Y menos al de jefe de Administración.

—O sea que, aunque gane usted unas oposiciones difíciles, no podrá usted nunca despachar con un director general.

—¡Claro...!

—Pues no se puede figurar la suerte que es eso —concluyó Azaña, cada vez más divertido.

Por su tono bromista podría parecer que el asunto de la «promoción de la mujer», como decimos ahora, era la última de sus preocupaciones, suponiendo que le preocupase.

Sin embargo, hablando meses después con el que había sido mi profesor, don Luis Jiménez de Asúa, feminista hasta sus últimas consecuencias, presidente de la Comisión Constitucional, me dijo que en sus conversaciones o cambio de impresiones con los miembros del Gobierno mientras se redactaba el dictamen y se discutían los artículos, uno de los pocos ministros que no pusieron nunca ningún reparo a la igualdad de derechos entre el hombre y la mujer fue don Manuel Azaña. Y en cuanto a lo del voto femenino, creo que fue el único que lo defendió. Incluso había muchos socialistas que estaban en contra. Pero Azaña opinó que siendo las mujeres elegibles —habría resultado escandaloso que no lo fueran a tales alturas del siglo y en un país europeo— resultaba injusto y hasta «indecente» que se las prohibiese ser electoras.

—Alguien le objetó —me dijo Jiménez de Asúa— que en Francia, el país que a él le gustaba tanto, las mujeres no tenían derecho al voto:

»—Eso viene de que esa reforma tiene rango constitucional y en Francia la Constitución se les ha quedado vieja. Si hacen una nueva, el sufragio femenino se implantará. Igual ocurre en Suiza, donde se rigen por leyes antiquísimas y reforman las cosas mediante referéndums, que es una práctica poco recomendable. Pero, ya ven ustedes, las inglesas votan, las americanas votan, las alemanas votan, las checoslovacas votan.

»—Se hundirá la República si damos el voto a la mujer.

»—Pues si la estabilidad de la República depende sólo de que no voten las monjas [pudiendo votar los frailes], habrá que convenir que hemos traído una República anémica y agusanada.

Al fin, ya convertido en ministro de Guerra, se anunció que Azaña iría una tarde al Ateneo. Habían pasado varias semanas desde la proclamación de la República. Muchos pensaban que nunca más le veríamos por allí.

—Para él esta casa no ha sido más que un trampolín, a fin de lograr el triunfo político. Lo demás le tiene sin cuidado.

No era cierto.

Azaña, ya ministro fue, como digo, al Ateneo. Era una tarde de domingo, creo que con motivo de un concierto. La sala estaba abarrotada y la orquesta, al entrar él, tocó el *Himno de Riego*. Hacía impresión ver a un ministro con sus ayudantes uniformados subiendo a una plataforma mientras sonaba una musiquilla hasta entonces subversiva y, sin duda, poco solemne.

Resultaba que el Comité Republicano, que durante su año largo de funcionamiento había cuidado hasta los menores detalles de su futura actuación como Gobierno provisional para cuando llegara el caso de asumir el poder (una eventualidad que algunos de sus miembros, especialmente Azaña, veían muy lejana), llegando incluso a tener resueltas cuestiones de detalle que funcionaron como un reloj desde el primer momento, no había pensado, en cambio, en que la República debería tener un himno nacional que no podía ser la marcha real, aunque se la llamase por su antiguo nombre de *Marcha Granadera*.

Tampoco la gente había pensado en eso. Así fue que lo primero que se tocó en Madrid, el 14 de abril, lo que interpretaron las orquestas de los cines, hoteles y cafés (había entonces muchos cafés con orquesta, algunas de ellas magníficas y famosas) fue *La Marsellesa*. Eso era también lo que más cantaba la gente por la calle e incluso lo que se oía por la radio. También se cantaba el *Himno de Riego*, pero más en plan de broma, como era tradicional aunque llevara muchos años prohibido. Pero resultaba que las notas de esa vieja musiquilla popular no las tenía escritas en sus partituras ninguna orquesta ni ninguna banda.

Pasadas las primeras cuarenta y ocho horas de jolgorio callejero y vuelto todo a la normalidad, el Gobierno provisional se planteó el problema, que no dejaba de tener su importancia. Por grande que fuera el entusiasmo de la gente y de los miembros del Gobierno respecto a la República vecina, y por muy cargado de sentido tradicional y liberal que estuviera el vibrante himno nacional francés, no era lógico ni lícito compartir lo que era propio y oficial de otra nación.

La República española necesitaba un himno suyo. Ni *La Marsellesa* ni mucho menos *La Internacional* podían seguir siendo interpretadas por las bandas de música municipales de los pueblos al paso de las autoridades.

Así pues, hubo que decretar deprisa y corriendo que se adoptase el *Himno de Riego*, como himno nacional, en espera de que alguno de los compositores españoles se sintiera inspirado y acertase con una música capaz de hacerse popular lo antes posible. El *Himno de Riego* era popular, pero carecía de solemnidad. Tampoco era propiamente un himno republicano. Era el homenaje del pueblo a un general liberal que se sublevó para restablecer la Constitución de las Cortes de Cádiz y logró que el rey Fernando VII la aceptase durante dos años solamente.

Aunque las coplillas que se habían hecho más populares eran desvergonzadas, había también una cuarteta decente y que podía ser cantada por todo el mundo:

> *Si Riego murió fusilado*
> *no lo fue por infante y traidor,*
> *que murió con la espada en la mano*
> *defendiendo la Constitución.*

Aunque decente, esta letra tampoco traducía la realidad. Riego no murió fusilado sino ahorcado y descuartizado. Quizá por eso la copla se le aplicó a otro general liberal, Torrijos, que ése sí murió fusilado en la playa de Málaga aunque no con la espada en la mano, puesto que no le dio tiempo a luchar. Fue hecho prisionero en el momento mismo de desembarcar para ponerse a la cabeza de una supuesta sublevación que sólo fue una trampa tendida por los que querían acabar con las conspiraciones que se fraguaban contra el absolutismo fuera de España.

Su primer pateo

Al entrar Azaña aquella tarde en el salón de actos del Ateneo, aquella música popular que ya era oficial, acompañada por una salva de aplausos, no llegó a ahogar del todo el pateo que se armó en la tribuna de arriba, donde se situaban siempre los inconformistas a los que todavía no se les aplicaba el horrendo galicismo de «contestatarios».

—Tengo la impresión —le decía un viejo ateneísta a otro— de que a un hombre con tanta tendencia al autoritarismo como Azaña no le puede gustar mucho que le toquen esta música.

—Claro... A él le gustaría algo de Wagner o, mejor, la sinfonía *Heroica* de Beethoven. Además de autoritario es un melómano empedernido, como todos los déspotas.

(Todavía no se hablaba de Hitler ni, por lo tanto, de su melomanía, pero había otros ejemplos históricos.)

—Lo que le gustaría a él, a pesar de que fue durante la guerra tan enemigo de Alemania, sería que por lo menos en el Ateneo se le compusiera un himno que empezara diciendo: «Azaña, Azaña, *über alles*».

—Sí, sí... Usted puede hacer todo el sarcasmo que quiera, pero ya verá cómo, antes de un año, ese hombre que a usted tanto le molesta y al que aquí pateamos se habrá merendado a todos los otros políticos republicanos. Así es que lo de «Azaña, *über alles*» no es ninguna exageración. Se los merendará a todos.

No saludé a don Manuel aquella tarde. Ni siquiera lo intenté. Porque no hay nada que me resulte tan triste como esas pobres gentes que se abren camino a codazos para llegar a estrechar la mano de un personaje. Y más si es el mismo con quien poco antes podíamos conversar tranquilamente y al que muchos hacían como que no le veían cuando andaba por aquellos mismos pasillos.

Mi idea era que pasaría mucho tiempo sin tener ocasión de saludarle. Jamás se me pasó por la imaginación la idea de ir a verle al Ministerio como hicieron tantos ateneístas, incluso de los que habían votado en contra suya cuando lo elegimos presidente. Notaba nacer ya entonces en mí la tendencia —que ha seguido siempre acompañándome— a no hacer visitas a los personajes oficiales. Si se les va a pedir algo, lo más probable es que no se saque nada. Si se trata sólo de una visita desinteresada, la cosa me parece todavía más tonta. Jamás nos agradecerán que les hagamos perder el tiempo y, además, siempre estarán con la escama de que los vamos a poner en el compromiso.

Fue de un modo absolutamente casual como tuve ocasión de saludar a Azaña en la mismísima calle. Todavía podía permitirse el lujo de callejear sin que los transeúntes le reconocieran. Y así fue que estando una noche de primeros de mayo la mayoría de los contertulios del Lion sentados en la terraza —por casualidad, aquel año hubo primavera a su tiempo—, nos quedamos muy sorprendidos al ver al mismísimo Azaña llegar por la acera hasta las mesas que ocupábamos. Le acompañaban un par de amigos no políticos y también muy conocidos de todos nosotros. Venía del Ministerio de Guerra y se dirigía a pie a su casa. No llevaba ayudantes ni escolta de ninguna clase, al menos aparente. Parecía contento y al vernos se detuvo saludándonos uno por uno.

—¿Cómo va usted así... a cuerpo? —le preguntó asustado no sé cuál de nuestros amigos.

—¿Cómo voy a ir, haciendo una noche tan espléndida? ¿Quiere usted que lleve impermeable?

—Quiero decir sin vigilancia ninguna.

Don Manuel sonrió socarrón.

—Bueno, tanto como ninguna... Puede que por ahí alrededor ande alguien cuidándome... Precaución superflua. Todavía... y tal vez siempre (según se pongan las cosas), paso muy bien por un transeúnte, como hay tantos.

En vista de aquella disposición, alguien le invitó a sentarse.

—Prefiero andar. Llevo muchos días que apenas puedo ir a ningún sitio a pie. ¡Con lo que me gustaba andar, sobre todo por la noche...!

A mí no se me ocurría nada que decirle hasta que me acordé de que no le había dado aún la enhorabuena por su cargo. Le dije que no había habido ocasión.

—Es verdad... No nos habíamos visto desde la noche que ustedes me «raptaron».

Lo del «rapto», que después, como ya he dicho, lo repitió Azaña muchas veces al correr de los años, produjo alguna curiosidad en el grupo. No sabían a qué podía referirse.

Don Manuel tampoco se metió en explicaciones. Prefirió seguir bromeando:

—He visto que de «intrépida raptora» se ha convertido usted en pocas semanas en «intrépida interviuvadora». Me ha hecho gracia verla retratada con los nuevos prohombres que tienen prisa por hacer declaraciones para los periódicos.

—Sí, pero me falta usted. Estoy esperando la ocasión.

—¡Pues menos mal que espera usted sentada...!, y pelando la pava, como de costumbre.

Lo de la ocasión se lo había dicho también en broma. Sabía muy bien que Azaña, a pesar de tener muchos amigos periodistas, se negaba rotundamente a cualquier declaración y menos aún a que le hicieran reportajes de tipo personal. Las interviús (como se decía entonces en lugar de entrevistas) le causaban verdadero espanto. Los que intentaban algún tipo de reportaje de carácter personal —su vida privada, sus aficiones, sus costumbres— tropezaban con más dificultades que quienes le pedían declaraciones políticas.

Azaña y los periodistas

Creo que eso contribuyó mucho a la fama de hombre antipático que siempre tuvo e incluso a que se le llamara ogro. El que entraba por lana, en ese terreno, salía trasquilado.

La célebre frase «Yo sólo hablo para la *Gaceta*» ha pasado a la historia porque la pronunció más de una vez.

Si entonces hubiera sido costumbre celebrar conferencias de prensa del estilo de las que después empezaron a celebrar los presidentes de Estados Unidos y más tarde el general De Gaulle, es posible que a eso sí hubiera accedido alguna vez, en caso de existir las cintas magnetofónicas, donde quedarían grabadas las preguntas y las respuestas, a fin de evitar aquellas malas interpretaciones de sus palabras que le irritaban tanto.

Las conferencias de prensa habrían sido para él como una especie de turno de ruegos y preguntas en el Parlamento. Azaña era antes que escritor, antes que político, antes que hombre de Estado, un gran parlamentario. Su habilidad para poner los puntos sobre las íes, para pulverizar el lugar común, para quedar siempre dialécticamente por encima del oponente, era extraordinaria. Como unía a esto unas grandes dotes de improvisación mental y una envidiable facultad de expresar con elocuencia, elegancia, justeza e incluso una buena dosis de humor todo aquello que improvisaba, estoy segura de que se habría sentido muy a su gusto enfrentándose con muchos periodistas a la vez y desarmando incluso a los más irreductibles con la fuerza de sus razones y la rapidez de sus respuestas.

Bien entendido que Manuel Azaña, a pesar de que le gustaba eso que se llama «vestir el cargo», o sea, producirse en forma que impusiera respeto y algún distanciamiento, nunca hubiera accedido a celebrar esas reuniones con la prensa rodeándose de la pompa teatral de que se rodeaba más tarde el general De Gaulle en tales casos. No habría puesto al Gobierno en «silla de orquesta» ni se hubiera hecho hacer «preguntas preparadas» para su lucimiento, ni habría ordenado que le hicieran las preguntas todas juntas o, mejor dicho, una detrás de otra al comienzo de la reunión, a fin de que no se notase que se dejaba muchas sin contestar. Azaña las habría contestado absolutamente todas, por retorcidas y difíciles de contestar que fuesen.

También es posible que no hubiera accedido a esa clase de reuniones, por estimar que, como intermediarios entre un hombre de Gobierno y su pueblo, ya están los diputados y que es a ellos más que a la prensa a quienes un político debe toda clase de explicaciones. El papel de la prensa, y en su tiempo de la radio, es el de dar después a conocer al pueblo ese diálogo que entonces en España —como sigue ocurriendo hoy en la Cámara de los Comunes— era constante, casi a diario y no estaba sometido a reglamentos que prescriben un orden del día rígido y marcado con anticipación. Si había cuestiones palpitantes, podía abrirse debate sobre ellas en el acto.

Azaña no hacía concesiones a la prensa ni «pasaba jabón» a los periodistas. Por ese motivo a muchos les caía antipático. Es posible que si yo le hubiera conocido siendo ya periodista, y no antes como le conocí, tampoco hubiéramos llegado a ser amigos. Me habría parecido tan antipático e intratable como a muchos de mis compañeros.

VIII

ME LO ENCONTRÉ EN EL ESCORIAL
COMO UN «DOMINGUERO» MÁS

Aquel horror de Azaña hacia la exhibición de su vida privada y la anécdota periodística fue causa de que una vez —¡una sola!— me sintiera ante él en situación violenta.

Menos mal que lo que pudo ser una escena desagradable, que me hubiera hecho no acercarme a Azaña ni física ni moralmente nunca más, se resolvió en un voleo gracias a que yo me decidí a vencer el azoramiento natural en mi edad y en mi inexperiencia profesional atacando de frente y a que él rectificó en el acto su exceso de susceptibilidad.

La cosa ocurrió así:

Durante el verano de 1931, en vista de que las Cortes no podían tomar vacaciones porque se abrieron el 14 de julio y tenían que aprobar lo antes posible la Constitución, casi todos los miembros del Gobierno decidieron alquilar casas en El Escorial, o en algún otro lugar de la sierra, a fin de que la familia veranease allí. Ellos iban a dormir a las residencias veraniegas algunas noches (muy pocas en vista de que las sesiones del Congreso se prolongaban a veces hasta las cuatro de la madrugada) y, sobre todo, los fines de semana.

Los domingos se les podía, pues, «pescar» con facilidad a casi todos, descansando en El Escorial, en San Rafael o en Cercedilla, al lado de sus mujeres y sus hijos.

Una revista como *Estampa*, que venía a ser para las familias lo que es ahora la televisión —les gustaba por igual a padres, hijos y abuelitos en vista de que en ella se procuraba hacer cosas de interés para cualquier edad—, era lo más apropiado para mostrar la vida familiar de los nuevos gobernantes, cuya vida pública empezaba a estar llena de dificultades y contratiempos diarios.

La quema de conventos, las huelgas en sectores importantes, los alborotos anarquistas, el paro obrero, la campaña electoral de las Cortes Constituyentes, las largas sesiones diarias del Parlamento que tampoco eran amenos recreos a pesar de que el Gobierno tenía una amplia mayoría —lo que no significaba que fuera una mayoría cómoda ni dócil—, todo esto traía a casi todos los ministros a maltraer y sin tiempo para dormir ni para resollar un poco tranquilos, como no fuese los domingos. Y aun así, muchos de esos días de descanso no eran del todo plácidos para algunos de ellos.

El subdirector de *Estampa*, Vicente Sánchez-Ocaña, me encargó que me fuera con un fotógrafo a El Escorial, uno de aquellos domingos de agosto de 1931, a fin de traer la mayor cantidad de información posible sobre la vida familiar de los nuevos dirigentes de España durante el escaso tiempo que podían dedicar al descanso, acompañados de sus mujeres y sus hijos.

Tras la localización de las viviendas y una vez obtenida la conformidad de algunos para ir a verlos por la tarde, me fui a almorzar con el fotógrafo a un hotel, el mejor del Real Sitio entonces. Creo que era el Victoria.

Apenas nos hubimos sentado, el fotógrafo me dijo:

—Mire... ¡mire quién está allí! ¡Vaya suerte! Y esto sin buscarlo.

Entonces fue cuando me fijé en que, al fondo del comedor, en una mesa bien situada, aunque en lugar discreto, aparecían sentados don Manuel Azaña y Lola, su mujer, almorzando tranquilamente ellos dos solos. Era raro porque casi siempre estas excursiones dominicales las hacían con otros matrimonios amigos o parientes. Pero, sin duda, aquel domingo había querido Azaña pasarlo a solas con su mujer para recorrer juntos los lugares donde pasó una juventud mucho menos feliz de lo que era su madurez. No tanto por su encumbramiento político, sino por la compañía de aquella esposa joven, bonita, solícita, enamorada. Una de las mayores razones del contento que le salía a la cara a Lolita por aquellas fechas era la de haberse casado dos años escasos antes, es decir, cuando Azaña, para el público y para una gran cantidad de conocidos suyos, «no era nadie». Si él hubiera tardado un poco más en proponerle el matrimonio —parece que tardó bastantes años por miedo a ser rechazado y a la diferencia de edad—, la gente, incluso muchos amigos, habrían podido pensar que se casaba con él por considerarle un buen partido. «Por ser ministra», parece que decía ella riendo.

Al pronto me puso mala cara

Miré hacia la mesa donde estaban sentados almorzando y observé con gran extrañeza que mientras ella me sonreía saludándome con un movimiento de la mano, don Manuel me hacía sólo una leve inclinación de cabeza con la cara muy adusta. Me quedé helada. Era la primera vez que Azaña no se mostraba jovial al verme. Aunque estuviéramos un poco lejos, bien podía haberme hecho un gesto de amistad, como en los otros encuentros. Me extrañó tanto que volví a mirarle. ¡Nada...! Tan pronto como sus ojos se cruzaban con los míos perdía la animación que mostraba mientras hablaba con su mujer.

Pero, si mal me miraba a mí, todavía miraba peor al fotógrafo que había colocado sus trebejos en una de las sillas vacías de nuestra mesa.

Al final de la comida, me armé de valor —¡había que tener mucho valor para afrontar a Azaña cuando ponía cara de perro de presa!— y me fui derecha a saludar a Lolita. Don Manuel entonces se levantó porque el sentido de la cortesía, aunque fuera llena de frialdad, no solía perderlo ni siquiera cuando estaba enfadado. Me tendió la mano sin la menor efusión.

—He venido a trabajar para el periódico... —dije tímidamente.

—Ya veo, ya veo... —respondió dirigiendo hacia el fotógrafo, que se había quedado en su sitio, una mirada realmente demoledora.

Enseguida, antes de que yo pudiera aclarar la cosa, se puso todavía más feroz y me largó lo siguiente:

—Le advierto que yo no me dejo hacer interviús ni fotografías por sorpresa...

Aquella andanada, tan injusta, en lugar de intimidarme más, me decidió a responderle en un tono firme, aunque menos duro que el suyo:

—No tiene usted derecho a ponerme esa cara, don Manuel.

—Lo siento, pero no tengo otra.

—Sí, señor. Tiene usted otra, que es la que me había puesto a mí siempre, hasta hoy. Pensaba que usted me conocía mejor y estaría seguro de que no soy capaz de hacerle una «trastada periodística». No he escrito una palabra sobre usted desde que estoy en los periódicos. Ni siquiera para darle coba, porque para eso ya hay demasiados voluntarios. Creo que no tiene derecho a desconfiar de mí. ¿He escrito alguna vez algo de lo que le he oído?

Comprendió que se había pasado y su semblante cambió. Otra vez volvió a ser para mí el de siempre. Yo creía que me iba a pedir disculpas, pero lo que hizo fue echar la cosa a broma:

—Bueno, bueno..., no se me pique. Ande, siéntese a tomar café con nosotros.

—Antes, voy a decirle al fotógrafo que me espere en otra parte adonde tenemos que ir. Así se quedará usted más tranquilo.

No se disculpó por su brusquedad. Hizo algo mejor, más delicado. Consintió en contarme todo lo que habían hecho aquella mañana, incluso su conversación con los frailes agustinos. Quedaban todavía algunos de los que fueron sus profesores cuando él era interno en la universidad, a los que encontró muy asustados:

—Empezaron llamándome «señor ministro», pero cuando les dije que se dejaran de tratamientos porque yo no había ido a verlos como miembro del Gobierno de una república laica, sino como antiguo alumno de la Casa, entraron más en confianza. Uno de los más viejos me decía: «¿Qué va a ser de nosotros, Manolo?».

—Supongo que usted los tranquilizaría...

—Sospecho que no. Lo único que les dije es que yo no soy la encarnación de la República, que todavía ni la misma República sabe cómo va a ser con respecto a las órdenes religiosas, puesto que acaban de iniciarse los debates de la Constitución. Que yo no soy nada más que un ministro. Y, además, un ministro técnico. Que sólo me ocupo del Ejército. Querían que nos quedáramos a almorzar en el convento. Lástima que no sea tiempo de perdices. Las guisan muy bien.

—Les hemos dicho que vendremos otro día cuando las tengan —dijo la esposa de Azaña, encantada de que nuestra conversación se hubiera animado tanto y de que don Manuel derrochase aquella locuacidad, dándome así una prueba de que confiaba en mi discreción.

Luego hablamos de los miembros del Gobierno que veraneaban en El Escorial y a los que yo iba a ver aquella tarde.

—A mí también me gustaría —dijo don Manuel—, a condición de poder disponer del único sitio que me parece ideal para veranear. Pero ése no me lo alquilan.

—¿Cuál es?

—La celda del prior. ¡Qué orientación! ¡Qué paisaje!

Lola y yo nos echamos a reír. Pero él nos aseguró que hablaba completamente en serio.

—A lo mejor, si se la pidiera usted, se la cedía. Seguramente hay otras celdas donde el prior podría acomodarse.

—Lo bueno habría sido que me la prestaran cuando yo era un solterón. Ahora, Lola no podría venir a verme. Esa celda está en la clausura. Además... ¡buen escándalo me armarían los radicales-socialistas!

(La minoría radical-socialista, a la que pertenecían dos ministros del Gobierno: Álvaro de Albornoz y Marcelino Domingo, era la más combativa, la más «jacobina». Pronto se dio en llamar a aquel numeroso grupo de diputados «los jabalíes», apoyándose en la famosa frase de Ortega según la cual los miembros de las Constituyentes se dividían en «tenores», «jabalíes» y «payasos».)

Después hablamos del trabajo que yo iba a hacer aquella tarde.

—Si buscara usted algo más que ministros, yo le recomendaría que fuese a hablar con el portero de la universidad. Es un hombre que lleva en aquella puerta más de cuarenta años y le puede contar a usted muchas cosas divertidas de los jóvenes que estudiaron la carrera ahí y que luego han sido personajes importantes.

—¿También de usted?

—De mí contará poco. Yo era un estudiante retraído, un «hombre gris», como le decían a usted en el Ateneo.

—¿Puedo decirle que voy de su parte? Para que se confíe y me hable.

—Dígale lo que quiera. Pero no será necesario.

Nos separamos y yo emprendí mi periplo. No encontré a Miguel Maura, que había tenido que regresar a mediodía a Madrid. Las cosas no estaban como para que el ministro de la Gobernación pudiera pasar todo un domingo fuera del Ministerio. Estuve con su mujer, Rosario López de Carrizosa, tan acogedora y encantadora de trato como su marido, aunque no tan abierta ni tan optimista de carácter. Ya la conocía porque había estado varias veces en su casa de Madrid. Con su hija Pepita, jovencísima aún, pero en la que ya no se sabía qué resultaba más admirable, si la belleza, la inteligencia o la bondad. La traté después y aún seguimos siendo amigas. Estaban también los dos muchachos mayores, uno de ellos con la misma estampa elegante de su padre. Y otros dos que aún eran niños. Todos estaban deseando que el padre dejara de ser ministro porque llevaba una vida que no era vida, sino sobresalto y disgusto continuo. Le veían muy poco. Estaba metido en el Ministerio los días y las noches.

Pasé unas horas inolvidables con ellos, después de la violencia que había supuesto para mí presentarme con el fotógrafo, sin aviso previo, en casa de Largo Caballero, ministro del Trabajo.

El sencillo don Paco

A Largo Caballero sólo le conocía de verle en el Banco Azul del Congreso. Alguna vez me había cruzado con él en los pasillos y en el Salón de Conferencias. En el bar —al que todavía se llamaba cantina— entraba poco. Se le tenía por hombre duro, reservado, cauteloso. La mirada penetrante de sus ojos claros intimidaba.

La familia veraneaba en El Escorial muy modestamente —también vivían así en Madrid—, en una casa que les había alquilado o cedido la viuda de Pablo Iglesias. Se la hicieron en un terrenito, fuera de la parte distinguida de El Escorial, en vista de que «el abuelo» tenía los pulmones averiados por las emanaciones del plomo, como la mayoría de los que habían pasado su juventud en una imprenta, y le probaban muy bien los aires de la sierra.

Don Francisco Largo Caballero estaba sentado en el balcón, en chaqueta de pijama y leyendo un periódico.

Subimos el fotógrafo y yo y nos abrió la puerta una señora gruesa y simpática. Era la esposa del ministro. Allí no había servicio de ninguna clase.

Doña Concha, que así se llamaba la señora de Largo Caballero, se quedó bastante sorprendida cuando le dije lo que queríamos el fotógrafo y yo. Mas no puso inconveniente y nos pasó al comedor, la habitación donde hacían la vida porque era la más grande, aunque no mucho.

—Paco, una señorita y un fotógrafo preguntan por ti... —dijo hablando hacia dentro.

—Diles que pasen.

—No hace falta, están ya aquí mismo.

El ministro abandonó el balcón y vino hacia nosotros. También él me conocía de verme en los pasillos del Congreso, donde la presencia de mujeres, aparte las dos diputadas, Clara Campoamor y Victoria Kent —Margarita Nelken apareció meses después porque ganó el acta de Badajoz en una elección parcial—, era escasísima. No había mujeres entre los taquígrafos y creo que tampoco funcionarias.

El que yo había tomado por hombre duro e inasequible era de lo más abierto y sencillo aunque no elocuente ni ocurrente. Pero le fui sonsacando y me contó incluso cómo se enamoró de su mujer.

Doña Concha se empeñó en meterse en la cocina y prepararnos unos vasos de agua de limón con hielo porque notó que llegábamos muy sofocados. Hacía calor y nos había costado bastante trabajo encontrar la casa ante la cual pasamos dos o tres veces sin poder imaginar que todo un ministro viviría en una casita tan humilde.

No se veía en la puerta guardia ni policía ni coche oficial, ni chófer ni ayudante. A la sazón, los ministros usaban los Hispano-Suiza de sus antecesores, con dos hombres correctamente uniformados en el asiento delantero: el mecánico y el lacayo. Al advenimiento de la República, aquello les pareció a todos un lujo excesivo, impropio de un régimen «del pueblo y para el pueblo». Pero al tratar de reducir los dos ocupantes del «baquet» a uno solo, cayeron en la cuenta de que, a pesar de que entonces sólo tenían coche oficial los ministros, los subsecretarios, el presidente de las Cortes, los gobernadores civiles y algunos otros contados personajes, la reducción equivalía a dejar por lo menos a un centenar y medio de familias en la calle. En unos tiempos en los que el paro obrero azotaba de tal forma y causaba tantos problemas, hubiera sido una crueldad. Se convino pues en que el «segundo hombre» de cada coche oficial siguiera ocupando el puesto, aunque suprimiendo el nombre de «lacayo». Creo que se les llamó «ayudantes del conductor» o «segundo chófer». En realidad no era un empleo enteramente decorativo, ya que los coches sufrían más averías que los actuales y los pinchazos eran frecuentísimos. El solo hecho de cambiar una rueda de aquellos armatostes oficiales requería el concurso de dos hombres, si se quería hacer con alguna rapidez. Don Francisco, en aquella modesta casa de El Escorial, no necesitaba coche para nada. En su balcón, con el periódico y un botijo al lado, se hallaba tan a gusto. Todos los domingos devolvía el coche a Madrid, con orden de que fueran de nuevo a buscarle el lunes a las siete de la mañana.

Las hijas y el oficio

Estábamos refrescando en aquel comedor de Largo Caballero, cuando entraron las hijas a despedirse. Se marchaban con unas amigas que esperaban abajo a dar el paseo vespertino.

Las dos eran jovencitas y muy monas. La mayor, la más guapa, era medio rubia. Se daba un aire a don Francisco.

La otra, más morena, a doña Concha. Iban sencillas pero «endomingadas». Llevaban al brazo unas chaquetitas de punto blancas.

Nos saludaron y dieron un beso al padre y otro a la madre.

—¡Que no vengáis tarde!

Se miraron la una a la otra sonriendo.

—Siempre dices lo mismo, papá. Ya sabemos que tenemos que estar en casa antes de que se haga de noche.

—Sí, pero que no se os olvide que ya en este tiempo los días se acortan y cada vez anochece más temprano.

En aquella casa nadie parecía haberse enterado de que el cabeza de familia era ministro. Y no sólo porque llevase poco tiempo en el cargo. Al correr de los dos años y medio que Largo Caballero ocupó la cartera de Trabajo, estuve varias veces en su casa madrileña de la Dehesa de la Villa, tan modesta como la que ocupaban en El Escorial, aunque un poco más amplia.

Se la habían construido ellos mismos, con ayuda de algún compañero del ramo de la construcción al que perteneció don Francisco antes de convertirse en burócrata del partido.

—Tuve que ponerme a eso porque me lo ordenaron y porque se acabó el trabajo para los estuquistas, que era mi oficio. Trabajábamos siempre en casas de categoría porque el estucado salía caro. De pronto, el estuco se pasó de moda. Una equivocación. No había nada mejor ni más higiénico, sobre todo para las alcobas. Además, estando bien hecho, duraba siempre. Quedaba como de mármol y menos frío. Las paredes se lavaban de arriba abajo cuando hacía falta y aquello brillaba que daba gloria verlo. Era un buen oficio, pero difícil. En llegar a ser maestro estuquista, como llegué a ser yo, se tardaba tanto tiempo como en estudiar una carrera. Pero ¡qué quiere usted! Las modas son las modas. Mi oficio se acabó y ya no volverá a practicarse porque ahora se construye muy chapuceramente. Ahora tardan en levantar una casa menos de lo que tardábamos nosotros en estucar con el esmero necesario dos dormitorios. Era un trabajo fino que había que hacerlo muy bien.

De Azaña... ¡ni pío!

Cuando llegué el lunes al periódico, Vicente Sánchez-Ocaña me preguntó qué tal se me había dado el domingo en El Escorial.

—¡Estupendo! Traigo un reportaje que podría ser de portada.

—Venga... ¿Sensacional?

—¡Sensacionalísimo...! Aquí tienes el pie de la cubierta, que podría servir también para el anuncio del próximo número que ponéis en *Ahora*. Verás: AZAÑA ENTRE LOS FRAILES DE EL ESCORIAL. PASÓ LA MAÑANA CON LA COMUNIDAD DE PP. AGUSTINOS. EL MINISTRO DE GUERRA DECLARÓ DESPUÉS QUE LE GUSTARÍA VERANEAR EN LA CELDA DEL PRIOR... (MÁS INFORMACIÓN EN LAS PÁGINAS 3, 4 Y 5.)

Sánchez-Ocaña se echó hacia atrás la mecha que siempre le caía sobre la frente. Después me miró con aquellos ojos penetrantes y vivos que se veían muy pequeños tras sus gruesas gafas de miope y me preguntó incrédulo:

—¿Eso es verdad?

—Tan verdad como que ahora es de día y ayer fue domingo. Estuve tomando café con él y con Lolita.

—Bueno, pero ¿traes fotos? ¿Te ha autorizado don Manuel para que publiquemos eso?

—No.

—En ese caso, has perdido el tiempo.

—No lo he perdido porque he hecho otras cosas. Sé muy bien que ni tú ni yo estamos dispuestos a enfurecer a un señor del que no esperamos que nos haga ningún favor porque tampoco vamos a pedírselo, pero que era amigo nuestro (más tuyo que mío) desde antes de su encumbramiento y del que contamos con seguir siendo amigos cuando caiga.

—Entonces, ¿por qué has tratado de engañarme?

—No te he engañado. Te he dicho que traigo un reportaje que «podría» ser de portada, que resultaría sensacionalísimo y que el pie de la foto «podría» ser, etcétera. He hablado en condicional, como los franceses.

—Tienes razón. Pero ¡qué lástima! ¿Por qué será tan hueso ese hombre, incluso para los que sabe que le tenemos estimación verdadera? No deja ni siquiera que se salga al paso, divulgando hechos ciertos y simpáticos, de las atrocidades que empiezan a decirse de él por ahí. Yo comprendo que muchas de las cosas que se le oyen cuando habla en confianza no se pueden contar. Pero, ¡caramba!, cosas como esto de los frailes... que caería simpático y tranquilizador entre el público sencillo... no veo la razón de que se haga el misterioso.

—Además de que la visita no la hizo en secreto. Los vio mucha gente a él y a su mujer hablar y pasear con los frailes. Lolita estuvo oyendo misa en la basílica. Don Manuel quedó en ir a comer con la Comunidad unas perdices, cuando sea el tiempo.

—¿Y quién te contó a ti todo eso?

—Me lo contó el propio don Manuel. Estuve tomando café con ellos en el hotel donde almorzaron. ¡Fíjate si estaría seguro de que yo no iba a escribir nada sobre el asunto! Sin esa seguridad, se habría limitado a darme las buenas tardes.

—Sí, claro. Ni tú puedes escribirlo ni yo publicarlo. Nos «chantajea» con la amistad. Abusa de nosotros.

—Llámalo como quieras. Pero él es así y no hay nada que hacer.

Cierto que con el achaque de la amistad y la confianza nos «tapaba la boca» o, mejor dicho, nos reventaba los reportajes. Pero no es menos cierto que sin la amistad y la confianza que le inspirábamos, tampoco nos habría dirigido la palabra ni hubiéramos tenido ocasión de oírle decir las muchas cosas interesantes e ingeniosas que le oímos.

Algunas de ellas, ni siquiera ahora se pueden contar. En España, el humor no es siempre bien interpretado. Sólo se les tolera a los «humoristas de oficio». Y, aun así, los hay que por un chiste reciben un diluvio de cartas insultantes.

IX

SU ADMIRADOR DE FIGUERAS

Ya hacía muchos meses que Azaña era presidente del Consejo de Ministros. Las oleadas de admiración y adhesión hacia él eran cada vez más imponentes y sólo comparables con la impopularidad y hasta el odio africano que despertaba en otros poderosos sectores del país.

Toda España se había convertido en una especie de Ateneo, en grande. Al igual que ocurría en la Casa de la calle del Prado, tampoco entre los españoles la división entre «azañófilos» y «azañófobos» correspondía exactamente con la división entre izquierdas y derechas.

Había gentes de izquierdas que le detestaban. Unos porque les parecía antipático. Otros porque le creían demasiado autoritario, tajante, despectivo, ambicioso. Puede que lo fuera. Un político sin ambición de poder no es un político. También le trataban de intrigante. Ésta resultaba la acusación más injusta. Era un hombre demasiado orgulloso para dedicarse a la baja intriga, a la maniobra política. Al contrario. Muchas de las antipatías que se ganó, a veces a pulso, tuvieron por causa su repugnancia a fingir, a contemporizar, a poner buena cara a quienes no le caían bien. La sequedad o frialdad agresiva con algunas personas la pagó carísima.

Su encumbramiento a la presidencia del Consejo de Ministros no se debió a ninguna intriga ni a ninguna maniobra. Tal como iban las cosas, él estaba seguro de que ese cargo caería en sus manos, como una fruta madura, cuando fuera su tiempo. Nunca pensó que la cosa llegaría tan pronto, es decir, a los seis meses justos de proclamada la República y cuando aún no estaba aprobada la Constitución.

Él aspiraba a ser el jefe del primer Gobierno constitucional, cuando tuviese preparado su programa y los instrumentos legales apropiados. La dimisión fulminante e irrevocable de don Niceto Alcalá Zamora a causa de la aprobación del artículo 26 de la Constitución, que resultaba incompatible con sus firmes convicciones religiosas, no fue provocada por Azaña. Cierto que la víspera había pronunciado un discurso fuerte. Pero, precisamente con ese mismo discurso, había logrado convencer a la minoría socialista de que retirase una enmienda mucho más peligrosa para las personas de convicciones tan sinceramente católicas como don Niceto Alcalá Zamora. La enmienda preconizaba la disolución de todas las órdenes religiosas. Azaña, quien en aquel mismo discurso había pronunciado la tristemente célebre frase «España ha dejado de ser católica» —mal interpretada, puesto que explicó muy bien lo que la frase quería decir en aquel famoso discurso del 13 de octubre de 1931, pero cuya explicación, aun siendo clara, era demasiado alambicada, demasiado culta para borrar la interpretación literal y simplista que levantó tantas ronchas—, previno y convenció a los socialistas de que toda prudencia era poca.

«Piensen, señores diputados, que vamos a realizar una operación quirúrgica sobre un enfermo que no está anestesiado y que, en los debates propios de su dolor, puede complicar la operación y hacerla mortal. No sé para quién, pero mortal para alguien.»

Tal vez debería él haberse hecho la misma reflexión antes de decir que España había dejado de ser católica, porque no todo el mundo estaba en condiciones culturales de darle a la frase su interpretación correcta. Tampoco de asimilar todo lo que él dijo después sobre lo mucho que, durante los siglos, como el xv y el xvi, en los que los dueños del mundo, así como sus pueblos, vivían sumergidos en la religión, impregnados de fe, la Iglesia aportó a España y España aportó a la Iglesia.

«Ahí está —dijo literalmente— la Compañía de Jesús, creación española, obra de un gran ejemplar de la raza [Ignacio de Loyola] y que demuestra hasta qué punto el genio del pueblo español ha influido en la orientación del gobierno histórico y político de la Iglesia de Roma.»

Los argumentos que empleó después, a fin de convencer a los socialistas de que debían retirar la enmienda mediante la cual podían disolverse todas las órdenes religiosas, fueron más claros, más al alcance de todos:

«¿Es que son lo mismo —preguntó— las monjas que están en Cebreros o las bernardas de Talavera o las clarisas de Sevilla, entretenidas en bordar acericos y en hacer dulces, que puedan ser los jesuitas? ¿Es que vamos a caer en el ridículo de enviar los agentes de la República a que clausuren los conventos de esas pobres mujeres para que, en torno a ellas, se forme una leyenda de martirio y la República gaste su prestigio en una empresa repugnante que estaría mejor empleada en acciones de mayor fuste? Yo no puedo aconsejar eso a nadie.»

Los socialistas se convencieron, retiraron su enmienda, pero con lo que quedó del artículo 26 referente a otras órdenes y a la enseñanza religiosa ya fue bastante para que estallara la crisis.

El debate había terminado en forma tumultuosa, después de las siete de la mañana. Los nacionalistas vascos bajaron de su olimpo —estaban, como ahora, en los escaños altos— dispuestos a pegarse con los socialistas. No se sabe de dónde habían partido los primeros gestos amenazadores. Pero allí se armó un lío terrible. Desde las tribunas nos pareció que se pegaban.

Algunos periodistas y algunos diputados estuvimos después desayunando en una chocolatería que había en los sótanos de la casa de la calle de Alcalá donde vivía Sánchez Román. Mientras nos servían el café y los churros calientes, llegaron otros compañeros con las últimas noticias.

—No creo que valga la pena acostarse. Don Niceto ha salido del Congreso furioso. Antes de las diez de la mañana habrá crisis.

—Pues Azaña se ha ido a casa muy tranquilo en vista de que el artículo veintiséis, sin la enmienda socialista, ha quedado mucho más suave.

—Sí, pero lo bastante virulento para que no puedan pasar por él los dos ministros que son católicos practicantes. Si se va don Niceto, le seguirá Maura.

Los rumores serios de crisis empezaron a correr hacia el mediodía. Mucha gente no acababa de creerlo. Don Ramón del Valle-Inclán era el único que daba la cosa como segura. En su tertulia del aperitivo en la Granja el Henar se explicaba así:

144

—Por mucho que insistan todos los otros, el presidente del Gobierno se irá a su casa. No olviden ustedes que don Niceto procede de una región aceitera. Tiene, por lo tanto, una visión plástica del infierno. Seguro que esta noche, si es que ha podido dormir, habrá visto en sueños las calderas de Pedro Botero, con el aceite hirviendo en espera de que él caiga dentro. Se va, se va... ¡No habrá quien le sujete!

No hubo en efecto quien le sujetara.

Aquella misma tarde del 14 de octubre, don Manuel Azaña aparecía sentado en la cabecera del Banco Azul. A falta todavía del jefe del Estado, fue Julián Besteiro, presidente de las Cortes, quien resolvió la crisis, después de oír la opinión de todos los jefes de los grupos parlamentarios.

Muchos decían que Azaña había tenido un gran triunfo. Pero la cara que le vimos en el momento de tomar asiento en el escaño preferencial no era de alegría, sino de grave y honda preocupación. Estaba más pálido que nunca.

Ninguno de los que le conocía dudaba de que era sincero cuando, momentos antes, les dijo a los amigos de su confianza, e incluso a los ministros, que estaba abrumado, que acababa de recibir un encargo que era para él un grave y hondo disgusto, que aquello le caía encima prematuramente y en la ocasión más inoportuna.

Tampoco creo que aquella noche, tras el éxito obtenido con su discurso en el Congreso y la votación de confianza que ganó por una mayoría abrumadora, don Manuel Azaña se acostara descontento de sí mismo. Azaña era un político bastante original. Pero un político metido de lleno en la faena y seguramente acabó pensando, como el conde de Romanones, que, a fin de cuentas, cualquier momento es bueno para tomar el poder. «Cuando salta la ocasión de gobernar, igual que cuando salta la liebre —decía Romanones, que era, además, un gran cazador—, hay que echarse la escopeta a la cara y no dejar que se nos vaya viva...»

Azaña tuvo que improvisar el discurso. Es posible que viniera trabajando mentalmente en aquella «improvisación» desde hacía años, porque de otro modo nunca le hubiera salido tan justa, tan redonda. Al terminar tenía ya otra cara y, poco después, al recibir las enhorabuenas y bravos en los pasillos, se le veía ya sereno ante su responsabilidad, e incluso se notaba que empezaba a invadirle una especie de bienestar interior: el del hombre que cree haber llegado al momento en el que se cumple el destino para el cual pensó siempre que había nacido, aunque se guardara muy bien de decírselo a nadie.

Empezó desde entonces a estar siempre tan rodeado, que tardé algunos días, tal vez semanas, en tener ocasión de felicitarle de palabra. Ni entonces ni nunca me he molestado en poner esos telegramas de felicitación cuyo destino es engrosar una pila de miles de ellos ni en escribir esas cartas de felicitación que sólo sirven para aumentar el trabajo.

Solamente escribí una vez a Azaña. Fue cuando estaba preso en el barco de guerra *Uruguay* en el puerto de Barcelona. Parece que, sobre todo en los primeros días, no recibió muchas. Al correr de las semanas, según se fue poniendo más y más de manifiesto la injusticia de aquella detención, aumentó bastante su correo. También influyó en el aumento el hecho de que, poco a poco, la gente cayera en la cuenta de que el único peligro que se corría escribiendo al supuesto rebelde era el de que no recibiera la carta. Sin embargo, se vio pronto que todas llegaban a sus manos.

El motivo de la tardanza en encontrarnos era, como dije antes, que en el Congreso estaba cada vez más rodeado de gente, que se habían multiplicado sus ocupaciones y que la expectación que despertaba su paso por los salones y pasillos le había impedido venir a sentarse con sus amigos algún rato en una de las mesas —todavía costrosas y viejas— de la cantina de las Cortes, como había hecho antes muchas tardes cuando no era más que ministro y como hizo después alguna otra vez.

Sin embargo, un día que la sesión estaba aburrida, yo me quedé charlando en el salón grande de las Cortes, con dos o tres señores, amigos de Azaña y míos. Creo que uno de ellos era el profesor Agustín Viñuales, que después fue ministro de Hacienda y que a la sazón era director general, pero que nunca quiso ser diputado.

De pronto apareció don Manuel, completamente solo, en la puerta del fondo. Venía del Despacho de Ministros y se dirigía al salón de sesiones.

Nos saludó y, ante nuestra sorpresa, porque pensábamos que llevaba prisa, se detuvo a hablar con nosotros. Le di la enhorabuena, a la que apenas contestó, y después de fijarse en un jersey de punto de ochos, azul rabioso que yo acababa de estrenar, me dijo:

—¡Caramba...! ¡Qué elegante viene usted hoy! A ver si la sacan pronto diputada por su tierra y se anima el hemiciclo.

No parecía tener muchas ganas de entrar en un recinto tan poco colorado, según él, y tan aburrido a ratos. Le hicimos sitio y se sentó en el diván, sumándose al pequeño grupo que formábamos. Después se dirigió de nuevo a mí:

—¿Qué...? ¿Cuándo nos fugamos?

—¿Cómo dice...?

—Sí, que cuándo me raptan ustedes otra vez, como aquella noche...

—Ahora sería mucho más difícil transportarle a usted disimuladamente.

—Bueno, ya nos las arreglaríamos. Tenga en cuenta que mi admiración republicana ha sido siempre don Estanislao Figueras.

Alguno de los que estaban con nosotros no se acordaban de quién fue don Estanislao Figueras ni de lo que hizo. Otros sí que comprendieron el alcance de la broma —si es que era tan broma como parecía— y se quedaron perplejos. Después pensaron que debían sonreír.

A Viñuales y a mí la cosa, por lo insólita, nos hizo gracia, pero sólo hasta cierto punto. Azaña tenía aquella tarde una cara atroz, mezcla de fatiga, enojo y aburrimiento, que sólo se animó durante el pequeño rato que estuvo sentado con nosotros. Cuando le vimos levantarse y dirigirse hacia el hemiciclo, de tan mala gana, comprendimos que, en efecto, tal como se iban poniendo las cosas en España, y dado que en el interior de aquel hombre singular siempre habían luchado la pasión política y la pasión literaria, el deseo de gobernar su país y el de vivir una vida placentera, refinada, entre buenos muebles, buenos libros y bellos paisajes, escuchando buena música y contemplando buena pintura, comprendimos que a veces sintiera admiración y envidia por aquel don Estanislao Figueras, el primer presidente del Poder Ejecutivo de la Primera República en 1873. Aquel buen señor, abrumado por los problemas que cada día le caían encima a su

Gobierno, se fue una tarde a pasear por el Retiro y después de haber estado un buen rato oyendo cantar a los pájaros, tomó un coche y, en lugar de dirigirse al Ministerio de la Puerta del Sol, donde le estaban esperando para presidir el Consejo de Ministros, dijo al cochero que le llevase a la estación del Norte.

Como entonces no había teléfono, resultaba difícil a los ministros tratar de localizarle. Pensaron en una indisposición pasajera. Si hubiera sido algo grave, los habrían avisado y, en caso de accidente, se hubiera sabido enseguida.

Volvieron a esperarle a la noche siguiente y tampoco compareció. Ya de madrugada, les llegó un telegrama desde París: «Llegué bien. No me esperen. Acepten dimisión irrevocable. Todas mis disculpas y afectuosos saludos. Firmado: Figueras».

No. Azaña no hablaba enteramente en broma. A pesar de encontrarse entonces bien encaminado hacia el punto más alto de su popularidad y su poder, rodeado de admiraciones —y también de odios—, empeñado en una tarea difícil pero apasionante, a quienes le conocíamos un poco no nos chocaba que algunas noches, al llegar a su hogar feliz, que ya no era tan íntimo como antes, puesto que se había trasladado por razones de seguridad y de trabajo a vivir al Ministerio de Guerra, envidiaría al antiguo presidente que tuvo el valor de mandarlo todo a paseo en un atardecer de primavera y marcharse a aquel París que a él le encantaba, pero adonde no podría volver en mucho tiempo como no fuese mediante alguna aburrida visita oficial o... ¡desterrado!

También de eso me habló una tarde, bastante después, en el recinto del Congreso. A pesar de que aquellas Cortes eran más turbulentas que las de ahora, el ambiente en los salones, en los pasillos y en el bar era mucho más tranquilo. Los periodistas que hacíamos información allí no pasaríamos de docena y media. Algunos más, los días de gran debate.

Salvo que se hubiera producido un acontecimiento de alcance nacional, los ministros circulaban por los corredores y salones sin que nadie se acercase. Igual ocurría con los diputados. No se observaban tantas prisas ni tantos conciliábulos como ahora, ni se les pedían constantemente declaraciones. Don Miguel de Unamuno podía tomar tranquilamente su chocolate con bizcochos sin que le retratasen.

Había ratos en los que los salones y pasillos estaban muy tranquilos, casi desiertos. Aunque no pasara dentro del hemiciclo nada importante, los diputados, y muy en especial los socialistas, no se movían de su escaño. ¡Para eso cobraban mil pesetas al mes!

Una tarde estaba yo en el antedespacho del salón de reuniones de los ministros, donde me había citado uno de ellos —entonces no se les abordaba con tanto desparpajo como ahora, sino que, generalmente, se les pedía cita, explicándoles sobre qué se les quería preguntar—, cuando, de pronto, apareció don Manuel Azaña. Como era su costumbre, después del saludo empezó a hablarme con preguntas:

—¿Qué...? ¿Muchas interviús?

—Pues sí... algunas. Afortunadamente, no todos los hombres importantes son tan intratables como usted en ese sentido.

—Sí, pero, en cambio, la hacen esperar, cosa que yo no haría nunca. Eso me parece tan feo que me voy a quedar aquí hasta que salga el personaje a quien va usted a «tomar declaraciones». A ver, cuénteme cosas... ¿Qué se dice por ahí?

—¿Del Gobierno?

—No. Eso ya lo sé. ¡A veces más me valdría no saberlo...! Quiero decir que cómo andan las tertulias de antes. Ya sé que siguen ustedes yendo al Lion...

—¿Echa usted de menos los cafés, don Manuel?

—Bastante. Algunas noches, cuando hace buen tiempo, he ido a hacer tertulia a un café de mi pueblo [Alcalá de Henares] que cierra muy tarde. Pero tengo que llegar cuando mis paisanos están acostados.

—¡Claro...! Si no fuera así, acudirían todos a aplaudirle.

—No crea... La unanimidad no se encuentra en ninguna parte. Ni sería bueno que la hubiera. Yo no la pretendo para mí. Solamente los tiranos, y yo no lo soy aunque haya quien me lo llame, hacen ver que todo el mundo los adora. Ellos saben muy bien que no es así...

De pronto se quedó callado y con un aire como de desconfianza.

—No se altere, don Manuel, que no hay nadie escondido detrás de su butaca. No saldremos en la «Croniquilla» de *Ahora*... A menos que sea yo quien lo cuente.

—Usted es una buena chica que nunca cuenta las cosas que me oye.

—Ya las contaré.

Se puso tieso en el sillón.

—No tema. Las contaré cuando sepa que a usted ya no le molesta, cuando esté segura de que usted no me va a abroncar ni a ponerme esa cara que me ha puesto alguna vez y que a otros les pone con tanta frecuencia. No pienso morirme con ningún secreto en el cuerpo, aunque éstos sean tan inocentes como los que sé de usted.

—¡Hará bien! Yo también, con el tiempo, pienso contar muchas cosas que ahora me callo.

—Entretanto, don Manuel, creo que está usted en deuda conmigo. Es usted el único que se niega a hablarme para el periódico. Por lo menos, podía dejarme que un día fuera a su casa.

—Puede ir cuando quiera.

—Es que quiero ir con fotógrafo, como voy a las casas de otros.

—No se impaciente, que todo llegará. Le prometo muy buenos reportajes cuando estemos en el destierro. Bueno, cuando esté yo. Pero usted irá a visitarnos.

(Azaña, que hablaba un buen castellano, liso y llano como los campos por donde corre el Henares, nunca llamó exilio al destierro.)

Me guardé muy bien de decirle que era absurdo pensar en eso. Todos o casi todos los hombres políticos, desde hacía siglos, y muy especialmente en el xix y lo que llevábamos del xx, habían estado desterrados por unas u otras causas. Yo estaba segura de que Azaña contaba con eso y de que, durante los muchos malos ratos que le daba la política, incluso le hacía ilusión pensar en una buena temporada, aunque fuera de años, en Francia, en Suiza, tal vez en Italia cuando cayera Mussolini...

Lo que no podía imaginar ni él ni nadie era que su destierro tuviera una causa tan atroz, como la que tuvo. Ni que el año y medio que duraron su destierro y su vida estaría tan lleno de acontecimientos terribles, desgarradores, escalofriantes.

Él soñaba, tal vez, con un destierro, si no dorado, sí, al menos, relativamente plácido en el que pudiera dedicarse a pasear por campos, a ser posible con alguna montaña próxima, a escribir novelas, artículos, dramas o recuerdos. Un destierro en una casa cómoda, donde Lola prepararía todas las tardes el té para los amigos que fueran a verle. Un destierro literario, tranquilo y en el que hubiera lugar para la esperanza.

X

LA «GUERRA CHIQUITA»

El descontento iba siendo grande en todo el país. Los monárquicos que se habían resignado con la República, así como los republicanos moderados, estaban muy molestos. Incluso arrepentidos.

Don Niceto Alcalá Zamora había dicho cuando pronunció su primer discurso en Valencia, rompiendo con el régimen anterior: «La República será conservadora o no será».

Los conservadores, la derecha moderada, la llamada «gente de orden», se sentía horrorizada ante lo que llamaban falta de autoridad del Gobierno. Y más aún ante la turbulencia de aquellas Cortes Constituyentes que, según la opinión de muchos, habrían debido disolverse, tan pronto como se aprobase la Constitución, en lugar de convertirse en «Cortes Ordinarias».

—Ordinarias lo fueron desde el primer día —decían los aficionados al chiste político, refiriéndose a que aquellos diputados que, sin llegar nunca a prescindir de la corbata, aunque abundaran, al menos en la minoría socialista, los que habían sido obreros manuales, se parecían poco a los de las Cortes de levita y chistera de los tiempos de la monarquía constitucional.

Por su parte, los republicanos de izquierda, y muy en especial los socialistas, también se sentían estafados. Había más paro obrero que nunca. Los trabajadores vivían con la misma estrechez que antes. La miseria en el campo alcanzaba proporciones aterradoras. Los jornales escaseaban cada vez más y especialmente en Extremadura y Andalucía la situación era angustiosa.

—¿No habéis traído la República? ¡Pues que os dé el jornal la República!

Así decían los campesinos que les contestaban los capataces en nombre de «los señoritos» cuando iban a pedir que les dieran trabajo.

Los dueños de las tierras —yo hablé con ellos y con los jornaleros durante un viaje que hice por Andalucía para un reportaje sobre la verdadera situación durante aquella primavera de 1932— aseguraban que iban camino de la ruina económica, no sólo por la subida de salarios, sino por la desvalorización de los productos. Además, la amenaza de la Reforma Agraria era una espada de Damocles sobre sus cabezas. Nadie podía permitirse contraer las deudas que a veces son inexcusables en las explotaciones agrícolas, en primer lugar porque no había quien les fiase hasta no saber de cierto cuál sería el alcance de aquella reforma.

Lo peor de todo era que tenían miedo a la actitud levantisca de los campesinos, de quienes recibían amenazas constantes.

—Ellos, por su parte, dicen que están peor que nunca. Que ustedes les dan menos jornales que antes. Que pasan hambre. Eso es verdad. Yo lo he visto...

—Ellos tendrán hambre, pero nosotros tenemos miedo, lo cual es muchísimo peor. Ahora sólo pueden aguantar el tipo los ricos muy ricos. Los que siempre han vivido en Madrid adonde se les giraban las rentas. Éstos tampoco están contentos porque piensan que esas tierras que siempre les han permitido vivir sin ocuparse de ellas se las van a quitar. Aun así, a ellos les quedará algo, aparte de que sus hijos tienen buenas carreras. Aquí, los que estamos peor somos los pequeños propietarios. Nos odian igual que a los grandes y, además, estamos más cerca de los jornaleros. Más en peligro.

Dos mundos

La verdad era que resultaba estremecedora la comparación entre aquel Madrid, alegre, confortable y lujoso —e incluso barato—, donde podía encontrarse, además, una intelectualidad literaria, artística y científica comparable en número y calidad con las de los países de rango más alto —Unamuno, Valle-Inclán, el doctor Marañón, Ortega y Gasset, Pío Baroja, Benavente, Ramón y Cajal, Américo Castro, Manuel B. Cossío, Blas Cabrera, Arturo Duperier, León Cardenal, podría nombrar muchos más—, y lo que se veía como miseria, atraso, analfabetismo y hambre, al alejarnos de la capital no más de treinta kilómetros. Eran dos mundos tan diferentes...

Por esta y otras razones, muchos republicanos se quejaban también de que el Gobierno de la República, que había hecho una Constitución tan avanzada hasta el punto de sembrar el pánico en las clases conservadoras, tardase tanto en organizar las Leyes Complementarias, capaces de organizar mejor la vida y estabilizar la situación.

Se habían sentado muchos principios que esperanzaron a unos e irritaron a otros. Luego, tales principios no funcionaban porque seguían en vigor unas leyes que estaban en desacuerdo con la Ley Fundamental. Esto enfurecía y desencantaba las esperanzas de muchos mientras que no podía calmar ni la irritación ni el desasosiego de los disconformes que seguían sintiéndose amenazados.

Un botón de muestra: quedó dispuesto en la Constitución que «no podría establecerse ninguna discriminación por razón de sexo». Es decir, que la mujer tendría los mismos derechos políticos y civiles que el hombre.

Lo de los derechos políticos fue más fácil, puesto que la prohibición había nacido de la costumbre más que de la ley. Pero los derechos civiles no podían salir adelante mientras no se reformase el Código, cosa que iba para largo.

A mí me ocurrió a ese respecto algo muy curioso que me enfureció mucho.

Necesitaba un pasaporte para hacer un viaje a los Marruecos —español y francés— por cuenta del periódico. El comisario de la calle de Leganitos, que era donde se sacaban los pasaportes, me lo negó. Necesitaba autorización paterna.

—Acabo de cumplir la mayoría de edad —le dije.

—No importa. Si fuera usted un hombre, se lo daría solamente con la partida de nacimiento, si no había inconveniente militar. Pero tratándose de una mujer, no puedo. Necesitaría usted tener veinticinco años y, aun así, habría que cumplir algún trámite. Hasta esa edad no se puede abandonar la casa paterna. ¿Y si se tratara de casarse? ¿Quién me asegura a mí que no quiere ese pasaporte para casarse en otro país? Eso no puede hacerlo a ninguna edad sin permiso de los padres aunque tenga cuarenta o cincuenta años, a menos que el juez le conceda el derecho de depósito.

—Todo ese requisitorio ya me lo sé, señor comisario. He estudiado Derecho. Pero las cosas ya no son como antes. ¿No se da usted cuenta de que yo podría ser diputado, podría ser ministro y no digo que podría ser presidente de la República porque creo que para eso se exigen cuarenta años...?

—Ya sé. Pero la ley es la ley. Y yo, sin permiso del papá, no le doy a usted el pasaporte.

A los pocos días me presenté con una autorización de mi padre, legalizada ante notario.

—No me sirve. Necesito la comparecencia de su padre.

—Mi padre no vive en Madrid.

—Ya sé, pero por lo que veo en el documento, vive en Arenas de San Pedro. Eso, que yo sepa, no está en Ultramar, que es el único caso en el que para un asunto como éste valen los poderes legalizados.

Lo que más rabia me daba era que, ante mis protestas, el comisario se moría de risa. Yo pensé que lo mismo les habría pasado a los ministros que conocía, comprendido el propio Azaña, si les hubiera contado la escena o pedido una recomendación para ablandar la resistencia de aquella autoridad tan guasona.

A mi padre tampoco le molestó en absoluto que le dijera que la autorización escrita no valía y que tenía que venir.

Cuando llegó, fuimos los dos a la comisaría. El comisario, más amable que nunca, le hizo sentarse. Después, dirigiéndose a mí, me dijo:

—¿Ve cómo la cosa era muy sencilla? Aquí sólo queríamos ver a su papá. Ya hemos tenido ese placer. Enseguida va usted a recibir su pasaporte. Bien entendido —añadió dirigiéndose a mi padre— que usted puede revocar esta autorización cuando le parezca.

Lo que me sublevaba era que mi padre, un santo varón, bien seguro de que yo no rompería nunca con la casa paterna ni haría mal uso de aquel documento, estaba encantado de que aquella ley siguiera como antes y de que, aunque fuera yo capaz de ganarme la vida, siguiera dependiendo legalmente de él hasta que me casara, en cuyo caso dependería del marido, no hasta cumplir los veinticinco años, sino hasta que me quedase viuda.

—Bueno, todo esto no durará mucho. La República tiene que arreglar estas contradicciones.

—La República tendrá que arreglar antes otras cosas que andan muy medianamente —dijo mi padre, a quien, como español tradicional, le había parecido muy bien que lo que mucha gente llamaba «el libertinaje republicano» no llegase a interferir en la autoridad de los padres sobre las hijas.

Así las cosas, surgió el movimiento de la madrugada del 10 de agosto de 1932. Yo había estado de boda en mi pueblo y no me enteré de nada hasta que, al llegar a Madrid, hacia las seis de la tarde y dirigirme al Congreso, me tropecé en la Puerta del Sol con una manifestación que pedía más dureza contra los enemigos de la República.

En el Congreso, las opiniones estaban más divididas. Unos decían que, en efecto, había que ser más duro, y otros que la anarquía reinante y los abusos de poder eran lo que había dado lugar a aquel golpe que fracasó, pero que repetirían otros.

Mis compañeros me enseñaron una copia de la proclama que había lanzado en Sevilla el general Sanjurjo. Me chocó mucho el que su redacción era casi idéntica a la del manifiesto lanzado por el Comité Republicano el 15 de diciembre de 1930, el que arrojó Ramón Franco desde un avión sobre Madrid aquella mañana:

> ...No hay atentado que no se haya cometido: abuso que no se haya perpetrado; inmoralidad que no haya trascendido a todos los órdenes de la Administración pública, para el provecho ilícito o para el despilfarro escandaloso.
> ...Ni los braceros del campo, ni los propietarios de la tierra, ni los patronos, ni los obreros, ni los capitalistas que trabajan, ni los trabajadores ocupados o en huelga forzosa, ni el contribuyente, ni el industrial, ni el comerciante, ni el profesional, ni el artesano, ni los empleados, ni los militares, ni los eclesiásticos... Nadie siente la interior satisfacción, la tranquilidad de una vida pública jurídicamente ordenada, la seguridad de un patrimonio legítimamente adquirido, la inviolabilidad del hogar sagrado, la plenitud del vivir en el seno de una nación civilizada...

Total, que aquel retórico manifiesto de un movimiento fracasado, pero que puesto en marcos ocupaba en escuelas y centros oficiales lugar preferente, volvía a servir para lanzar otro movimiento destinado a acabar con la República, según unos, y solamente con el Gobierno y las Cortes, según otros.

Todo quedó liquidado en unas horas. El general Sanjurjo, cabeza visible de la intentona, tuvo la nobleza de entregarse tan pronto como vio que la cosa no era tan fácil como se la habían pintado. Al anochecer del día siguiente llegaba en un coche, fuertemente escoltado, a la Dirección General de Seguridad que entonces estaba en la calle de las Infantas, esquina a la plaza de Bilbao.

Azaña hizo el relato detallado de lo ocurrido ante las Cortes y aunque no era hombre que supiera ni quisiera disimular lo que sentía, se mantuvo muy sereno e incluso hizo alardes verbales de aquella energía y dureza de carácter que siempre fue más aparente que real.

Que fuera precisamente Sanjurjo, un general cuyo carácter noble y franco le había inspirado siempre tanta simpatía, quien se sublevara contra él tuvo que dolerle en el alma.

No lo sabemos por él mismo puesto que los cuadernos de sus memorias referentes a esas fechas figuran entre los que fueron sustraídos y que hasta ahora no han sido devueltos ni se sabe dónde están, aunque sí se sabe que fueron entregados al Gobierno de Burgos que permitió la publicación en la prensa de una parte de ellos.

Pero sí sabemos que Sanjurjo venía siendo desde hacía tiempo una de las preocupaciones de Azaña.

El general tenía por fuerza que vivir incómodo entre sus compañeros y su mundo, que sólo podría perdonarle el haber sido él quien facilitara la implantación de la República, a condición de que encabezase con su prestigio un golpe que volviera las cosas del revés.

Azaña cuenta en sus memorias que le advirtió varias veces de que no se dejase influir por los que querían servirse de él como instrumento.

Yo recuerdo muy bien que, un día que algunos ministros y amigos le estaban diciendo por lo bajo en el Congreso algo que yo no oía, pero que, muy verosímilmente, era la urgencia del cese de Sanjurjo como director general de la Guardia Civil, Azaña les respondió con una de sus frases lapidarias que yo pude oír porque estaba muy cerca:

—Estoy convencido de que a Sanjurjo es al primero que no le conviene seguir en un cargo en el que está sometido a toda suerte de presiones. Lo que tampoco puedo tolerar es que le destituyan Balbontín o Ramón Franco. ¡Eso, no!

(José Antonio Balbontín y el aviador Ramón Franco figuraban entonces entre los diputados más batalladores, que atacaban al Gobierno por su izquierda y que denunciaban públicamente en el Congreso los intentos de conspiración derechista.)

Por muy dolido que estuviera, recuerdo muy bien que Azaña no pronunció, en sus discursos de aquellos días, ninguna frase que resultara hiriente y mucho menos vejatoria contra Sanjurjo. Creo que ni lo nombró, como no fuese el primer día al dar cuenta a la Cámara de los sucesos.

En uno de aquellos discursos en los que trataba de dar pruebas de energía fue cuando dijo:

—Si ellos derriban la silla, yo derribaré la mesa.

Aquello de la silla y la mesa, unido a lo de «Si la República no se hace respetar, se hará temer», lo interpretaron muchos como que Sanjurjo sería fusilado sin remedio.

—A Azaña no le temblará la mano, como a Salmerón. Ya lo veréis.

Lo decía uno de los muchos aduladores que tenía don Manuel, como para ponderar su energía. Lo curioso era que al que hablaba no sólo le habría temblado la mano, sino todo el cuerpo, si hubiera tenido no ya que firmar una sentencia de muerte, sino presenciar, aunque fuera de lejos, la ejecución que hubieran firmado otros.

El jefe del Gobierno no se mezcló durante aquellos días con ninguno de los grupos que arremetían contra Sanjurjo y menos aún con los que sostenían que, con el código de Justicia Militar en la mano, a un general sublevado no había más remedio que condenarle a muerte.

Y que si la sentencia no se cumplía, el mismo general u otro volvería a la carga y acabaría con la República.

En ninguno de los grupos parlamentarios que apoyaban al Gobierno había acuerdo total sobre un punto tan delicado.

—La Constitución ha abolido la pena de muerte.

—Sí, pero el propio Azaña estaba conforme en que ésta se mantuviera en la jurisdicción militar. En todos los códigos de Justicia Militar existe.

—Se sobrentiende que es para caso de guerra. Pero como la Constitución dice que «España renuncia a la guerra como instrumento de política nacional»...

Los únicos que no tomaban parte en las discusiones eran los del Partido Radical de Lerroux, que a la sazón estaba en la oposición. Esto dio lugar a que corriese la especie de que el general Sanjurjo, en caso de haber triunfado, pensaba destituir a don Niceto, encarcelar a Azaña y ofrecer a Lerroux la presidencia de la República.

—De momento. Después habría habido otro golpe militar para quitarle. Se ha visto bien claro que quienes prepararon la sublevación fueron los monárquicos. La República sólo se puede salvar haciendo un escarmiento.

—Si llama usted escarmiento a fusilar, ya veremos lo que se adelanta. ¿Quién olvida que fue el fusilamiento de los capitanes Galán y García Hernández lo que preparó el ambiente para que viniera la República?

—Un general no inspira los sentimientos que inspiraron dos capitanes jóvenes.

Aunque don Manuel Azaña no comentaba ni se mezcló en ninguna conversación aquellos días, se notaba, por lo que dijo desde el Banco Azul, que también trataba de cargar las culpas más sobre una clase social —a la que creía inspiradora del golpe— que a los militares e incluso al propio Sanjurjo.

Por supuesto, a los militares los defendía siempre que eran atacados por la extrema izquierda —nunca olvidaba que él era el ministro de Guerra— y, en cuanto al caso concreto de Sanjurjo, también se negó a hacer ningún juicio puesto que el asunto estaba en los tribunales militares y el reo iba a ser juzgado por aquellos a quienes competía juzgarle.

En cambio, las medidas que se tomaron inmediatamente —el famoso derribo de la mesa— consistió en la suspensión de periódicos y en la expropiación de las tierras «de señorío» pertenecientes a los grandes de España.

Daba, sin embargo, la casualidad de que el único partido político republicano que tenía en su seno, y figurando como diputado en su minoría del Congreso, a un grande de España era Acción Republicana, es decir, el del jefe del Gobierno.

Al aristócrata diputado azañista, Gonzalo de Figueroa, duque de las Torres, la medida no le pareció bien. Se separó inmediatamente del grupo parlamentario e incluso se dio de baja en el partido.

—¿Es que tienes muchas tierras «de señorío», Gonzalo? —le pregunté en los pasillos.

—No tengo más que un huerto de una hectárea. Por eso mismo puedo permitirme hacer lo que he hecho. Si yo fuera un latifundista, habría tenido que aguantarme para que no creyeran que obraba en interés propio. Me parece una medida demagógica, tan absurda como lo de la «república de trabajadores» o el «¡Viva Cartagena!» del tenor que quiso disimular un gallo.

—Sí, realmente, estando como están discutiendo la Reforma Agraria, habría sido mejor esperar antes de tomar una medida que no resolverá gran cosa.

—Disimular la impotencia, la incapacidad que supone el hecho de que se haya podido producir en Madrid y en Sevilla un movimiento, sin que el Gobierno tuviera la menor idea de lo que se preparaba, echándose encima más enemigos de los que tienen, es una tontería impropia de Azaña, que nunca hizo demagogia.

El duque de las Torres, íntimo amigo de Sánchez Román, también muy amigo de Prieto, era un solterón millonario, culto, interesante, ingenioso en su conversación (aunque no demasiado locuaz) y se decía que algo golfo en el sentido mujeriego. Llevaba también el título de marqués de Villamejor, o sea, el que llevó su abuelo el padre del conde de Romanones, y no sé si algún otro, también con grandeza de España.

Sánchez Román le había ganado un pleito contra la Sociedad Internacional Minas del Rif y, como eran tan amigos, se negó a pasarle la minuta que tratándose de otro cliente habría tenido que ser enorme. Se decía en las tertulias del Lion que también se había negado don Felipe a aceptar el automóvil Rolls Royce que Gonzalo había querido regalarle.

A muchos les había extrañado que el duque de las Torres, siendo tan amigo de Sánchez Román y miembro de su tertulia, no hubiera hecho lo mismo que el gran jurista, o sea, figurar como diputado independiente en las Cortes, o bien que se sumase a la minoría de Ortega y Gasset, Marañón y Pérez de Ayala (este último apenas apareció puesto que fue nombrado embajador en Londres), así como otros intelectuales a cuyos escaños situados en las filas más altas llamábamos los periodistas «el Olimpo».

Pero, no se sabe por qué, el duque de las Torres, dos o tres veces grande de España, prefirió figurar entre los profesores que formaban el grueso —no demasiado grueso— de la minoría azañista, de la que se separó, al tiempo que del partido, en aquellos días turbulentos que siguieron al Diez de Agosto.

Cuando algún tiempo después, durante una intervención en la que Azaña contestó en tono humorístico a otra de los radicales, dijo algo que fue celebrado con risas: «Mi partido, pobre pero honrado...», aquello se interpretó como una «puntada» contra la defección del duque.

XI

SALVAR A SANJURJO

Como era de suponer, el general Sanjurjo fue condenado a muerte.

Uno de nuestros compañeros, Leopoldo Bejarano, que quería mucho a Sanjurjo porque habían servido juntos como tenientes en Cuba, y siguieron siendo muy amigos después de que Bejarano dejara el Ejército para dedicarse al periodismo, fue quien hizo la crónica del consejo de guerra en el diario *Ahora*, derrochando toda la simpatía y cariño hacia el procesado, que era compatible con la objetividad informativa.

Tras conocerse la sentencia, Bejarano —hombre siempre alegre al que por primera vez vi triste en aquellos días— se puso en movimiento y en contacto con los amigos que tenía entre los líderes políticos, a fin de lograr el indulto.

Consiguió averiguar que el presidente de la República estaba bien dispuesto a ejercer el derecho de gracia. Eso nos lo figurábamos todos. Don Niceto tenía horror a que la República se manchara las manos de sangre. Alguna vez, andando el tiempo, firmó indultos —como el del teniente coronel Pérez Farrás, jefe de los Mozos de Escuadra, sublevado en Barcelona en 1934, y el del líder obrero asturiano González Peña— contra la voluntad del Gobierno, lo que provocó, concretamente en el caso de González Peña, una crisis total.

Pero en la época de la condena de Sanjurjo, en 1932, el presidente estaba muy compenetrado con el Gobierno, se llevaba con Azaña todo lo bien que era posible en personas de temperamento tan opuesto, no quería de ningún modo provocar una crisis. Tenía, pues, que esperar a que el Gobierno le propusiera el indulto.

—Todo depende de Azaña. Y Azaña no se lo propondrá. Si encima de los disgustos que le han dado los militares con las reformas del Ejército, deja que un general se le subleve... ¡los militares republicanos lo echan a patadas del Ministerio! —se oía decir en el Congreso, donde las discusiones eran tremendas.

Sin embargo, yo me había fijado en la cara de Azaña —lo mismo en el Banco Azul que cuando cruzaba los salones sin detenerse aquellos días con nadie ni mirar a ningún lado— y saqué la impresión de que su gesto no expresaba dureza ni mucho menos odio. Parecía preocupado y al mismo tiempo decidido a algo que podría chocar, pero que a él no le importaba que chocase.

Me pidió un hermoso y noble favor

Aquella tarde el Gobierno estuvo reunido en el Despacho de Ministros de la Cámara durante largo rato. Después fueron saliendo uno a uno, o de dos en dos, con aire preocupado y se dirigieron al salón sin querer detenerse con nadie. Azaña no había salido. Todos los periodistas despejaron el lugar y se fueron hacia los otros salones o subieron a la tribuna. Si los ministros más locuaces no decían una palabra, ¿qué se podía esperar de un hombre tan hermético cuya costumbre era decir que él solamente hacía declaraciones para la *Gaceta*? (*La Gaceta de Madrid* todavía, lo que luego se convirtió en *Boletín Oficial del Estado*.)

Yo me disponía a marcharme cuando se me acercó uno de los diputados del partido de Azaña, el profesor Palanco Romero, que era de los pocos de su partido que no se mostraban reticentes en la cuestión del Estatuto de Cataluña, puesto que era federal mientras la mayoría de los otros mantenían una postura centralista. Catedrático de Derecho Político en la Universidad de Granada, hombre afable y buen conversador, a mí me caía muy simpático.

Creí que me gastaba una broma cuando me dijo:

—Don Manuel quiere pedirle a usted un favor.

—¿Un favor a mí, don Manuel...? Vamos, vamos... Quien puede hacer favores es él, y yo no le he pedido nunca ninguno...

—Hable bajito. De esto no puede enterarse nadie. ¿Me oye? ¡Nadie! Él habría querido decírselo a usted directamente, pero esta tarde no quiere salir por aquí. Enseguida se acercaría alguien. Está ahí dentro encerrado, pendiente del teléfono.

—Bueno, ¡menos guasa, don José! Que yo sé muy bien que el presidente ni hace ni pide ningún favor a los periodistas.

—No es guasa y corre prisa. ¿Usted sabe que la madre del capitán Galán ha ido a pedir a don Niceto el indulto de Sanjurjo?

—Sí, he visto una foto en la redacción del periódico. La publicarán mañana. Tal vez la saquen antes los de esta noche.

—Bien, pues don Manuel querría que usted fuese a ver a esa señora, que le haga una interviú.

—Nada más fácil. Está siempre en su casa y yo sé dónde vive. El inconveniente es que tendría que consultar con el periódico. Yo no suelo hacer todavía lo que quiero. Hago lo que me mandan o consulto lo que se me ocurre. No creo que a estas horas haya tiempo de que eso salga mañana por mucha prisa que me dé y suponiendo que me lo acepten y que no lo haya hecho ya otro.

—Usted no se preocupe, que ya habrá quien se encargue de que le hagan sitio para ese reportaje. Hágalo como cosa suya o del periódico. Nadie debe saber que ha sido don Manuel el inspirador.

—Pierda cuidado.

Debo decir que la cosa me conmovió mucho por varias razones.

En primer lugar, porque siempre me horrorizó la llamada «última pena». Precisamente, uno de mis trabajos largos en diversos números de *Estampa*, con motivo de la supresión constitucional de ese castigo irreversible, fue una historia de la pena de muerte en España. En mis búsquedas y consultas, para que aquello me saliera lo más completo posible, encontré casos de crímenes escalofriantes, pero también casos de errores judiciales que, cumplida la sentencia, resultaban irreparables. En cualquier caso, mi repugnancia por las ejecuciones capitales era y sigue siendo extrema.

Tuve, además, la suerte de estudiar Derecho Penal con el profesor Jiménez de Asúa, quien, además de saber mucho, era capaz de convencer incluso a los alumnos más objetores de que la pena de muerte no vale ni siquiera como ejemplaridad, puesto que todo el que comete un crimen, si fuese capaz de razonar, sólo con pensar en los largos años de cárcel ya no lo cometería, a menos que fuese un loco perverso o un fanático, en cuyo caso está siempre dispuesto a jugarse la vida.

Todo esto sin contar con que, en el caso de Sanjurjo, no se trataba de un crimen. Se trataba de un intento de golpe militar fracasado. Si lo hubiera preparado mejor, si la cosa hubiera estado más madura, si la opinión pública, sobre todo la de las clases menos favorecidas, hubiera perdido ya toda esperanza de que la República resolviese sus problemas y, en fin, si se hubieran dado una serie de circunstancias que no se dieron, el movimiento podría haber triunfado y en aquellos momentos sería el general Sanjurjo quien estaría perdonando vidas.

También me alegró comprobar que no me había equivocado al presentir que Azaña —aunque tuviera que disimularlo hasta vencer a fuerza de un gran despliegue de habilidad la resistencia de algunos ministros, de muchos diputados y de una gran parte de la opinión pública— estaba firmemente decidido a salvar una vida, a evitar que se formara un piquete de ejecución.

—La República no puede permitirse el lujo de perdonar al primer general que se subleva —dicen que argüían algunos ministros.

—Mucho menos puede permitirse el de hacer mártires —me dijeron que había respondido don Manuel Azaña, quien lo que de verdad no quería era tener sobre su conciencia un martirio.

Supongo que diría otras muchas cosas porque una habilidad para argumentar como la suya ha habido pocas. Azaña era uno de los pocos españoles que poseían el don de convencer con la palabra. No seguramente a sus adversarios, porque en nuestro país no ha nacido todavía nadie capaz de conseguir que el adversario desarme por las buenas, pero sí a quienes, estando más o menos en su misma orilla, tenían diferencias de criterio y no les hubiera importado que se cayese al agua y se ahogara en un momento de descuido.

Por último, me halagaba que me pidiera un favor que iba en el sentido de mis principios, y no era para mí ninguna molestia sino, al contrario, que me proporcionaba la satisfacción de poner un mínimo granito de arena en el salvamento de la vida de un hombre.

En realidad no llegaba ni a granito de arena. Era solamente un intento de ablandar a la opinión pública republicana, tan propensa como la que no lo era a dejarse arrastrar por las actitudes de dureza exaltada, mostrándoles el caso de generosidad de la madre de un fusilado que no quería que nadie pasara por el mismo trance que había pasado su hijo.

La madre de Galán me recibió muy amablemente, como me había recibido otras veces. Me dijo que, en efecto, ella había ido por propio impulso y sin que nadie se lo indicase a ver al presidente de la República para pedirle el indulto del general Sanjurjo. Que deseaba que éste se concediera. Pero me rogaba que hiciera constar bien claro —si era posible, en el título del reportaje— que no admitía que se comparase el caso de su hijo y el del capitán García Hernández con el que nos preocupaba a todos en aquel momento.

Me permití decirle que un pelotón de ejecución es igual para todo el que tiene la desgracia de estar enfrente y que el dolor de las familias es también el mismo. Cuando no hay madre —creo que ése es el mayor dolor y lo que más diferencia los casos— puede haber viuda, hijos... Y, sobre todo, siempre hay un hombre o dos, como fueron los de Jaca, con un corazón que late, ¡Dios sabe con qué angustia por valiente y sereno que sea!, debajo de la guerrera.

—Sí, sí... por supuesto. Si yo lo deseo tanto como usted. Si a mí estas cosas no hacen más que dañarme más el corazón, que ya lo tengo muy delicado. En lo de la comparación me refería a los ideales y, sobre todo, a que el general ha tenido un juicio público y a que hemos podido ir a pedir el indulto. En el caso de mi hijo no hubo ni tiempo ni permiso para pedirlo. Ya verá cómo esta vez se arregla todo. El presidente de la República es un hombre de corazón, que está deseando perdonar, y perdonará si puede...

—¿Quién piensa usted que se lo puede impedir? ¿El Gobierno?

—No sé... A mí Azaña me parece más duro, más enérgico.

Me fue imposible decirle que, si yo estaba con ella a aquella hora, era precisamente porque el hombre duro, enérgico, estaba acongojado.

Fue él mismo quien, en forma seca pero con satisfacción interior mal disimulada, hizo saber que el presidente de la República, a propuesta del Gobierno, había tenido a bien hacer uso del derecho de gracia.

La calle no tardó en llenarse de periódicos con enormes rótulos que voceaban los vendedores, como era entonces costumbre.

«Sanjurjo indultado.»

Tengo la seguridad de que don Niceto Alcalá Zamora habría dado la batalla con el Gobierno en caso de que éste no hubiera estado decidido a proponerle el indulto unánimemente o por mayoría. Esto nunca se llegó a saber.

La verdad es que la actitud de Azaña le allanó considerablemente el camino. Creo que fue una de las pocas veces que estuvieron enteramente de acuerdo aquellos hombres de temperamento tan opuesto.

—¡Cómo pesa la vida de un hombre! —se dijo que Azaña le había dicho a su mujer al llegar a casa, libre ya de la carga.

El jefe del Gobierno no volvió a hablar de ese asunto ni lo discutió con nadie. Por supuesto, yo me guardé muy bien de decir tampoco a nadie que don Manuel me había sugerido lo de la madre de Galán. No sólo porque se me había rogado el secreto, sino porque lo más probable es que nadie me hubiera creído.

Es muy probable que ni el propio general Sanjurjo tuviera noticias de que Azaña había hecho tanto como hizo por salvarle. No entraba en su estilo, ni en su modo de ser, buscar el agradecimiento de alguien a quien no pensaba dirigir más la palabra en lo que le quedaba de vida. Le hería mucho la ingratitud, pero el agradecimiento no deseado le molestaba. Muy en especial si resultaba humillante para alguien a quien él nunca quiso ni trató de humillar.

Sin embargo, y a pesar de que se habló muy poco de aquel noble empeño de Azaña —el Gobierno se hizo solidario y ninguno de sus miembros cargó sobre el jefe el acierto o el error de aquella acción—, los más sagaces adivinaron.

«Usted tiene la culpa», primer choque con Negrín

La prueba es que una tarde de la primavera de 1936, cuando todo en el país andaba manga por hombro, cuando Azaña estaba ya a punto de dejar de ser jefe del Gobierno para convertirse en presidente de la República, el diputado socialista doctor Negrín se dirigió a él, en el Salón de Conferencias del Congreso, y le dijo delante de varias personas:

—De todo lo que está pasando en España y de lo que pasará, no tiene la culpa nadie más que usted.

—¿Yo? ¿Por qué? Explíquese —respondió Azaña sin inmutarse, pensando tal vez que le echaba en cara, como tantos otros amigos suyos, el hecho de dejar las riendas del poder en momentos tan decisivos y aceptar un cargo desde el que no podría hacer gran cosa.

—Sí, repito que la culpa la tiene usted, por no haber querido fusilar a Sanjurjo. ¡Porque fue usted! ¿O es que pensaba que no se sabía? Ahora Sanjurjo encabeza la sublevación que se prepara. Si ganan, ocupará esa presidencia (que ni siquiera la llamarán de la República) y lo primero que hará será mandarle fusilar a usted.

Azaña dio media vuelta con gesto despectivo. Nadie le había hablado nunca en ese tono descarado y autoritario. Ni siquiera cuando estuvo preso en Barcelona.

Entonces, igual que cuando años más tarde agonizaba en Montauban, fue objeto de vejaciones, como antes lo había sido de ataques terribles por parte de sus enemigos políticos.

El descaro y la reprimenda, el tono —que al pronto quiso ser amistoso pero que en realidad era violento— en el que le había hablado el doctor Negrín delante de amigos y periodistas le resultó insufrible y prefirió no contestar, aunque habría podido hacerlo.

Azaña era hombre de respuestas rápidas y certeras, con energía o con humor. Nunca le faltó eso que llaman los franceses *esprit de repartie*. Habría podido contestar muchas cosas, pero no quería ponerse a la altura del doctor Negrín, hombre de poderosa inteligencia, pero con el que Azaña nunca se llevó del todo bien porque le molestaba su actitud, entre campechana y violenta.

Un día le desagradó verle saltar como un gato montés por encima de los escaños con la intención de pegar a Gil Robles. Por suerte, le sujetaron a tiempo. En realidad, nadie o casi nadie le caía a Azaña peor que Gil Robles. Pero las escenas de esa clase, en el Parlamento, le repugnaban.

Azaña evitaba las discusiones con hombres violentos. Por eso también se limitó a callarse, aunque sin disimular su disgusto, el día que el doctor Negrín, presidente del Patronato de la Ciudad Universitaria, le llevó a mostrarle cómo iban las obras.

La tala de árboles en la Moncloa que no había hecho más que agravar la que se perpetró sin ninguna necesidad, bastantes años antes, tan pronto como el rey don Alfonso XIII dio el visto bueno para la construcción de los pabellones escolares, le afligió mucho.

¿A qué venía esa manía española, esa furia devastadora de la naturaleza que atacaba a los españoles, que los empujaba a cortar árboles, a destruir el paisaje, mucho antes de que la idea de construir algo encima se convirtiese en realidad?

Si mucha pena le causó el destrozo, tampoco le gustaron los edificios en construcción, que le parecieron más propios para fábricas, cuarteles o cárceles.

Su preocupación por la naturaleza y el arte

Un año antes, recién instalada la República, nombró a Valle-Inclán conservador del Patrimonio Nacional. No sólo, como creían algunos, por procurar al gran escritor un buen sueldo que le compensara a él y a otros de la situación precaria en la que los había sumido la quiebra de la CIA (Compañía Ibérica de Publicaciones), sino porque conocía el buen gusto de don Ramón y nunca le agradeció bastante que se presentara un día en el Congreso, cuando Azaña era solamente ministro de Guerra, para prevenirle de que se estaba tramando convertir el Palacio de Oriente en Museo de la República.

—¡Qué barbaridad! No he oído nada.

—Pues sí. Y lo peor es que también tratan de convertir el palacio y el monte de El Pardo en sanatorio para obreros. Si usted no lo remedia, vamos a padecer la furia destructora de Atila. Pero sin grandeza conquistadora. Un Atila llorón y humanitario dedicado a las obras de misericordia.

Algo después de su visita con Negrín a la Ciudad Universitaria, se encontró de nuevo con Valle-Inclán y le dijo:

—Don Ramón... Suerte que a usted le gusta más ser paseante en cortes que paseante campestre. Y que prefiere los palacios con jardines y surtidores al paisaje agreste. De todos modos, evite la Moncloa. El Atila llorón y misericordioso se nos disfraza allí de universitario sabihondo.

¿Quién le hubiera dicho a don Manuel Azaña, la tarde que Negrín le echó en cara el indulto del general Sanjurjo, que el destino los uniría durante los años más terribles de la vida del presidente, cuando sentiría pesar sobre sí, no la vida de un hombre, sino la vida de miles de hombres, mujeres y niños?

XII

EL ESTATUTO «A LA MEDIA VUELTA»

En este tipo de relatos, rara vez se puede, aunque se quiera, seguir un orden cronológico riguroso.

Por eso me veo a veces obligada a saltar de una época a otra mucho más próxima y de nuevo a volver atrás, como se estila en las películas modernas.

La Sublevación del Diez de Agosto, que le trajo a Azaña el quebradero de cabeza y corazón del indulto de Sanjurjo, le trajo también algunas ventajas.

Así, aprovechando la exaltación y unión momentánea de los republicanos y de éstos con los socialistas, así como la contrariedad y desorientación de las derechas, lo mismo la Reforma Agraria que el Estatuto de Cataluña pudieron ser aprobados rápidamente, en esa forma que los ojos taurinos llaman «a la media vuelta», o «aprovechando el viaje».

De otro modo habría sido muy difícil. El discurso de Azaña, a poco de empezar la discusión, fue uno de los mejores de su vida parlamentaria. Convenció, de momento, incluso a muchos que no formaban parte de la mayoría.

Pero, al discutirse el articulado, empezaron las complicaciones. Las derechas de aquel Parlamento, comprendidos los lerrouxistas, decidieron hacer obstrucción. Ese recurso parlamentario, que en Estados Unidos se llama «filibusterismo» y que consiste en presentar enmienda tras enmienda, votos particulares, etc., a fin de ganar meses e incluso años.

En las propias filas de la mayoría tampoco había acuerdo completo. Los radicales socialistas estaban muy divididos. Los había muy defensores del Estatuto, como Marcelino Domingo, que era catalán, pero los había que a fuerza de «jacobinismo» —la Revolución francesa fue tan centralista o más que los reyes— sostenían que una sola República conllevaba una sola bandera, y que los gobiernos regionales, por muy republicanos que fueran, podían crear problemas.

Dentro del propio partido de Azaña, que todavía era Acción Republicana (el llamado Izquierda Republicana, mucho más grande, no se creó hasta el año 1935), las discrepancias eran aún más graves aunque se mantuvieran más discretamente ocultas por respeto al jefe.

Entre aquellos pacíficos profesores, los que no eran francamente unitarios y, por lo tanto, no les gustaba el Estatuto, eran federales y, por lo tanto, tampoco era ésa su fórmula.

Después estaban los socialistas, con poco arraigo en Cataluña, donde la masa obrera pertenecía en general a la CNT. Con el autogobierno catalán y la exaltación del regionalismo —todavía no se hablaba de nacionalismo si no se era separatista— perdían las esperanzas de que su UGT, y el propio partido centralizado en Madrid, pudiera extenderse allí como se había extendido en el norte industrial.

En cuanto al líder socialista Indalecio Prieto, ministro de Obras Públicas, no sólo tenía esa aprensión, sino otra más lacerante, la del nacionalismo vasco, que ése sí se llamó nacionalismo desde que se creó y sus diputados se llamaban de ese modo en las Cortes.

Prieto no se recataba de decir, ante cualquiera que le prestara oídos, todo lo que se le ocurría, incluso delante de los periodistas:

—Ustedes —les decía a los republicanos conformistas e incluso a los ministros— están muy contentos con el Estatuto catalán, porque los catalanes autonomistas que dominan ahora son republicanos de izquierda. Pero ya veremos lo que pasa cuando vengan los míos [se refería a los de Bilbao, aunque él era, en realidad, asturiano] con un Estatuto de derechas y formen un Gobierno mojado en agua bendita. No hay un solo nacionalista vasco que no sea reaccionario. No son monárquicos «alfonsinos» porque muchos proceden del carlismo. Pero tampoco son republicanos. Tan pronto como tengan el Estatuto, las provincias vascongadas se convertirán en un «Gibraltar vaticanista...». Aunque sólo fuera por eso, habría que mirar con aprensión las autonomías.

Aquellas objeciones de Indalecio Prieto, que eran más bien puntos de vista personales, de carácter práctico, se veían reforzadas y con argumentos de alta teoría política y jurídica, gracias a su amistad y trato continuo con el profesor Sánchez Román. Nunca se ha visto que dos hombres tan radicalmente distintos se llevaran tan bien. El uno —Sánchez Román— era todo sabiduría, ponderación, mesura, seriedad, señorío. El otro era tosco, impulsivo, amigo de expresarse en forma, a veces ocurrente, pero tirando a procaz. Es posible que ahora, en nuestra época, Prieto no chocara en absoluto por sus tacos ni siquiera en los guateques de colegiales y colegialas. Entonces sí chocaba mucho. Como dominaba muy bien la oratoria hasta el punto de haber creado una forma especial del viejo latiguillo envuelto en humor, que resultaba eficaz incluso entre quienes detestábamos las viejas escuelas de oratoria, en los discursos no se le escapaba ninguna palabra ni frase malsonante. Si los pronunciaba con micrófono, los técnicos de radio debían tener mucho cuidado de retirárselo tan pronto como notaban que, durante los aplausos que subrayaban sus mejores párrafos, había algún comentario con los que estaban junto a él. Por menos de nada, los radioyentes podían escuchar algo de lo que Azaña llamaba «las procacidades de Prieto».

Conmigo se mostró siempre muy simpático, desde que le conocí en el Ateneo cuando iban allí a conspirar. Si se le escapaba un taco, me pedía perdón. Si se le escapaba el segundo o el tercero, entonces ya, a fuerza de disculparse, lo echaba a perder:

—No sé cómo no me vuelve usted la espalda. Pero es que está uno tan... fastidiado.

Por supuesto, el participio que se le escapaba era otro, que sonaba mucho peor.

«¿*Quién le escribe a usted los artículos?*»,
me dijo Prieto

Un día, siendo ya él ministro y yo periodista, sí que estuvimos a punto de pelear. No por sus tacos, sino porque, de repente, estando en un grupo en los pasillos del Congreso, se encaró conmigo y me preguntó a bocajarro:

—Bueno, y a usted ¿quién le escribe los artículos? El otro día leí, por casualidad, uno que no estaba mal...

Todo el corro celebró la ocurrencia. Yo me quedé tan parada y tan azorada como el día que don Miguel de Unamuno me dijo en el Ateneo, después de mirarme de arriba abajo, que «la misión de la mujer era concebir, gestar, parir y amamantar y que cuando pasara sin hacer eso otros tantos siglos como llevaba haciéndolo, podríamos empezar a hablar de feminismo».

Pero don Indalecio Prieto no era don Miguel de Unamuno, al que se le podían permitir toda clase de frases originales y chocantes, entre otras razones porque solía rectificarlas con otras todavía más originales y a veces de signo contrario. Así, aun arriesgándome a que quedara Prieto mejor que yo porque su ingenio descarado y su rapidez de respuesta eran asombrosos, me decidí a contestarle aunque tomando la precaución de dar a la cosa un tono de broma por lo que pudiera ocurrir:

—Usted, don Inda, se figura que los periodistas tenemos tantos ayudantes y tantos colaboradores como ustedes los ministros. El que quiere publicar un artículo tiene que escribírselo. Nadie lo hace por él o por ella, créame. Además, lo que yo hago es poca cosa. ¿O es que no sabe usted que hay mujeres que escriben incluso en la *Revista de Occidente*?

—Pero serán viejas y feas...

—Por favor, don Inda... ¡No diga usted esas vulgaridades...!

—Es que yo soy muy vulgarote. Ya lo sabe...

—Lo que no comprendo es que teniendo esas ideas tan primarias hayan dado ustedes el voto a las mujeres.

—Le advierto que si hubiera sido por mí, no lo tendrían. Como tampoco tendrían nunca el Estatuto los catalanes...

—Eso ya lo sé. Y los catalanes también lo saben.

Fuera del Parlamento, donde el Estatuto ya había sido aprobado, se calmó algo el calor de las discusiones, que alcanzó niveles muy altos entre las propias izquierdas, mientras el texto estuvo en las Cortes. Sin embargo, aún se seguía criticando, incluso entre los azañistas. Uno de éstos decía una tarde en la tertulia de Valle-Inclán en la Granja el Henar:

—Yo no comprendo cómo don Manuel se ha empecinado de esa forma. Él es un castellano cien por cien no sólo por nacimiento y temperamento, sino por su formación. Si hubiera sido posible fabricar el hombre más opuesto a cualquier intento de resquebrajamiento de la unidad española bajo la hegemonía castellana, ese hombre sería igual que Azaña.

—La prueba —dijo otro— es que al venir la República, el más enfadado cuando se enteró de que en Barcelona se hablaba de «Estat català» o de República catalana fue Azaña. ¿Por qué ha dado después tantas batallas arriesgando su popularidad e incluso disgustando a muchos de su partido? No lo sé.

Don Ramón del Valle-Inclán acentuó su sonrisa maliciosa e hizo un gesto como para intervenir. Enseguida se produjo el silencio.

—Usted no lo entenderá, pero no puede estar más claro. Conozco muy bien a Azaña y sé cómo disfruta llevando la contraria, sobre todo a sus amigos. ¿No han observado su preferencia por los ministros más impopulares e incluso por algunos personajillos a los que no puede ver nadie? Siempre he dicho que Azaña es igual que doña María Guerrero. En cuanto los críticos hablaban mal de alguna actriz de su compañía... ¡le subía el sueldo!

Todos nos reímos a carcajadas, porque don Ramón, además de decir siempre cosas divertidas y originales, las decía con gracia. Cuando terminamos de reír, hundió de nuevo los dedos en su barba haciéndolos marchar hacia abajo —como quien se pasa un peine por el cabello— y continuó:

—Sí... Azaña ha encontrado, en eso del Estatuto catalán, el único medio que estaba en su mano para irritar a todo el mundo al mismo tiempo. A sus enemigos y a sus amigos.

—A todo el mundo no. Los catalanes están encantados...

—Eso no le importa —concluyó don Ramón—, ¡porque con los catalanes no tiene que vivir!

Pocas veces se ha dicho una cosa tan ingeniosa, aunque no fuera del todo justa. Me dijeron que el propio Azaña se había reído cuando alguien de la tertulia se lo contó. No puedo asegurar que fuera cierto.

Intermedio teatral

La amistad entre Valle-Inclán y Azaña, que databa de largos años, sufrió considerables altibajos durante le época republicana.

Algo que dolió mucho a don Ramón y también a sus amigos fue que Azaña no acudiera al gran banquete que se le ofreció con no sé qué pretexto (en realidad, para homenajear a Valle-Inclán no hacía falta pretexto ninguno), en el Hotel Palace de Madrid, al que asistieron todos los intelectuales de renombre, gran cantidad de artistas y muchos admiradores de don Ramón. Todo lo que bullía en el Madrid de aquellos años estaba allí. Alguien dijo, ante el espectáculo de los salones y el *hall* —incluso en los pasillos hubo que poner mesas—, que aquella noche todos los cafés de la calle de Alcalá y sus alrededores se habían quedado vacíos.

Fue realmente emocionante ver a Valle-Inclán y Unamuno sentados juntos y, sobre todo, oír sus maravillosos discursos. Los dos, precisamente por ser el uno gallego y el otro vasco, hicieron el elogio de la lengua castellana, en la que siempre escribieron y a la que los dos, al igual que Baroja, habían enriquecido con la aportación de sus acentos natales. «Esa lengua castellana —dijo Unamuno— que para don Ramón no es madre... ¡Es hija!»

Es probable que Azaña no acudiera a aquel banquete por no «robar papel», como se dice en el argot teatral, al homenajeado y al que iba a ser su ilustre acompañante. Quizá pensó también que su presencia le daría al acto un matiz político que no podía tener, puesto que allí se juntaron gentes de todos los campos.

Tales fueron las explicaciones que le dieron a don Ramón, al cabo del tiempo, cuando supieron que estaba disgustado por el desaire, algunos de los que andaban cerca de Azaña. A Valle-Inclán no le convenció nada la explicación:

—Y si no quiere mezclar la literatura con la política, si cree que no podía prescindir por una noche de su investidura oficial y sentarse a cenar como un particular entre sus amigos y contertulios de siempre, ¿por qué hizo una relativa separación de sus dos actividades para estrenar aquella comedia tan mala en el Español?

Realmente, el estreno del drama titulado *La Corona* —que, a pesar de su título, no tenía nada que ver con la monarquía ni con la república— fue algo que no acabamos nunca de entender los que teníamos una idea del carácter de Azaña. El hombre hosco, a veces desapacible, enemigo de todo lo que supusiera exhibición personal fuera de sus funciones políticas, severo crítico para los demás y posiblemente también para consigo mismo, cayó en la debilidad de ceder a una tentación, de la que no podían derivarse para él nada más que desventajas. Aparte de la violencia y el nerviosismo que supone estrenar una comedia, sobre todo si es la primera.

Se dijo que fue su cuñado, Cipriano Rivas Cherif, director del Teatro Español, así como la gran actriz Margarita Xirgu, quienes le habían convencido. Les gustaba mucho la obra y, además, estaban seguros de que, aunque no fuese más que por curiosidad, tendría un gran éxito de público.

Además, había precedentes. Muchos políticos españoles habían sido al mismo tiempo hombres de letras e incluso hombres de teatro. Don Adelardo López de Ayala, siendo presidente del Congreso de los Diputados, estrenó, también en el Español, su drama *Consuelo*. Un dramón que, según la lectura del argumento en los periódicos de la época, era sin duda algo espantoso, incluso para entonces (1878).

Pero por mucho empeño que pusiesen el director del Español y la primera actriz en aquel estreno, Azaña no era hombre que se dejase convencer, si de antemano no estaba él mismo convencido.

Ciertamente, Rivas Cherif era amigo de Azaña desde antes de ser su cuñado. Azaña sentía mucho cariño por la familia Rivas, que no hizo más que aumentar, si es que ello era posible, cuando Azaña entró a formar parte de ella, al casarse con Lola.

La diferencia de caracteres —que no era tanta en el seno de la confianza— fue factor de unión. Aquel Azaña tan aparentemente serio encontraba un complementario en su amigo Cipriano, que era uno de los seres más divertidos y de conversación más chispeante que yo haya conocido. Era más frívolo de formas que de fondo. Al revés que Azaña, con aquel gesto adusto y aquella sequedad que desaparecía convirtiéndose en humorismo, incluso en jovialidad, cuando estaba con gentes que le resultaban agradables. Pero el hecho de que estuvieran cada vez más unidos y de que el matrimonio Azaña, que no tenía descendencia pero al que le encantaban los niños, mimaba, como si fueran propios, a los que el matrimonio formado por Rivas Cherif y Carmen Ibáñez traían al mundo a razón de uno al año poco más o menos, no eran razones suficientes para convencerle de que estrenara una comedia si él no hubiera querido exponerse a aquel acontecimiento que le produjo tan escasas satisfacciones.

Estoy segura de que la única persona por quien Azaña hubiera hecho los mayores sacrificios era su mujer, en caso necesario, se entiende. En la vida normal y en los asuntos que no fueran de orden familiar también estoy segura de que ella no le pidió nunca nada que él no estuviese decidido a hacer.

Y, sin embargo, nos consta por testimonio del propio Cipriano en su libro (a mí me lo había dicho antes de publicarlo) que tanto su hermana Lola como su mujer Carmen Ibáñez querían marcharse a México tan pronto como salieron de España. Era una decisión sensata que contrastaba con el inexplicable deseo por parte del expresidente de quedarse en Francia.

Tal empeño resulta más raro si se tiene en cuenta que Azaña estaba seguro de que la guerra entre Francia y Alemania estallaría sin remedio. Él había dicho y repetido que la guerra española no era más que el prólogo o el primer acto de una nueva conflagración que sería primero europea y después mundial, como la otra.

Pero, aun así y pese al deseo de su mujer y de su cuñada, Azaña no cedió. Tal vez se sentía ya mal de salud y pensaba que un viaje largo a un país como México, de clima tan distinto al europeo, iba a sentarle mal. Que tardaría mucho en adaptarse y sentirse cómodo. Por otra parte, él estaba convencido de que la situación de España «iba para muy largo», fuera cual fuera la marcha de la gran guerra que se avecinaba. Estaba muy harto de las miserias y dolores que le había causado la política y prefería que sus heridas cicatrizasen en un país como Francia —o tal vez Inglaterra— donde podría vivir como un particular, dedicado al ejercicio de la pluma, que era lo que más le satisfacía en el mundo. Aunque tuviera que compartir con los naturales de esos países la incomodidad y hasta los peligros que toda guerra trae consigo, ya no compartiría las angustias ni las responsabilidades.

No quería de ningún modo trasladarse a un país donde, precisamente por ser el asilo de los republicanos, tendría que vivir oyendo discusiones políticas. Aunque se hubiera negado rotundamente a asumir el triste e inútil papel de «presidente en el exilio», si se iba a México, tampoco podría hacer una piel nueva, ni vivir independiente, que era lo que más estaba necesitando tras el cansancio y la tristeza de la atroz experiencia vivida los últimos años.

Volvamos a «La Corona»

Si parece que me he extraviado en la anterior divagación, lo he hecho solamente para demostrar que si Manuel Azaña, que adoraba a su esposa, mantuvo su voluntad por encima de la de ella en un asunto en el que, como se vio enseguida, ella tenía toda la razón, ello prueba que no era hombre fácilmente convencible.

Volvamos, pues, al estreno de *La Corona*, insistiendo en que si Azaña la estrenó fue porque quiso y no porque su cuñado Rivas Cherif y Margarita Xirgu se lo pidiesen. Estoy segura porque los conocía bien tanto a la actriz como al director de la compañía, que ninguno de los dos, aunque sin duda se lo pidieron, le habrían molestado con insistencia en caso de que él, desde el primer momento, se hubiera negado en redondo.

Las negativas «en redondo» de Azaña eran algo tan rotundo y acompañado de gestos tan secos, que no admitían réplica.

La obra se estrenó primero en Barcelona. Azaña presenció la representación desde un palco. Era la primera vez que esto ocurría. Los autores suelen permanecer ocultos porque los malos ratos —ningún autor pasa un buen rato mientras se estrena su obra—, cuanta menos gente haya alrededor, menos amargos resultan.

Pero, como por mucho que se quisiera separar la dramaturgia de la política (en este caso eran inseparables), ocurrió que el presidente de la Generalitat, don Francesc Macià, así como su esposa y su hija quisieron ver el estreno y, naturalmente, estando el presidente del Gobierno de Madrid en Barcelona y siendo él el motivo de la asistencia de la familia Macià al teatro, no podía dejar de acompañarlos en el palco principal juntamente con su mujer.

A don Manuel Azaña no le gustó cómo hacían los actores su obra. La cosa era natural. Dijo que había salido con la impresión de «haber visto violar a una hija suya».

Lo chocante fue que después de la experiencia decepcionante, se aviniera a repetir la suerte en Madrid, donde iba a ser juzgado por un público más difícil. Posiblemente pensó que los defectos de interpretación que él había encontrado serían corregidos.

Aún me parece que estoy viendo el Teatro Español la noche de aquel estreno. Estaba rebosante y había rumores de que se iba a cometer un atentado.

No pasó nada. Los palcos estaban ocupados por el elemento oficial español y cuerpo diplomático extranjero, así como por amigos incondicionales de don Manuel Azaña. Las señoras, todas muy contentas y muy bien arregladas.

Los hombres, cuanto más amigos de Azaña eran, más largas tenían las caras. Ninguno estaba contento. ¿Para qué dar nuevos motivos de crítica?

A medida que transcurría la representación, se oían murmullos:

—¡Qué bien escrita está...! —repetían una y otra vez los inasequibles al desaliento.

Cuando en el teatro se oye decir que una obra «está muy bien escrita», ello quiere decir que la gente se aburre.

Los jóvenes entrábamos difícilmente en aquella «cosa» que a lo mejor era estupenda, pero que se apartaba del concepto moderno del teatro. Si le poníamos entonces serios reparos a Benavente y encontrábamos «pasados de rosca» ciertos éxitos del gran autor —unos porque nos parecían falsos y llenos de afectación tirando a cursi, como el monólogo de *Los intereses creados*, y otros por su no menos falso realismo rural, como *La malquerida*—, difícilmente podíamos «entrar» en aquellas escenas del bosque, con el pastor, la dama reina o princesa Diana y aquel duque Aurelio, en el que el autor se retrataba literariamente, pero que precisamente por eso nos parecía más falseada la situación.

En cuanto a los mayores, yo creo que la mayoría se aburrieron. Aquello resultaba demasiado literario. Azaña era sin duda un escritor impecable. Todavía no había descubierto que solamente llegó a ser un gran literato cuando no se propuso «hacer literatura». La prueba la tuvimos muchos años más tarde, al comprobar toda la emoción y el garbo de escritor que late en muchas páginas de sus memorias, que ni siquiera eran tales memorias cuando las escribió, sino, simplemente, apuntes para ser desenvueltos y puestos más en forma después. También hay emoción y creación de escritor en algunos de sus discursos, muchos de ellos improvisados.

La emoción contenida y el humorismo, a veces despiadado, eran sus dones verbales y de pluma más originales, más característicos. Pero él sintió vocación de escritor cuando la novela y el drama tenían unas reglas fijas, que sólo se atrevió a saltarse a la torera algún «extravagante» como Baroja, cuyos libros, al principio, no se vendían. El propio Valle-Inclán había empezado también haciendo «literatura literaria» —no sé si me explico—, pero como era un hombre genial y no solamente un hombre de gran talento, pronto saltó sobre los convencionalismos y desarrolló su personalidad arrolladora, que se iba superando de obra en obra y de año en año.

La intención

Parece ser que *La Corona* la escribió Azaña con mucho amor. Está dedicada a su mujer y la escribió justamente cuando estaba enamorado y temía confesarlo. Lo mismo podría haber roto a hacer versos, y puede que los hiciera aunque su sentido «autocrítico» le impidiera enseñárselos a nadie.

Todavía llevaban pocos años casados, pero ya había tenido tiempo Azaña de darse cuenta de que con su boda, a pesar de la desigualdad de edad, había acertado un pleno. Su mujer no había dado todavía la talla que dio después, en los años de adversidad en los que le acompañó, siempre serena, siempre valiente y al mismo tiempo dulce, comprensiva, inteligente.

Al cabo del tiempo he pensado que si se prestó a la violencia y la incomodidad que le supuso aquel estreno, quizá fue porque había escrito la obra pensando en «ella». ¿Qué otra cosa podía moverle, ya que aun suponiendo que hubiera sido un éxito arrollador no podía proporcionarle la fama que ya tenía ni satisfacer una vanidad, puesto que ya se veía suficientemente halagado, ni suavizar a sus muchos y poderosos enemigos, ni hacerle ganar un dinero? El dinero, que nunca le preocupó demasiado, y menos cuando había llegado a una situación en la que, por mal que le fueran las cosas, la resonancia mundial que ya tenía su nombre le bastaría para encontrar medios decorosos de vida incluso en aquel destierro cuya idea siempre tuvo presente.

Se aplaudieron las reformas militares

Era curioso observar que el público indiferente, e incluso el que podría haberse mostrado hostil, se sentía menos incómodo que el que formaban los amigos personales o políticos de don Manuel Azaña.

Entre el temor a que ocurriera algo desagradable —un atentado o simplemente un pateo—, el escaso interés que lograba despertar en ellos lo que pasaba en el escenario, la sospecha de que al día siguiente la prensa, en su mayoría hostil, encontraría un nuevo motivo para atacarle, la cuestión fue que muchos pasaron una noche toledana.

Sin embargo, la ovación al final del primer acto fue tan estrepitosa, que los cómicos no tuvieron más remedio que obligar al autor a salir a escena.

Apareció pálido como de costumbre, azorado y totalmente desprovisto del gesto jovial que modificaba tanto su semblante cuando estaba de buen humor.

—¡Anímate, hombre! Ya ves cómo no pasa nada. ¿No oyes cómo aplauden? —le dije a uno de los amigos políticos de Azaña, poco versado en cuestiones literarias y que, según avanzaba la acción, se iba mostrando más aburrido y temeroso.

—Sí, sí... ya veo. Aplauden las reformas militares. ¡Menos mal!

XIII

«CATALANES: ¡VIVA ESPAÑA!»

La graciosa *boutade* de don Ramón del Valle-Inclán, según la cual «Azaña disfrutaba irritando al mayor número de gente posible» —eso mismo se diría años más tarde del general De Gaulle—, y que si no le había importado complacer a los catalanes era porque «con los catalanes no tenía que vivir», se contaba en los cafés como un chiste más. Se recordó incluso en el Congreso tan pronto como se supo que, al disponerse a convivir tres días con los catalanes, con motivo de la entrega solemne del Estatuto, habían empezado a surgir dificultades.

El presidente de la Generalitat, don Francesc Macià, para quien, como era sabido, aquel Estatuto significaba una claudicación, se disgustó aún más al saber que no iría a llevarlo el presidente de la República, como él deseaba.

Aunque les parezca raro a quienes los conocieron a ambos, Macià había sentido una súbita simpatía por don Niceto Alcalá Zamora, hasta el punto de dejarse convencer por su dialéctica persuasiva, cuando en los primeros días de la República el entonces jefe del Gobierno fue a Barcelona, a fin de frenar el ímpetu y las prisas del viejo y tenaz nacionalista catalán.

Macià cedió ante Alcalá Zamora, pero tan cautivado por su personalidad, que, como ya he dicho, la única vez que vino a Madrid como diputado fue para darle su voto favorable en la elección de presidente de la República.

Algunos diputados catalanes me aseguraron que Macià quería a todo trance que don Niceto viajase a Barcelona, y que éste no habría tenido inconveniente en complacerle llevando personal y simbólicamente el Estatuto. Fue Azaña quien se opuso. «Teme que el presidente de la República le haga sombra. Quiere ser él el único aclamado en Barcelona», decían las malas lenguas. Otros hablaban con razón de que se trataba de una cuestión de protocolo. Era bien sabido que don Manuel daba mucha importancia a los problemas protocolarios y, sobre todo, una vez que los catalanes disponían de su Estatuto, estaba dispuesto a dejar bien claro que la autonomía tenía unos límites muy precisos.

El jefe del Estado español, decía Azaña, no podía colocarse, aunque fuera durante unas horas, en situación de igualdad con el jefe del Gobierno de una región autónoma. Azaña no estaba dispuesto a tolerar que ambos recorrieran, uno al lado del otro, las calles de Barcelona puestos en pie en un coche descubierto y compartiendo las aclamaciones, como si su jerarquía fuese la misma.

Al dar cuenta del recibimiento y los actos públicos, era seguro que los locutores de radio y los periodistas los nombrarían empleando la fórmula «ambos presidentes», como si se tratara de dos iguales.

Había que dejar bien claro, desde el principio, ante el público de Barcelona y el de toda España, que la presidencia de la República estaba muy por encima de todas las autonomías y de todos los Estatutos.

En ruta...

El tren especial en el que viajaba Azaña, con varios de sus ministros —Indalecio Prieto, a pesar de ser ministro de Obras Públicas, del que dependían los ferrocarriles, no quiso ir—, numerosos diputados, altos cargos y algunas otras personalidades relevantes en la vida nacional, salió de la estación madrileña de Atocha la noche del 23 de septiembre de 1932, entre algunos abucheos, que fueron ahogados por los aplausos y los «vivas» de los simpatizantes.

El convoy se componía de una larga serie de coches-cama, un vagón restaurante y otro de primera clase que iba a la cola y llevaba un letrero que decía: PRENSA.

Algunos compañeros de los que solamente habían ido a la estación para «cubrir» la salida nos gastaban bromas a los que hacíamos el viaje:

—Eso se parece mucho a los antiguos trenes especiales que llevaban a la cola un vagón en el que ponía: SERVICIO.

En realidad, ni hasta entonces ni después se han puesto en los trenes especiales cabinas-cama para los periodistas. Pero como los catalanes lo habían organizado todo muy bien, hasta en sus menores detalles y, como pudimos ver después, «echando la casa por la ventana», algunos esperaban que la prensa no sufriría aquel trato discriminatorio tan evidente. ¡A la cola, sentados toda la noche y, encima, con un letrero!

¡Pero había que hacerse cargo! Nosotros éramos muchos, aunque no tantos como los otros invitados que, además, iban la mayoría con sus esposas. La Compañía Internacional de Wagons-Lits no disponía de suficiente material para tanta gente.

Sin embargo, yo no podía quejarme. Tan pronto como subí al tren, el empleado que estaba a cargo de aquel vagón de la prensa me preguntó:

—¿Usted es la señorita?

—¡Hombre...! Parece que no hay duda...

—Pues sígame, porque usted va en cama.

—Entonces, ¿tengo que pasar a los otros vagones de delante con los personajes?

—No. Es que en el centro de este vagón de asientos hay un «single», tan bueno como los otros, y me han dicho que ése es para la «señorita periodista».

¡Qué detalle de organización! No les parecía bien separarme de mis compañeros; pero, al mismo tiempo, quisieron mostrarse delicados conmigo y habían buscado un vagón que disponía de una cabina-cama. No habría muchos más. Al menos yo no había visto ni he visto después ningún otro.

Un hombre corpulento vestido de ferroviario, con unas gruesas gafas levantadas sobre el pasamontañas enorme, repartía los últimos abrazos en el andén.

Era el director general de Ferrocarriles, don Carlos Montilla, ingeniero, dispuesto ya para conducir la locomotora del tren especial. Cuando viajaba el rey, ocupaba siempre el lugar del maquinista un duque, también ingeniero. El director general de Ferrocarriles de la República se había prestado a desempeñar el mismo papel, con tanto más gusto cuanto que pertenecía al partido de Azaña y, además, era amigo íntimo suyo desde hacía largo tiempo.

Mis compañeros hicieron toda clase de bromas a propósito de la distinción de que se me había hecho objeto al adjudicarme una cabina. La idea de los organizadores era no solamente mi comodidad, sino que así se sintieran más a gusto los compañeros a los que hubiera tocado estar en mi departamento. Yendo solos, podrían quitarse los zapatos, ponerse a roncar o soltar tacos y contar chistes verdes, cosas que todavía estaba muy mal visto hacer en presencia de una señora o señorita, aunque fuera compañera de estudios o profesión.

Procuraron hacerme rabiar todo lo que pudieron. Cuando, tras la cena y la tertulia en el coche-restaurante, volvimos a nuestro vagón y me oyeron decirle al ferroviario que nos atendía que «me despertase una hora antes de llegar a Barcelona», se echaron a reír:

—No te preocupes. Te despertará mucho más pronto la bomba que hará volar este tren cuando pasemos por Zaragoza.

Los aragoneses habían estado a la cabeza de la campaña contra el Estatuto catalán. Entonces ellos no pensaban aún en pedir autonomía de ninguna clase. El diputado por Zaragoza y catedrático don Antonio Royo Villanova fue quien llevó la voz cantante de la disconformidad, tanto en las discusiones del Congreso como en ardientes mítines en Madrid y en diversas provincias no catalanas.

Sin embargo, como era hombre noblote y simpático y había hecho una campaña muy dura en lo referente a los principios centralistas pero sin ofensas personales, los catalanes le invitaron a formar parte del viaje. No aceptó, aunque una tarde oí al propio Companys insistir cerca de él en el Congreso:

—Debería usted animarse, don Antonio. Los catalanes le recibiremos con toda cortesía.

—¡Ya lo sé...! Pero no quiero aguarles a ustedes la fiesta, haciéndome aplaudir por mis aragoneses. ¡Con la cantidad de ellos que hay en Barcelona!

Llegó con mala cara

Durante el viaje, nadie vio a Azaña. Nada más subir al tren se encerró con su mujer en la especie de *suite* que tenían dispuesta. Allí cenaron, no sé si solos o con algunos íntimos. Los rumores en el tren eran que la cena había sido ligera y que, inmediatamente, se fue a la cama en vista de que le esperaban unos días muy fatigosos.

En Zaragoza nos despertaron a todos. Pero no fue una bomba sino una rondalla de jotas que «echó» coplas al jefe del Gobierno, entusiásticas, con mucho jaleo, mucha música, voces y palmas, pero sin aludir para nada al Estatuto. El hecho de que el apellido «Azaña» hiciera consonante con «España» facilitó mucho la tarea de los copleros.

Al llegar, ya de amanecida, a Mora de Ebro, la puerta de Cataluña, el alboroto de músicas, voces y aplausos fue aún más grande. El pueblo entero con banderas y pancartas estaba en la estación. Todos esperaban que el jefe del Gobierno se asomase a la ventanilla. La multitud trataba de moverse en el andén buscando el lugar donde «él» viajaba y hubo un gran rumor de decepción al ver que casi todas las ventanas del larguísimo tren especial se iluminaban y bajaban los cristales mientras las que eran señaladas como pertenecientes a la *suite* del matrimonio Azaña permanecían apagadas.

Desde allí hasta la llegada a término, las gentes de los pueblos y masías abandonaron sus casas. Cubrían prácticamente todo el trayecto, formando filas a ambos lados. En cada parada iban aumentando las guirnaldas con que adornaban los vagones. En una de las últimas curvas, poco antes de entrar en Barcelona, pudimos ver, desde nuestras ventanillas, que la locomotora iba materialmente cuajada de flores, como el macizo gigantesco de un jardín en primavera.

No sólo estaba llena de gente la estación de Barcelona y sus alrededores, sino también los tejados de todas las dependencias y edificios próximos.

Se nos había advertido que esperásemos dentro del tren hasta después que se efectuase el saludo del presidente de la Generalitat de Catalunya al jefe del Gobierno de Madrid.

Así lo hicimos. Lo único que recuerdo bien es la impresión que me produjo la extrema palidez y la expresión descompuesta —yo diría que incluso malhumorada— de Azaña mientras pasaba, muy deprisa, revista a las tropas.

—¿Qué le ocurrirá? Debería estar contentísimo con este recibimiento. ¿Se habrá puesto malo? —nos decíamos unos a otros.

Algunos de los periodistas, como el dibujante Luis Bagaría, Leopoldo Bejarano u otros que también eran famosos por su afición a la vida bohemia y jaranera, sacaron la conclusión de que, cuando los trasnochadores se acuestan temprano, se levantan mucho más fastidiados que cuando siguen su tendencia natural de acostarse tarde. A don Manuel Azaña, trasnochador y noctámbulo, como lo fueron siempre en Madrid los literatos y los políticos, le había sentado, al parecer, muy mal acostarse antes de las diez de la noche.

Los organizadores nos metieron a los periodistas de Madrid y corresponsales extranjeros en unos coches y, a toda velocidad, nos llevaron por un trayecto relativamente despejado a fin de que pudiéramos llegar a la Generalitat antes que el cortejo oficial y viéramos desde las ventanas la entrada del coche de los dos presidentes en la plaza Sant Jaume.

Siento tener que recurrir al lugar común. Sólo la palabra «delirio» es capaz de expresar lo que allí ocurría. El coche descubierto donde iban, puestos en pie, Azaña y Macià avanzaba a paso de tortuga, rodeado de una verdadera «montonera» de guardias de Asalto, cada uno con los brazos puestos sobre los hombros de los compañeros.

Aquella especie de gruesa rosca policial azul marino no era una medida de precaución contra cualquier posible desmán. Por aquel tiempo, a pesar de la tradición terrorista de Barcelona, las medidas protectoras alrededor de los políticos eran escasas. El triple cordón de guardias de Asalto, abrazados entre sí y materialmente echados sobre el coche, se formó porque de otro modo hubiera sido imposible que éste avanzara un metro.

No había barreras dejando trechos libres en la plaza. Nadie tenía miedo del pueblo aquel día y, por lo tanto, no quisieron robarle ni un solo metro de terreno donde manifestar su entusiasmo. Igual habían hecho en las calles adyacentes, donde no cabía un ser humano más.

El discurso y los «vivas»

Don Manuel Azaña ya llevaba, cuando entró en la plaza Sant Jaume, mejor cara que cuando se apeó del tren. Sonreía con agrado, con emoción contenida, y más aún cuando al salir al balcón pudo ver el conjunto de la masa humana y observar que las aclamaciones, lejos de decaer, se iban haciendo cada vez más espesas, más estruendosas.

A Josep Maria Massip, el que luego fue gran corresponsal de prensa y que ya era entonces un político y periodista muy conocido en Barcelona, a pesar de su juventud, fue a quien encargó Companys que se ocupara de los compañeros llegados de fuera. Estuvimos en todo momento atendidos maravillosamente y sin ningún problema en nuestra tarea.

Fue también Massip quien dispuso que se dejaran vacías, para que las ocupásemos nosotros, las ventanas más laterales del Palau de la Generalitat, desde donde se dominaba mejor la vista del balcón principal y de los de al lado, ocupados por los personajes catalanes y los que habían llegado de Madrid.

Así pude ver bien la cara de Azaña, que pasó de la alegría que le produjo el éxito de su paso por las calles y la entrada en la plaza a un gesto que denotaba cierta preocupación, y que se mantuvo durante todo el tiempo que duró el largo discurso pronunciado por el presidente Macià, en catalán. La gente escuchaba a l'avi («el abuelo») con gran respeto. A nosotros se nos hizo pesado. No entendíamos bien el catalán.

Al llegarle el turno a Azaña, tardó un buen rato en poder empezar a hablar en vista de que los «vivas» y aplausos parecía que no iban a acabarse nunca. Fue necesario que él hiciera expresivos ademanes, llamando a la calma y al silencio a fin de poder comenzar.

La intervención fue breve e interrumpida varias veces con aplausos estruendosos.

Al final, dijo con voz enérgica:

—Catalanes: ¡viva España!

Hubo un instante de silencio, tal vez porque lo reglamentario entonces en los actos públicos era lanzar los dos «vivas» seguidos. Pero Azaña prefirió en aquella ocasión memorable no lanzar el segundo, es decir, el «¡viva la República!», hasta que el primero —el «¡viva España!»— fuera contestado, como por suerte lo fue, masivamente y con entusiasmo.

Cuando nos retiramos de las ventanas, vimos que en los salones y corredores del Palau se desarrollaban escenas curiosas.

Uno de los diputados catalanes más extremistas se mesaba los cabellos, mientras decía cosas que no podíamos entender y otros intentaban calmarle.

—Dice —nos explicaron en tono confidencial— que ese «¡Viva!» lanzado el primero y en seco ha sido una especie de «trágala», y que lo de esperar a que le contestaran, antes de lanzar el otro, era como un desafío. Además, no ha dicho *Visca Catalunya!* ni siquiera «¡Viva Cataluña!». Tanto si se le ha olvidado como si lo ha hecho a propósito, es una ofensa.

—Tranquilícele usted diciéndole que los «vivas» a Cataluña el señor Azaña los da en Castilla, que es donde tiene mérito. Y más con hechos que con palabras —respondió al que nos daba las explicaciones un redactor del *Heraldo de Madrid*, que era también él muy madrileño castizo y algo descarado.

En un pequeño salón por donde pasamos, otro diputado, éste azañista, medio caído en un sofá se reponía del susto. En los segundos que mediaron entre el «¡Viva España!» y la respuesta de la muchedumbre se le desencadenó la taquicardia.

—Es que vi que los que estaban a mi lado se llevaban las manos a la cabeza.

—¡Ha sido un desplante como los de Domingo Ortega, cuando se enrabia toreando! —apuntó por lo bajo otro periodista madrileño.

—¡Cuidado con lo que decís! Con razón se quejan, a veces, los catalanes de que los separatistas somos nosotros. Azaña ha hecho lo que era su deber y no hay que buscarle a la cosa más complicaciones.

En el salón principal, Macià y Azaña se veían rodeados y muy celebrados. Abrazos, plácemes, enhorabuenas y hasta lágrimas. De todo había por allí. Varios azañistas de los incondicionales, amigos suyos, correligionarios o periodistas rodearon a su jefe. Uno de ellos le dijo por lo bajo en tono de halago:

—Me aseguran que el «¡Viva!» que usted ha gritado no se había atrevido a darlo nadie aquí, como no fuera en son de guerra. Que así, por las buenas, como lo ha hecho usted, no era posible. ¡Ha sido un valiente!

Azaña se puso súbitamente serio y dijo un poco enfadado, alzando la voz para que le oyeran todos los que estaban alrededor:

—Ni valiente ni nada que se le parezca. Y les ruego que no repitan ustedes las tonterías que oigan. Si yo hubiera pensado que aquí no se podía gritar «¡Viva España!» desde un balcón, no habría venido. ¡Ya ven qué sencillo...!

Por la noche se celebraba una gran cena de gala en el impresionante edificio de la Lonja, cuya belleza secular había sido realzada con tapices y guirnaldas de flores naturales.

Fuimos por la tarde a verlo y realmente aquello quedaba grandioso. Con la iluminación apropiada, el noble y viejo recinto resultaría fantástico. Las mesas redondas —sólo era larga la de la presidencia— vestidas y adornadas con el mejor gusto y con el realce de los candelabros antiguos, ofrecían, con el fondo de las columnas, un golpe de vista fascinante.

—Los platos que se sirvan también serán exquisitos. Se están esmerando los mejores cocineros de Barcelona. Dicen que saldrá por lo menos a cien pesetas el cubierto.

—¡No es posible...! ¿Cómo nos vamos a comer cada persona veinte duros en una sola noche? ¡Reventaríamos...!

—Es que no se trata de una cena pantagruélica, para tragones. El precio elevado tiene por causa la delicadeza de los manjares y la calidad y variedad de los vinos. Fíjese que hay siete copas formando semicírculo alrededor de cada cubierto.

—¡Ah...! Bueno... ¡Siendo así... ya se explica el precio!

El primer choque

Lo malo fue que, al anochecer, cuando llegábamos al hotel para vestirnos, observamos en el *hall* un gran revuelo. Algunos de nuestros compañeros de Madrid, y también los catalanes, entraban y salían con caras ansiosas. Por lo visto, hacían continuos viajes al Hotel Colón —donde se alojaban el matrimonio Azaña y los huéspedes oficiales más importantes— que entonces estaba en la plaza Cataluña, muy cerca del nuestro.

—¿Qué pasa...?

—No se sabe bien, pero algo muy grave. Parece que Azaña y Macià se han peleado. Companys está hecho migas. Ha venido ya tres veces al hotel desde la Generalitat. Trata de arreglar las cosas, pero parece ser que no puede.

Corrían los bulos más fantásticos. Unos decían que la bronca había surgido durante el almuerzo íntimo en la

Generalitat, justamente cuando muchos de los periodistas comíamos tranquila y alegremente con nuestros colegas catalanes en un restaurante de la playa. Que Macià le había dicho a Azaña: «¡Éste es el día más amargo para mí! La claudicación definitiva después de toda una vida luchando por Cataluña». Que Azaña, muy enfadado, se marchó del hotel sin despedirse, y que en lugar de ponerse el frac para la cena, había ordenado que le hicieran las maletas porque pensaba tomar el tren hacia Madrid aquella misma noche.

Otros aseguraban que la bronca no había sido con Macià sino con uno de sus consejeros que se había insolentado con Azaña. Por último, alguien sostenía que lo que ocurrió fue que Azaña se sintió ofendido porque en la Generalitat todos se habían puesto a hablar en catalán entre ellos sin tener en cuenta que él estaba delante ni que el artículo 4 de la Constitución decía que «el castellano es el idioma oficial de la República, sin perjuicio de los derechos que las leyes del Estado reconozcan a las lenguas regionales, pero que a nadie se le podrá exigir el conocimiento de las lenguas que no sean la oficial del Estado».

—Entonces... ¿no hay cena? ¡Qué lástima! ¡Con lo bonita que han puesto la Lonja...!

—Pues si no se arreglan las cosas, parece que no.

Nadie sabía con certeza lo que pasaba. Y los que lo sabían no querían decirlo, o lo decían a medias. Entre los diversos chismes que circulaban, el único que se tenía de pie y podía aproximarse a la verdad era el de que Azaña había exigido que le mostrasen el texto escrito del discurso que Macià iba a pronunciar en la cena y al que él, Azaña, tenía que contestar.

Parece que la cosa ofendió mucho al presidente de la Generalitat, el cual había respondido que él no escribía sus discursos. Que solía improvisarlos, igual que hacía casi siempre el señor Azaña. Y que si quería éste el texto íntegro, tendría que esperar a que lo tomasen los taquígrafos y fuese después puesto en limpio. No había inconveniente en que emplearan también traductores, si ése era el deseo del jefe del Gobierno de Madrid.

Según las mismas fuentes, Azaña había respondido que prefería leer el discurso en catalán horas antes de ser pronunciado, a que se lo pasaran en castellano cuando la cosa ya no tuviera remedio. Además, para corresponder bien a un discurso protocolario había que leerlo antes de preparar la respuesta.

Nunca se ha sabido ni se sabrá qué hubo de cierto en todo esto ni hasta qué punto llegó la tirantez ni la cantidad de viajes que hizo al Hotel Colón el señor Companys. La versión que da Rivas Cherif en su libro se aproxima a ésta. Pero tampoco está completa. Sin duda ocurrieron muchas más cosas.

Finalmente, las caras en el *hall* del Hotel Colón aparecieron un poco más risueñas y la mayoría de los periodistas nos fuimos a vestir y nos marchamos al lugar del banquete, cuando se nos aseguró que también iría Azaña.

Nos colocaron a cada cual en el sitio que nos correspondía porque, repito, la organización era perfecta. Pero llevaba ya mucho tiempo la Lonja repleta, con todas sus mesas ocupadas, excepto la de la presidencia, que continuaba vacía.

Por fin, tras una espera que para los que estaban en el secreto de que algo grave estaba ocurriendo resultó muy larga —la cena empezó con una hora de retraso—, los personajes aparecieron juntos. Parecía que no traían mala cara. Incluso se miraron sonriendo mientras la orquesta tocaba el himno de la República que todo el mundo escuchó en pie.

Pero... ¡ay...!, sin mala intención por parte de nadie, fue entonces cuando pudo armarse el zafarrancho. Todo fue terminar de sonar la última nota del *Himno de Riego*, tan bullanguera y ruidosa como las otras, y sentarse Azaña en su silla tan tranquilo, según tenía por costumbre en todos los actos oficiales en los que el himno no era más que uno.

Cuando vio que todo el mundo seguía de pie, cayó en la cuenta de que aquellas notas majestuosas que iniciaba la orquesta eran nada menos que el comienzo de *Els Segadors*, que, por tratarse de una música más seria, empezaba con menos estrépito.

Se puso inmediatamente de pie, como si le hubiera impulsado un muelle, disimulando su azoramiento con una sonrisa algo guasona, que irritó a los que se dieron cuenta. Parecía que se estaba diciendo a sí mismo: «¡Ahora sí que has metido bien la pata, Manolo! Un poco más y te ponen en la calle. Esta vez con toda la razón del mundo por parte de los catalanes».

Todo salió, finalmente, bien aquella noche. Pero, durante los dos días que siguieron, se vio que la cosa no marchaba. Seguía la tirantez. La noche que teníamos que tomar el tren para regresar a Madrid, observamos que en la estación no había tropas ni policía ni nada de nada. Mucha gente sí, muchas despedidas cariñosas, pero los que habían acudido para decir adiós a don Manuel Azaña quedaron defraudados.

—¿Será posible que tampoco aquí haya querido asomarse a la ventanilla?

—No. Lo que pasa es que no ha subido al tren...

En efecto, no había subido. El tren especial regresaba a Madrid sin Azaña. ¿Qué había pasado? ¿Un nuevo conflicto, una ruptura? ¿Sería que Macià se había negado a ir a despedirle y él se había marchado a Madrid en automóvil?

Pronto se nos dijo que el presidente del Consejo de Ministros subiría al tren en Reus. Seguro que había ocurrido algo.

Allí, en el andén de la estación de Reus, se efectuó una despedida que desde el tren pareció cordialísima. Nos dijeron que se había abrazado con Macià en el Ayuntamiento. Aquel número no estaba en el programa. Se dijo que, hasta tal punto habían ido las cosas bien que Macià había querido salir a despedirle hasta Reus. Puede ser. Pero en la estación no le vimos. La cordial despedida se la hicieron Companys, el alcalde y los diputados de la Esquerra.

No recuerdo qué dijeron los comentaristas políticos en sus crónicas. Creo que incluso los de la prensa de la oposición dieron poca importancia al incidente. Lo que sí recuerdo bien es que Azaña y Companys se dieron un cordial abrazo en el andén de Reus y que los dos tenían una cara que significaba: «¡Qué peso nos hemos quitado de encima! Ya se pasó lo peor».

Desgraciadamente para ellos, lo peor no había empezado todavía.

XIV

SE ECHÓ LA PRENSA ENCIMA

Se le ha echado mucho en cara a don Manuel Azaña —incluso después de empezar a rehabilitarse su memoria— el hecho de que, apoyándose en la Ley de Defensa de la República, suspendió la friolera de ciento tres periódicos.

Claro está que muchos de ellos eran periódicos sin importancia, que muy pocos conocían. Pero también es cierto que algunos órganos de difusión nacional, como *El Debate* y *ABC*, sufrieron cierres que duraron meses.

La verdad era que el Gobierno Azaña no tenía lo que se llama «buena prensa». Estoy por decir que ni buena ni mala. Incluso en los periódicos republicanos —*La Libertad*, *El Liberal*, *Heraldo de Madrid*, *La Voz* e incluso *El Sol*, donde Azaña tenía muchos amigos— aparecían críticas severas. A veces, noticias que a Azaña le parecían insidiosas.

Especialmente desde que, al formarse el primer Gobierno constitucional, los radicales de Lerroux decidieron retirarse del Gabinete y pasar a la oposición, muchos de los principales periódicos dieron un giro importante. De una parte porque Lerroux, a pesar de todo lo malo que se decía de él y a pesar de su evidente inclinación hacia la derecha, seguía siendo una especie de bandera o símbolo de la República. Tenía, además, muchos diputados —aproximadamente un centenar—, viejos políticos muchos de ellos, muy avezados en el trato con la prensa. Sabían contar a los periodistas cosas interesantes —o que pudieran pasar como tales—, dándoles un trato campechano y cordial que contrastaba con el frío y distante de don Manuel Azaña. Incluso aquellos que le caíamos bien personalmente al jefe del Gobierno, ¿para qué nos servía? Para nada. En lo privado, él sabía muy bien que jamás le íbamos a pedir un «enchufe» —así se llamaba entonces a las pequeñas prebendas mal retribuidas pero que servían para redondear el mes y además daban poco trabajo—, ni siquiera una recomendación. En lo profesional, su amistad nos servía menos todavía. Todo lo que hablaba delante de nosotros, incluso las bromas sarcásticas a propósito de alguno de sus ministros o de ciertos estamentos del Estado, eran muestras de confianza que él sabía muy bien que no iban a ser utilizadas.

Había que tener en cuenta, además, que, aun suponiendo que un Gobierno esté respaldado por la mayoría del país, como Azaña creía estarlo mientras dispusiera de una cómoda mayoría en las Cortes, para los periódicos, el gubernamentalismo incondicional nunca ha sido ni será negocio.

Dejando a un lado la prensa que, por su tradición, por su ideología y su clientela, no podía de ninguna manera estar al lado de la República y menos aún de una república de izquierdas, con tres ministros socialistas en el Gobierno, tampoco la prensa republicana, que había reunido una considerable masa de lectores cuando estaba en la oposición, ganaba nada con hacerse de pronto incondicional del Gobierno.

Al lector de periódicos siempre le ha divertido más la crítica que la alabanza. Y aunque entonces había muchos que compraban la prensa por la sección de sucesos, por los cuentos, los folletines, las colaboraciones, los toros, los deportes —todo esto se trataba con gran amplitud—, también era menester echarle un poco de «salsa picante» a la política, que cada vez iba robando más espacio a las otras secciones.

Así las cosas, el Gobierno se dio cuenta de que no tenía prensa en la que apoyarse contra la campaña que, por unas cosas u otras, es decir, porque una parte de la opinión que manejaban los periódicos estaba convencida de que el Gobierno era demasiado débil y revolucionario, mientras que otra parte, también considerable, lo trataba de reaccionario, se desataba contra él.

Manuel Azaña pensaba que, contra esa actitud, no se podía hacer gran cosa. Que lo mejor era seguir el camino emprendido y que cuantos más ataques recibiera el Gobierno por un lado y por otro, más firme tenía que mantenerse en el camino que él creía recto. «Ladran... luego cabalgamos» era su lema.

Sin embargo, unos cuantos amigos suyos pensaron que convenía hacerse con el control financiero de algunos periódicos importantes.

Los más apropiados parecían *El Sol* y *La Voz*, pertenecientes a la misma empresa, fundada por Urgoiti, y que, por distintas y múltiples razones, se hallaba en situación difícil tras muchos años de gran prosperidad.

El Sol, a pesar de que nunca tuvo una gran tirada, tenía un prestigio enorme, por la cantidad y calidad de los intelectuales que allí habían colaborado.

Los dos famosos artículos de Ortega y Gasset, titulado el primero «El error Berenguer» y el segundo «Delenda est monarchia», causaron enorme impresión, a pesar de la dificultad que encontraron los chiquillos y mujeres que vendían la prensa en la calle para vocear este último título. Ellos no sabían lo que quería decir, no tenían la menor idea del grito de Catón contra Cartago. Pero al ver cómo la gente les quitaba el «papel» de las manos, comprendieron que aquellas letras gruesas tenían mucha importancia y querían vocearlo a toda costa. Yo vi a uno en la Carrera de San Jerónimo que gritaba hasta desgañitarse:

—*El Sol, El Sol...* con el artículo de Ortega y Gasset ¡que viene bueno!

Sin embargo, la empresa editora de *El Sol* y *La Voz*, que no eran solamente los Urgoiti, sino representantes de distintos intereses y tendencias, encontraron que la desaparición de la monarquía no era para mañana y que convenía que sus periódicos, de clientela muy diversa, no podían echarse de bruces en una lucha que podía ser larga y costosa en lectores.

Esto dio lugar a que las principales firmas del periódico, desde su director Félix Lozano, el famoso Heliófilo de la breve y atractiva columnita de la primera plana, hasta el dibujante Bagaría, pasando, claro está, por don José Ortega y Gasset, alma de la publicación con sus famosos folletones, pensaran en hacer otro periódico, que primero fue *Crisol* y después se llamó *Luz*.

Pero la República vino antes de lo que se pensaba. El periódico de los disidentes no tuvo, pues, tiempo de hacerse con la masa de lectores que sin duda habría adquirido si hubieran tenido más tiempo para organizar la oposición de los intelectuales.

En cuanto a *El Sol*, tampoco le dio tiempo a hacer la campaña monárquica o al menos de mantenerse en una aséptica neutralidad que lo habría desgastado. Con la llegada de la República, tanto *El Sol* como los disidentes que fundaron *Crisol* se encontraban en la misma línea liberal y crítica.

Pero ya se sabía que *El Sol*, ni con los grandes intelectuales ni sin ellos, nunca había sido ni llegaría a ser un negocio, sino sólo una publicación «de prestigio». Era *La Voz*, periódico popular, el que con su enorme tirada —empezaba a ser gritado en las calles a las nueve de la noche, lanzaba su edición más copiosa a la una de la madrugada para la salida de los espectáculos y seguía vendiéndose a las cuatro de la madrugada, cuando se retiraba a casa la clientela de los cabarés— era la base del negocio empresarial.

Sin embargo, también *La Voz* estaba en baja. Andaba alrededor de los trescientos mil ejemplares, cuando yo entré a formar parte de la Redacción al año y medio de proclamada la República y coincidiendo con la entrada en la empresa de los amigos de Azaña.

Debo decir que ni los amigos de Azaña ni mucho menos el propio jefe del Gobierno, que hizo como que no se enteraba de la operación ni tomó en ella la menor parte —su desdén se intensificaba cuando los otros pensaban que algo podía serle conveniente—, tuvieron la menor parte en que a mí me nombrasen redactora de *La Voz*. Si se me hizo allí un hueco fue porque los amigos de Azaña hicieron más bien de promotores de la operación. Para adquirir la mayoría de las acciones recurrieron a un hombre de negocios, don Luis Miquel, que hasta entonces había sido gerente de la empresa que editaba la revista *Estampa* y el diario *Ahora*, en los que yo colaboraba.

Don Luis Miquel era hombre de empresa, absolutamente apolítico, aunque después de la guerra tuviera que sufrir en su persona y en sus intereses por haber sido empresario de unos periódicos que, a pesar de todo, no tenían nada de revolucionarios ni trataron jamás de socavar los cimientos de la sociedad capitalista.

Fue don Luis Miquel, con quien en *Estampa* y *Ahora* había tenido yo muy poco trato, quien pensó que podría entrar como redactora de *La Voz*, sin por eso abandonar la colaboración en los otros periódicos en cuya empresa me imagino que él siguió teniendo alguna parte.

El primer sorprendido de que Miquel le propusiera mi nombre fue el nuevo consejero delegado de *El Sol* y *La Voz*, Martín Luis de Guzmán, el escritor mexicano a quien se suponía una tremenda influencia sobre Azaña. Esa influencia era más aparente que real ya que influir sobre Azaña era cosa difícil. Más bien era él quien ejercía influencia sobre los que le rodeaban.

Lo único cierto era que tanto Guzmán como su esposa tenían una estrecha amistad con el matrimonio Azaña. Si «el mexicano» o «el generalito» —de las dos maneras le nombraban quienes le atribuían un papel preponderante, una privanza con el presidente— hubiera tenido intenciones de desempeñar algún papel político en España, estaba claro que podría haberse hecho ciudadano español, como hicieron otros cubanos, venezolanos, etc. (Alberto Insúa, Rufino Blanco Fombona), que por llevar aquí, al igual que Martín Luis de Guzmán, los años suficientes para adquirir la ciudadanía, la obtuvieron y desempeñaron cargos importantes en la República.

A Martín Luis de Guzmán le interesaba la política como vehículo literario. Era, ante todo, escritor. Fue amigo de Azaña desde antes de que éste accediese al Gobierno y como, además, tenía talento organizador y fue uno de los que más activamente llevaron la negociación de los periódicos y probablemente quien logró interesar a don Luis Miquel, se le nombró consejero delegado.

Martín Luis de Guzmán no quiso que en aquellos periódicos los cambios fueran muy visibles. El director de *La Voz* siguió siéndolo su fundador, Fabián Vidal (seudónimo de Enrique Fajardo), a cuyas órdenes me puse desde el primer momento.

Fabián Vidal, periodista independiente, no se había distinguido por su azañismo. Más bien al contrario. Director de un periódico que era leído por gentes de todas las tendencias, no tenía, sin embargo, empacho en decir, cuando era menester hacer editoriales, lo que creía que debía decirse.

A Azaña le sentaron muy mal los comentarios de *La Voz* al artículo 48 de la Constitución, y peor todavía la postura del periódico con respecto al Estatuto de Cataluña y a aquellos de sus artículos referentes a la cultura.

A Fabián Vidal le molestó enterarse de algunos juicios despectivos hechos por Azaña contra él y contra el periódico, que juzgó injustos y que probablemente lo eran.

Esta actitud resultaba tanto más dolorosa cuanto que Fabián Vidal había sido el portavoz periodístico de los aliadófilos, entre los que Azaña y casi todos los intelectuales españoles figuraron sin darse punto de reposo durante toda la conflagración de 1914-1918.

Fue una prueba de talento, por parte de quienes se hicieron con el control de aquellos periódicos, dejar que Fabián Vidal siguiera dirigiendo *La Voz*, sin ponerle, al menos aparentemente, la menor pega y, probablemente, sin hacerle la menor indicación respecto a la línea editorial del periódico. Digo «probablemente» porque no me consta. Pero habiendo conocido después bien al personaje, Fabián Vidal, hombre de una austeridad como no he conocido otro y que después de haber logrado fundar en 1921 el periódico más vendido de España seguía conformándose en 1932 con ganar mil quinientas pesetas mensuales, pude comprobar que su dignidad y firmeza de convicciones eran irreductibles. Jamás habría tolerado que se le hiciera decir lo que no sentía.

Dije antes que *La Voz* estaba en decadencia, con sus trescientos mil ejemplares de tirada, y esto habrá chocado a más de un lector y, sobre todo, a más de un entendido en tiradas de periódicos.

En el Madrid de los ochocientos mil habitantes, capital de una España con mayoría analfabeta, varios periódicos alcanzaban unas tiradas mucho más copiosas que las que alcanzan hoy los de mayor circulación nacional.

La Voz, diario de la tarde —con menos suscriptores que los matutinos—, se mantuvo en continua subida desde su fundación. El día de la muerte de Pablo Iglesias (a la que siguió pocas horas después la de don Antonio Maura) alcanzó una tirada récord, sobrepasó los quinientos mil ejemplares vendidos, que ya venía rozando desde el crimen del expreso de Andalucía.

La radio, a partir de 1930, había entrado en todos los hogares y disponía de buenos medios informativos. Pero nadie perdió la costumbre de leer periódicos. A pesar de su escaso poder adquisitivo, la clase obrera era absolutamente fiel al papel impreso diario. Es cierto que por diez céntimos los periódicos —todos de formato grande— daban una gran cantidad de hojas llenas de noticias. Pero también es verdad que el jornal de un obrero especializado oscilaba entre las tres y las cinco pesetas, el de un peón solía ser de dos o dos cincuenta, en las ciudades. En el campo, muchos propietarios pensaron que venía la ruina cuando la República fijó el jornal mínimo en dos cincuenta.

Es decir, que el precio de un diario equivalía a la vigésima parte del salario mínimo, poco más o menos como ocurre hoy. Pero el trabajador de alpargata no renunciaba a la información, la distracción y la base de discusión que le proporcionaba el periódico, del mismo modo que los de hoy no renuncian al aparato de televisión, si puede ser en color, mejor que en blanco y negro.

La bajada de la venta de diarios no es un fenómeno puramente español, aunque aquí se haya dejado sentir con más fuerza. En todas partes ocurre igual salvo en Estados Unidos, donde, sin embargo, tampoco han subido en la proporción en la que ha aumentado el número de habitantes y el consumo de otros artículos mucho más caros.

En mi periódico no se notó que éramos azañistas

Habíamos quedado en que en *La Voz* se notó poco o nada el hecho de que la empresa hubiera entrado bajo control de un grupo de personas sinceramente azañistas en lo referente a orientación, aunque el principal paquete de acciones lo hubiera comprado un hombre de negocios apolítico como don Luis Miquel.

Y se notó poco porque lo que interesaba entonces a los políticos era *El Sol*, diario prestigioso, poco leído por el gran público, pero muy bien leído y muy influyente entre las gentes de alto nivel social y sobre todo intelectual y político.

El Sol había salvado el «bache» que se produjo con la marcha de sus fundadores y principales colaboradores —en especial de su agudo e inteligente director Félix Lorenzo (Heliófilo)— llamando precipitadamente a don Manuel Aznar, quien lo había dirigido anteriormente y que, a la sazón, comienzos de la primavera de 1931, se hallaba en Cuba desde hacía bastantes años dirigiendo también uno de los principales y grandes diarios que entonces tenía la isla.

Manuel Aznar aceptó y se puso en camino. Pero como entonces para venir de América había que tomar un barco, ocurrió que durante la travesía le sorprendió, como a todo el mundo, la proclamación de la República. Ya no era cosa de hacer un *Sol* monárquico o al menos no republicano porque para eso ya estaban, con su prestigio intacto e incluso acreditado, el *ABC* y *El Debate*.

Era, pues, menester hacer otra cosa y, en efecto, se hizo un periódico que quería ser independiente, pero donde la diversidad de los colaboradores, todos buenos, desorientaba un poco a su público y a veces irritaba a los políticos.

A Azaña le preocupaba *El Sol*, donde tenía muchos amigos y no pocos enemigos, aunque tratara de echar la cosa a broma. Un día le oí decir algo que no dejaba de tener gracia:

—*El Sol* ha conseguido algo que no se había visto nunca. Es el único periódico que no les gusta a sus lectores.

Era por tanto *El Sol* lo que estaba dispuesto a controlar la nueva empresa. Pero, como había venido ocurriendo desde el principio, para mantener aquella especie de periódico selecto y «señorito», hacía falta seguir sosteniendo *La Voz*, el diario popular que era el que había ganado siempre dinero. O sea, la buena mujer que trabaja, «cose para fuera», hace la compra, arregla la casa y, en fin, se mata para poder dar carrera a los hijos y para que a su marido, de mejor cuna que ella, no le falten las camisas planchadas y el traje de buen corte con que alternar con una intelectualidad que había dejado de ser bohemia hacía tiempo.

El primer día que yo entré en *La Voz*, como reportero «de calle», se había producido una buena noticia: don Ramón del Valle-Inclán acababa de ser nombrado director de la Escuela de Bellas Artes de Roma, el único cargo que a él le agradaba, el que todo el mundo venía pidiendo para él desde que dimitió ruidosamente del de conservador del Patrimonio Artístico, cuando se convenció de que, por unas cosas u otras, nunca le dejarían hacer nada de lo que él quería y creía que se podría hacer con los palacios y museos.

—Me nombraron para darme un «comedero», pensando que mientras comía me estaría callado. ¡No me conocen!

Don Ramón atravesaba entonces una difícil situación económica. Pero, por eso mismo, su dignidad se mostraba más sensible que nunca. No quería limosnas de nadie. Y menos de los que estaban muy por debajo de él en cuanto a conocimientos artísticos y categoría literaria.

Don Ramón a Roma

En cambio, en el cargo de Roma, sí creía que podría hacer algo útil. La Academia Española de Bellas Artes de aquella ciudad disponía de un presupuesto suficiente para ayudar a que allí se perfeccionaran un buen puñado de artistas jóvenes. Don Ramón pensaba ampliarlo llevando también escritores y poetas. Soñaba con una especie de resurrección renacentista, que paliara la imagen prosaica que la República tenía en el exterior. Necesitaba también ir a Roma para escribir uno de los tomos del «Ruedo Ibérico» que se desarrollaba allí. Esta vez no quería hacerlo todo a base de imaginación como había hecho con el tomo romano de las *Sonatas*, a pesar de que le salió redondo. Pero las *Sonatas* eran una cosa y el «Ruedo Ibérico» era otra muy distinta, para la que había que documentarse cumplidamente.

Don Ramón no quería, pues, un cargo para comer ni para andar en coche oficial. Siempre había comido poco —a la sazón comía menos porque estaba delicado— y todos sabíamos que lo que prefirió siempre era andar a pie, acompañado de algún amigo con quien discutir.

Sin embargo, pasaban los meses y el nombramiento de don Ramón para director de la Academia de Bellas Artes de Roma no llegaba, a pesar de las peticiones insistentes de sus amigos y admiradores que tenían alguna influencia con el Gobierno. El retraso se achacaba a que don Manuel Azaña estaba cada vez más molesto por las continuas y divertidas pullas de don Ramón.

Una tarde que un grupo de amigos fuimos a ver a Valle-Inclán a su casa de la plaza del Progreso en vista de que estaba delicado de salud y le habían prohibido salir, nos impresionó su aspecto fantasmal. Estaba envuelto en un albornoz blanco, reclinado en un canapé, y empezó a hablar como si se fuera a morir aquella tarde:

—¡Ya no salgo...! ¡Esto se acaba!

Alguien mencionó lo del nombramiento de Roma, afirmando que estaba próximo. Don Ramón se incorporó y se animó de repente:

—De eso ya no hay nada... ¡Y es lástima...! Esos zafios de republicanos perderán la única ocasión que se les presentaba de dar al mundo un espectáculo de calidad. Pero a los puercos no se les pueden brindar margaritas. Prefieren las bellotas. ¿Os imagináis lo bien que estaría mi entierro bajando por la escalinata de San Pietro in Montorio, con el féretro a hombros de los artistas jóvenes alumnos de la Academia?

Lo celebramos mucho procurando echarlo a broma y, poco a poco, en el curso de la conversación, don Ramón se fue animando cada vez más. Se sentó en el canapé. La condición era, según sus cálculos, que él se rebajara a pedírselo a Azaña.

—Ayer vino a verme el mexicano [Martín Luis de Guzmán] y se fue de aquí con las orejas como dos tomates. Figuraos que, para arreglar las cosas, lo mejor que se le ocurrió decirme es que Azaña es un gran escritor.

—¿Y usted qué le contestó?

—Pues le contesté: «¿Un escritor Azaña? Un escritor soy yo». ¿Cómo se puede llamar escritor a un hombre que se ha pasado la vida metido en una covachuela administrativa con unos manguitos negros? ¡Claro! Así le salía aquella «prosa procesal».

Alguien cometió la ligereza de decir que, para que un escritor pueda tener la tranquilidad necesaria no está mal que tenga un medio de vida, que ejerza una carrera o gane unas oposiciones. Había y sigue habiendo miles de ejemplos. Huysmans estaba empleado en la Prefectura de París y el original de *Là-bas* lo escribió en papel oficial de barba.

—Esas cosas también me las dijo ayer el mexicano. Pero a mí eso no me convence. Un escritor no tiene por qué ganarse la vida tramitando expedientes de últimas voluntades, como Azaña. La obligación del verdadero escritor, si no logra vender sus libros, porque sean malos o demasiado buenos, es morirse de hambre y matar de hambre a su familia. ¡Así mismo se lo dije al mexicano!

Fue precisamente el mexicano quien, pocos días después, siendo consejero delegado de *El Sol* y *La Voz* me dio muy contento la noticia de que don Ramón (sin tener que rebajarse a ir a ver a Azaña) había sido nombrado para el cargo de Roma.

—Ahí tiene usted un buen reportaje para empezar su tarea en el periódico. Propóngaselo al director y estoy seguro de que no le pondrá ningún inconveniente.

—¿Esto significa que por fin ha habido un arreglo entre don Ramón y don Manuel?

—Don Ramón no necesita arreglarse con nadie para obtener lo que se merece. Vaya usted a verle. Probablemente seguirá hablando mal de Azaña, del Gobierno y hasta de la República. Está en su derecho. Él tiene derecho a todo. Tampoco querría que usted se sintiese condicionada por el hecho de que yo esté en este despacho. *La Voz* seguirá siendo el mismo periódico que ha sido siempre. Nada cambiará.

Era una prueba de inteligencia. Martín Luis de Guzmán era hombre agudo. Sabía que el gubernamentalismo no es nunca negocio para un periódico. Con que *El Sol* se volviera azañista ya era bastante. Era un periódico que, como había dicho muy bien el propio Azaña, «no gustaba a sus lectores», pero no por eso dejaban de leerlo, porque había que saber lo que decía. En cambio, *La Voz* no podía permitirse perder un solo lector más. Había que procurar que fuera de nuevo hacia arriba y que ganara los que había perdido. No por desafecto del público sino por que la cantidad de sucesos políticos, de desórdenes públicos y otras cosas del mismo género obligaban a deshacer muchos días aquella primera plana que a la gente le gustaba tanto. Consistía aquella página en dos artículos de colaboración, a ambos lados. Uno solía estar firmado por un intelectual de talla. El otro, por un escritor o novelista menos importante, pero de los que tenían mucho público. En medio, la foto de una mujer guapa y bien hecha —a ser posible en traje de baño—, y en la parte inferior, el célebre chiste de Manolo Tovar, sin olvidar algunas noticias elegidas entre las más divertidas o, simplemente, curiosas que se hubieran producido la víspera en el mundo.

Naturalmente, si en el Congreso se había armado un escándalo, si se había producido una crisis, si en Castilblanco habían sido asesinados cuatro guardias civiles o en Arnedo habían caído seis obreros. Si estallaba una huelga revolucionaria o se proclamaba el comunismo libertario en alguna parte, aquella famosa primera plana había que desmontarla. Se imponía el titular negro a ocho columnas y el lector o la lectora —se decía que *La Voz* era el diario de las porteras, lo cual para mí decía mucho en favor de las porteras y del periódico— se desanimaba, se ponía de mal humor pensando que ya no iba a encontrar los sucesos de siempre, los crímenes pasionales, el desenvolvimiento y desenlace de algún misterio como el de las niñas desaparecidas de la calle de Hilarión Eslava, las secciones taurinas o deportivas, que eran muy buenas, y la de espectáculos, que era excelente.

Yo entré con gran ilusión en aquel periódico, que leía desde niña porque juntamente con el *ABC* era el más difundido en mi pueblo. En muchas casas recibíamos los dos, y como tenían que hacer un recorrido no muy largo pero sí engorroso entonces —combinación de tren con auto de línea desde Talavera o Ávila—, los leíamos al revés que en Madrid: *La Voz* por la mañana y el *ABC* a última hora de la tarde.

Me ilusionó también que la primera tarea que me señalaran fuera ir a hablar con Valle-Inclán, al que trataba mucho y creo que me tenía afecto.

Pero, ¡ay...!, la dificultad fue enorme. Don Ramón había sido trasladado unos días antes a un sanatorio de la avenida de la Reina Victoria para someterse a un tratamiento. Por esa circunstancia tenía la seguridad de encontrarle y prometí al director que dos horas después estaría de vuelta con las notas tornadas. Normalmente, la cosa me habría resultado difícil. Don Ramón se sentía peripatético o deambulador, sobre todo por las mañanas y por las noches. Era, pues, difícil encontrarle en un sitio fijo a una hora fija. Pero, estando encerrado en un sanatorio, yo pensaba que no habría ningún problema.

Sin embargo, don Ramón no estaba.

—¿Es que ya le han dado de alta? —pregunté.

—No. Lo que pasa es que no hay quien le sujete aquí por las mañanas. En cuanto el médico le hace la visita, se larga al café o de paseo. El reposo lo hace por las tardes.

—Pero cuando él nunca faltaba al café era precisamente después de comer...

—Es que, como está en tratamiento, ha cambiado las costumbres. Por las mañanas hace la tertulia fuera y por las tardes se queda aquí y vienen sus amigos a tomar el café en su cuarto. Lo ponen todo perdido de humo. Si usted conoce a don Ramón ya sabe que con él no hay normas que valgan. Hace lo que le da la gana y nos tiene a todos metidos en el bolsillo. No sé por qué tiene esa fama de terrible. Por aquí no ha pasado nunca un enfermo tan amable, tan simpático y tan ocurrente. Ahora, eso sí, hay que dejarle hacer lo que quiera.

Había, pues, que echarse a buscar a don Ramón por todos los sitios que frecuentaba por las mañanas. Primero, al Ateneo. Allí había estado, pero se acababa de marchar. Después, a la Granja el Henar. Tampoco estaba.

—Ya sabe usted que antes venía por las tardes. Pero ahora la tertulia se ha trasladado al sanatorio.

Recorrí la Carrera de San Jerónimo, la calle de Sevilla y algunas otras por donde solía encontrarle paseando con Unamuno. Tampoco. Entonces decidí ir a su casa. Su hija Mariquiña, a quien yo quería y sigo queriendo mucho, como a todos los chiquillos de Valle-Inclán, que eran encantadores, me dijo que habían ido ya varios periodistas preguntando.

—Creo que los ha citado a todos a las cuatro en el sanatorio.

—Sí, pero yo tengo que verle antes. En el periódico me exigen que tenga lista la interviú lo más tarde a las dos.

—¡Pues invéntatela...!

Mariquiña Valle-Inclán tendría entonces doce o trece años. Era y sigue siendo lista como un rayo, simpatiquísima. La verdad es que los cuatro hijos pequeños de Valle-Inclán que vivían con él —la mayor estaba casada y vivía en Galicia— parecían sus nietos y era un encanto verlos porque cada uno tenía su personalidad propia y bien definida. Carlos, el mayor, era simpático como los otros, pero siempre arregladito y repeinado, parecía el más formal, el antibohemio de la familia. No se le conoció ninguna extravagancia hasta que fue a estudiar Medicina a Salamanca

—entonces el bachillerato era más corto y las carreras se empezaban en la adolescencia— y escribió a su padre diciéndole que si le dejaba ser torero. Don Ramón, al que gustaba mucho contar las originalidades de sus chiquillos, nos dijo que le había contestado inmediatamente diciéndole: «Por mí, no hay inconveniente. Te dejo ser torero. Pero me temo que los que no te van a dejar serán los toros».

Jaime, más pequeño que Mariquiña, se consideraba escritor. María Antonia, la más niña, era la más seria. A veces se quedaba pensativa, como atormentada. Un día, al salir de uno de sus ensimismamientos, dijo:

—Comprendo que es una desgracia, pero no lo puedo remediar. ¡Soy azañista!

Para animarme a que inventara la interviú que tenía que hacer a su padre, después de que tratamos de localizarle inútilmente por teléfono, Mariquiña me puso un ejemplo:

—Fíjate, mi hermano Jaime, con sólo siete años, ya tiene escrito el guion de sus memorias. Para ti, que tanto has oído hablar a don Ramón [todos los hijos de Valle-Inclán llamaban siempre don Ramón a su padre], la cosa no puede ser más fácil.

No tenía más remedio que hacerlo. Todo menos volver al periódico diciendo que había fracasado, justo el día que empezaba a trabajar allí. Si esperaba a verle en el sanatorio a las cuatro de la tarde, tendría que dejar la cosa para el día siguiente y ya habrían publicado lo mismo todos los periódicos de la mañana.

Me fui, pues, a la Redacción, me puse a la máquina, escribí como si fueran contestaciones a mis preguntas muchas de las cosas que le había oído a don Ramón sobre la Academia de Bellas Artes de Roma —incluso lo bonito que estaría su entierro bajando por aquellas escalinatas—

y se lo di al director. Fabián Vidal lo leyó y, como tal vez le pareció que el final quedaba un poco frío, añadió de su puño y letra: «Y no nos dijo más don Ramón del Valle-Inclán».

Evité decirle que don Ramón no me había dicho nada porque ni siquiera le había visto y, sin tiempo siquiera para ir a comer a casa, me marché al sanatorio a fin de llegar antes que los otros periodistas y poder contarle a don Ramón la libertad que me había tomado.

Encontré la habitación llena de amigos que habían corrido a felicitarle. Nunca se había visto la habitación de una clínica tan llena de gente y de humo. Don Ramón estaba en el uso de la palabra, enzarzado en una larga digresión sobre no sé qué cosas. Yo estaba volada. Por fin, aprovechando que en el cuarto entró más gente, pude hacer un aparte y le dije por lo bajo:

—Don Ramón, estoy apuradísima. Hoy precisamente he entrado a trabajar en *La Voz* y me encargaron esta mañana que hablara con usted. No pude encontrarle por ninguna parte. Como hubiera sido horrible fracasar en lo primero que me mandaba un director al que acababa de conocer, no he tenido más remedio que hacer la interviú de memoria. Quiero decir que he puesto las cosas que le había oído a usted otras veces. Yo sé que eso no se debe hacer, pero no me quedaba otro remedio. No podía esperar a esta reunión que va usted a tener con la prensa. Hacia las cinco saldrán las ediciones de provincias de mi periódico. Se lo aviso para que no se sorprenda y me perdone el abuso de confianza.

Don Ramón sonrió sin contestar y me señaló un sitio para que me sentara. Yo estaba volada y avergonzada. La situación se agravó cuando fueron llegando los compañeros y los fotógrafos. El humo del magnesio enrareció todavía más la atmósfera creada por el humo del tabaco en aquel recinto pretendidamente aséptico. Antes de que le hiciera ninguna pregunta, don Ramón, en uno de esos gestos de gran señor que eran tan característicos suyos, empezó diciendo:

—Les agradezco que se hayan molestado en venir a este lugar tan incómodo y tan malsano. Supongo el motivo. Así pues, como ya dije esta mañana a su compañera la señorita Carabias, que no sé cómo demonios se las arregló para dar conmigo, antes de enterarse de que yo los iba a citar a todos ustedes juntos, este cargo de Roma, en el que puede que pase el tiempo que me queda de vida aunque tampoco está descartado que lo deje a los tres días, etc.

La verdad era que yo no esperaba tanto. No sólo me perdonaba el haberle hecho una interviú sin enterarse, sino que me dejaba bien con los otros compañeros, a quienes no habría gustado que yo me adelantase intencionadamente a la hora de la cita conjunta para darles lo que entonces llamábamos «el pisotón».

Allí no se hacía azañismo

Durante los años que estuve en *La Voz*, allí nunca se hizo azañismo. Únicamente se notó la influencia de los amigos del presidente en que de vez en cuando publicaba algún artículo, estrictamente literario, el poeta Juan José Domenchina, secretario particular de Azaña (que no era político profesional ni tenía la menor ambición de esa clase), y en que de pronto aparecían también unos artículos muy graciosos, sumamente mordaces, contra la derecha firmados por un Curioso Impertinente, que intrigaban a todo el mundo porque no había medio de averiguar quién los escribía. Se los achacaban a distintas personas, incluso al propio Azaña. En un momento yo casi lo creí, porque sabía, desde antes de la República, que tenía bastante talento y disposición como panfletario o libelista. Pero sólo cuando estaba de muy buen humor y le sobraba el tiempo había ensayado alguna vez ese género.

Por fin, a fuerza de atar cabos sueltos, llegué a la conclusión de que el Curioso Impertinente era Cipriano Rivas Cherif. Pero éste me rogó que no revelara el secreto a nadie y menos que a nadie, al director del periódico. Así lo hice. No sólo porque un amigo me lo había pedido, sino porque sabía que la intriga sobre quién era aquel articulista descarado y gracioso significaba un aliciente más para su lectura. Estando seguros de que el autor era el cuñado de Azaña, a muchos les habría dejado de interesar. Al mismo tiempo, el propio «impertinente» se habría sentido coartado y hubiera perdido gracia y espontaneidad al saberse descubierto.

XV

EL TROPEZÓN

Si 1931 y 1932 fueron los años triunfales de don Manuel Azaña —los de su revelación y sus grandes triunfos parlamentarios—, puede decirse que, desde el comienzo de 1933, sus días buenos fueron contadísimos y sus días malos, innumerables.

El asunto de Casas Viejas, que no me propongo contar de nuevo porque ya ha sido contado infinitas veces —sin que nunca se haya sabido ni se sabrá toda la verdad sobre tan desdichado episodio—, le entristeció mucho.

Creo que con quien primero se entristeció fue consigo mismo, aunque no lo haya confesado nunca, ni siquiera en sus memorias. Más que la intriga que se montó contra él, más que los fallos del Ministerio de la Gobernación, lo que se veía que le pesaba, que le apesadumbraba mejor dicho, eran aquellas palabras que pronunció en el Congreso, cuando se produjo la primera escaramuza: «En Casas Viejas no ha pasado más que lo que tenía que pasar».

Que un jefe del Gobierno, tratándose de una atroz refriega entre la Fuerza Pública y un grupo de revoltosos armados y disparando contra ella, se ponga del lado de la Fuerza Pública, aun en el supuesto de que ésta se hubiera extralimitado en la represión, es cosa que ha ocurrido muchas veces en la historia de los gobiernos, de los levantamientos y de las represiones.

Si el Parlamento de entonces hubiera funcionado como el de ahora y como funcionan otros europeos —la Asamblea Nacional francesa, por ejemplo—, es decir, que las preguntas, las interpelaciones y los debates se preparan con anticipación, y tienen lugar generalmente cuando el asunto que los provoca ya se ha «enfriado» e incluso ha pasado a segundo plano de la actualidad, dando así tiempo a que el ministro responsable de lo que sea o el jefe del Gobierno hayan podido estudiarlo y lleven bien preparadas sus respuestas, es muy posible, casi seguro, que Azaña no hubiera empezado a tambalearse cuando empezó e incluso que se hubiera sostenido mucho más tiempo en el Gobierno.

También es posible que si Manuel Azaña hubiera sido tan soberbio como les parecía no sólo a sus enemigos sino a algunos de sus partidarios, tampoco habría ocurrido todo lo que ocurrió, ni él habría sufrido todo lo que sufrió durante aquella primavera de 1933. Al hombre que no es más que soberbio lo único que le importa es aparentar que se mantiene siempre en sus trece, aunque haya bajado a un siete o a un seis. Un hombre que no es más que soberbio se las arregla para dar la vuelta a las situaciones de forma que él quede siempre encima —o para que los demás crean que está encima—, sin importarle en absoluto desviar las culpas hacia los que están en peor situación.

Lo que pasa es que muchas veces se toma por soberbia lo que es orgullo. Orgulloso sí lo era don Manuel Azaña. Pero su orgullo era de los que empiezan por sí mismo, es decir, por exigirse igual respeto que exigía que le tuvieran los demás por creerlo merecido.

Tanto en los cortos años de sus triunfos, de su primera caída, de su estrepitosa y multitudinaria «resurrección» como desde que, pasados los años de desprestigio y olvido, ha reaparecido de nuevo como figura histórica, se han alabado sus aptitudes y su temperamento de gran político.

Sin embargo, creo que le faltaban muchas cualidades y también muchos defectos para ser un político completo. Empezando por la suerte que dejó de acompañarle desde que se quedó sin madre a los ocho años.

El único gran golpe de suerte fue su matrimonio. Pero, además de que la alegría de poder compartir con su mujer una vida realmente agradable, en paz y sin grandes sobresaltos, le duró muy poco —un año o cosa así—, y de que en la brillante situación posterior, que también le alegraba por ella, hubo más contratiempos que alegrías completas, también esos años fueron muy escasos. Ninguna de las satisfacciones que hubiera podido ofrecerle a su mujer era comparable con la atrocidad que supusieron los años de su calvario, que comenzó con la guerra y que fue haciéndose cada vez más atroz, casi miserable a fuerza de cruel y doloroso.

Lo que le faltaba

Para ser un político completo, a Manuel Azaña le sobraba orgullo —dicho sea en el sentido de amor propio, que es, creo yo, el verdadero— y le faltaba habilidad. Quiero decir, capacidad de adaptación a las circunstancias. Un hombre que no es capaz de llamar blanco a lo que le parece negro; que para convencer a los demás tiene que estar convencido él mismo de antemano; que no puede disimular su desprecio por quienes, según él, lo merecen; que no se da cuenta o no quiere dársela de que «no hay enemigo pequeño», y de que la maldad de los majaderos es mucho más temible que la de los talentudos porque, entre otras cosas, es menos consciente... Un hombre así, por poderosas que sean sus otras dotes, tiene por fuerza que sufrir en la lucha política grandes y a veces irreparables tropiezos.

Por si todo esto fuera poco, Azaña era incapaz de ponerse nunca a mal consigo mismo haciendo algo que le pareciera injusto o reprobable. Digo «que le pareciera» y no «que lo fuera», porque no siempre fue justo con quienes lo merecían y, en cambio, se le conocieron preferencias que, a todas luces, resultaban inexplicables.

Manuel Azaña solía equivocarse poco en la valoración intelectual de sus conocidos. Pero en su afecto y sus simpatías —yo diría que incluso en sus debilidades— muchas veces se equivocó.

Su negativa rotunda a sacrificar a alguien en quien él tuviera puesta su confianza —aunque de ese sacrificio dependiera su propia estabilidad— puede ser una gran virtud humana. Pero no es una buena cualidad política.

Es indudable que en el asunto de Casas Viejas estuvo en un principio mal informado. Pero también es verdad que tendría que haber sido no sólo un hombre de talento, sino un adivino o un profeta, un ser, en fin, con dotes sobrenaturales, para figurarse que aquella madeja podría enredarse de la forma que se enredó.

¿Cómo iba a imaginar Azaña que quienes acusaban al Gobierno de debilidad frente a los desmanes del anarquismo furioso se unirían en el ataque a los extremistas de izquierda que le acusaban de sanguinario? ¿Cómo pensar que alguien daría crédito a las supuestas órdenes como la de «tiros a la barriga»? Cualquiera que conociera a Azaña no podía creerle autor de una expresión que, además de una crueldad, era una ordinariez. Esto sin contar con que sólo en cabezas calenturientas podía caber la especie de que un jefe del Gobierno diera órdenes directas a los encargados de la liquidación de un foco de rebeldía, habiendo tantos escalones jerárquicos intermedios.

Al correr de los días, las cosas se iban complicando. «Que Fulano le dijo a Mengano...» «Que se ha descubierto que Zutano quiso ocultar a sus superiores lo que había pasado.» «Que quien dijo *digo* el día que usted le interrogó ha dicho *Diego* nada más salir de su despacho.» Se nombró una comisión de encuesta parlamentaria que, después de visitar el lugar de los sucesos, elaboró uno de esos informes que no valen para nada cuando un lío gordo está ya armado y de lo que se trata es de derribar a un Gobierno al que se ve tambalearse.

Muchos creían de buena fe que lo que tenía que haber hecho Azaña era sacrificar al ministro de la Gobernación, Casares Quiroga. Con eso y con el encarcelamiento del director general de Seguridad, Arturo Menéndez —una medida judicial que sorprendió al propio Gobierno y de la que tampoco se sacó nada en limpio, puesto que no se pudo probar ninguna de las acusaciones— ya podía el jefe del Gobierno cortar de raíz la campaña que había tomado proporciones desmesuradas.

Pero Azaña no era hombre que sacrificase a nadie por quedar bien él. Dejar que el ministro con el que estaba más compenetrado personalmente, que había aceptado un cargo tan ingrato por lealtad hacia él, tuviera que irse a su casa inutilizado para siempre y, encima, con el sambenito de sanguinario colocado en lugar bien visible, era cosa que Azaña no era capaz de hacer, pasara lo que pasara.

Un rato de tertulia y un cigarrillo

—En política, cuando no hay más remedio que sacrificar a alguien, se le da un cargo mejor que el que tenía antes y ¡en paz! Todo el mundo sale ganando, y, en primer lugar, el sacrificado. Así se ha hecho toda la vida.

El que hablaba, un amigo de Azaña que figuraba entre los de su mayor confianza, trajo la frase por los pelos, dando la impresión de que hablaba en términos generales y no refiriéndose en concreto al tema de Casas Viejas, que, precisamente por aquellos días, estaba relativamente calmado. Don Manuel, que llevaba bastante tiempo sin sentarse ni en el bar del Congreso ni en el Salón de Conferencias con los pocos que no le molestábamos haciéndole preguntas, se limitó a decir:

—¡Vaya por Dios...! Y yo que me había sentado un momento con ustedes para no oír hablar de política... Si el «profesor» sigue dando lecciones, me voy.

—No se marche, don Manuel, ¿dónde va usted a estar mejor? ¿No le gusta, aunque sea durante diez minutos, hacerse la ilusión de que está en la tertulia del café o del Ateneo, como hace dos años y medio? —le preguntó el periodista Vicente Sánchez-Ocaña.

—Lo malo es que en aquellas tertulias, aparte de algunos chismes divertidos, de lo que más hablábamos era de la forma de derribar el Gobierno. Aquí eso nos está prohibido. Mejor dicho, ustedes que son muy amables conmigo se lo vedan. Pero, por mí, ¡no se priven!

Manuel Chaves Nogales, director del diario *Ahora*, que era uno de los cuatro o cinco que estábamos sentados con don Manuel, hombre que rebosaba optimismo e ingenio, y que a Azaña le caía muy bien, intervino:

—A mí tampoco me gusta hablar con usted de política, entre otras cosas porque lo que le oigo no lo puedo utilizar. Pero aquí su amigo me va a permitir darle la razón, ampliada. No sólo es en política donde cuando uno fracasa en un cargo se le da otro mejor. Muchos de los personajes que circulan por estas salas dándose importancia lo que son nos lo deben a unos redactores-jefes intratables como Ocaña y como yo. ¡Nos duelen los brazos de echarles artículos al cesto! Si lo que escribían hubiera sido publicable, seguirían en los periódicos... ¡jorobados como estamos nosotros!

Don Manuel escuchaba con poca atención. Se animó, sin embargo, cuando me vio a mí abrir el bolso. De pronto me dijo con el aire de quien pide la luna:

—¿Me da usted un cigarrillo de esos que lleva ahí?

—¡No faltaba más...! Aquí tiene —dije, alargándole el paquete.

—Es que todos los que andan a mi alrededor fuman unos «negros» imposibles. O habanos, que hacen más importante. A mí los que me gustan son éstos, los finos.

Sacó el cigarrillo del paquete y enseguida alguien se apresuró a ofrecerle fuego.

—No, gracias... déjenme. No me quiten el placer de encenderlo yo mismo. Y más ahora que tiene uno los placeres tan contados. Yo disfruto incluso dando esos golpecitos, con una de las puntas en el dorso de la otra mano, como hacen los galanes americanos en las películas.

Hizo todos aquellos gestos, los golpecitos, el encendido, la primera chupada, poniendo una cara de pascuas como no se la veíamos desde antes de lo de Casas Viejas.

—A usted lo que le pasa, don Manuel —le dije—, es que le han prohibido fumar...

—¿Y usted qué sabe? —dijo, fingiendo impertinencia.

—Es facilísimo. Si no fuera así, llevaría tabaco del que le gusta y no habría tenido que pedírmelo después de mirar mi bolso con tanta codicia. Pues le advierto, si es que lo tiene prohibido, que el tabaco rubio es más perjudicial que el negro.

En ese momento y cuando iba por la tercera chupada, tuvo un leve conato de tos.

—¿No le dije? Con el negro no le habría pasado eso.

—¡Caramba...! ¡Cómo entiende usted de humos! Cualquiera diría que ha estudiado en La Marañosa.

La Marañosa era un campo no sé si de tiro o de qué experiencias militares, donde el Ministerio de Guerra tenía instalados los laboratorios y fábrica de gases. Entonces, el mundo estaba convencido de que la próxima guerra sería una guerra química y, aunque la República pensaba seguir siendo neutral en caso de conflicto europeo, el Ejército, como era lógico, tenía que estar dispuesto, dentro de sus escasos medios, para hacer frente a cualquier eventualidad.

«Pensarán que estoy haciendo revelaciones»

Tuvimos que disolver la tertulia porque desde todas las mesas, que se habían ido animando, nos miraban, especialmente los otros compañeros nuestros, tan acostumbrados a que Azaña no les hiciera caso, lo cual era sin duda una mala táctica política que pagó después muy cara. Claro que él no lo hacía por táctica sino porque estaba convencido de que la mejor manera de que sus palabras no fueran mal interpretadas era no pronunciarlas.

—Ya no se acercan a hacerme preguntas. Saben que no contesto.

Ninguno de nosotros sonrió ni aprobó. Azaña se dio cuenta y siguió con sus bromas:

—Pensarán que les estoy haciendo a ustedes revelaciones sensacionalísimas.

—O que yo le estoy «sacando» a usted el Gobierno Civil de Sevilla, que es un cargo que me encantaría que me diera —dijo Chaves Nogales, que era sevillano.

—Eso lo dirá usted en broma.

—No, don Manuel, lo digo en serio. Siempre he soñado que lo sería...

—Pues eso, tal como están las cosas ahora, no es un sueño. Es una pesadilla. Además, tendría usted que empezar por ser gobernador de Cuenca y después de Murcia... Yo no me ocupo de esas cosas, pero creo que en Gobernación llevan unos escalafones muy rigurosos. ¡Así anda todo! Donde no tienen que padecer los horrores de los escalafones, ¡se los inventan!

Los de alrededor seguían mirándonos, cada vez más intrigados. Gabriel Franco, joven y brillante catedrático de Economía, diputado por León, que pertenecía al partido de Azaña —le tenía en reserva para ministro de Hacienda cuando fuera un poco menos joven—, que hablaba siempre lentamente y en tono socarrón, dijo muy divertido ante la curiosidad que nos rodeaba:

—Si supieran que ha venido usted a sentarse con nosotros, sólo por pedirle un cigarrillo a Pepita...

—¡Por favor!, eso no se lo digan a nadie. Entraría en el repertorio de esas noticias «cariñosamente anecdóticas», que son las que más me estremecen.

—Yo le ofrecería otro «para luego», don Manuel... Pero si es que se lo han prohibido... En fin, usted verá... ¡Como si quiere el paquete entero! Los Lucky de contrabando, quiero decir, los decomisados a los contrabandistas, no cuestan más que seis reales en la tabacalera de la calle de Alcalá.

—Ya ve... Eso para que digan que en este país no se puede vivir. Los vicios están baratos.

Salió disparado hacia el Despacho de Ministros de donde habían venido a llamarle con urgencia.

Pocos días después, lo de Casas Viejas volvió a cobrar virulencia. Una tarde, me estuve fijando en la cara de asqueado aburrimiento que se le podía observar bien desde la tribuna de prensa. Uno de esos rayos del último sol de la tarde que entran por la claraboya le daba de lleno en la poderosa cabeza que, por momentos, parecía la de un mártir decapitado. Oía los gritos y los discursos como si el vocerío no fuera con él.

Se notaba que en aquellos momentos estaba recordando y admirando a don Estanislao Figueras más que nunca.

Apenas le vi en los meses que siguieron, hasta que una tarde, ya declinando el verano, le oí pronunciar un breve discurso. A lo de Casas Viejas, que seguía coleando, se habían acumulado otros contratiempos, como la aprobación de las leyes complementarias de la Constitución. De algunas de ellas, en especial la de las Congregaciones Religiosas, se decía que el presidente de la República le pondría el veto.

No recuerdo de lo que trataba aquella tarde, pero no sé si por desgana suya o porque entre los diputados de la propia mayoría había perdido fuerza, la cuestión fue que no me pareció el mismo.

Se explicaba como siempre, con claridad y elocuencia pero sin brío, como con desgana, como si la cosa no fuera con él.

Solamente había habido en aquellas Cortes —al menos vistas desde la distancia a que las vemos ahora— dos oradores que solían llenar el hemiciclo. El uno era Azaña y el otro José María Gil Robles, cuya voz poderosa y su gran ímpetu juvenil resultaban temibles. Portavoz de una gran masa de españoles —toda la derecha que se le entregó entusiasmada porque no acababa de creer que entre una masa tan hundida, como estuvo al principio, hubiera podido salir un líder con tanta clase—, su respaldo parlamentario era, sin embargo, muy escaso todavía en aquellas Cortes.

Además, la distancia ideológica que separaba a Gil Robles de Azaña era tan grande, tan profunda, que, puestos a medir ambos su talento político por medio de la oratoria, el resultado nunca recordó a las antiguas polémicas parlamentarias, en las que unos argumentos eran rebatidos por otros contrarios pero del mismo género.

Todo acababa, pues, derivando hacia el humor sarcástico por parte de Azaña, jaleado estruendosamente en las filas de la mayoría, que aun sin los radicales de Lerroux todavía era grande, mientras que Gil Robles, más joven, más impetuoso, acentuaba su agresividad. Entonces, sus entusiastas, aunque eran pocos, gritaban mucho. Esto irritaba a los contrarios, que gritaban también, más que contra el que hablaba, contra sus partidarios. Así, lo que empezaba como un duelo entre líderes de distintas ideas solía terminar en broncas de hinchas como en el fútbol.

Otro hombre que daba la talla de parlamentario era Miguel Maura. A éste, además de la voz, le acompañaba el garbo y la figura. Sin embargo, no encontró nunca su oportunidad verdadera. Tuvo mala suerte cuando fue ministro de la Gobernación, durante seis meses en los que le fue preciso afrontar unas huelgas incluso de servicios públicos verdaderamente atroces y, sobre todo, el terrible episodio de la quema de iglesias y conventos.

Para los republicanos, Maura resultaba demasiado conservador y sobre todo demasiado católico. Para los monárquicos, un renegado. No creían que fuera verdaderamente católico un ministro de la Gobernación que se había dejado quemar tantos edificios sagrados.

¡Hacía falta tener mala memoria! No era ni mucho menos la primera vez que en España las turbas realizaban atrocidades de esa clase. En Málaga habían ardido más de una vez los pasos de la Semana Santa desde principios de siglo. En Barcelona, durante la Semana Trágica de 1909, se habían cometido toda clase de enormidades de ese género. En todas las ocasiones en las que tales excesos se cometieron, la gente de orden y creencias reaccionaba, como era natural, contra los autores de los hechos. Pero nunca se le había ocurrido a nadie poner en duda la sinceridad de las creencias de los gobernantes.

Ni siquiera cuando Maura se marchó del Gobierno, no sólo por solidaridad con Alcalá Zamora, sino porque él mismo estaba en desacuerdo con el artículo 26 de la Constitución, dejaron de atacarle. Si era menester aceptar a algún republicano, las derechas preferían con mucho a Lerroux, a pesar de su historia de agitador antirreligioso.

En buena lógica esto no tenía explicación posible. Pero ya se sabe que la lógica y la política no siempre marchan de acuerdo, del mismo modo que tampoco estuvieron nunca identificados la lógica y el Derecho Civil. Tampoco era lógico que un liberal como Azaña, aun apreciando algunas de las dotes de Miguel Maura, desdeñase la colaboración del hombre que se ofreció noblemente a prestarle su ayuda cuando se vio en trances graves.

La fealdad como arma política

Las malas lenguas decían que el desdén de Azaña por Miguel Maura era porque a los hombres feos siempre les parecen insufribles los que tienen una planta como la que Miguel Maura sabía lucir tan gallardamente. En efecto, cuando se levantaba a hablar en el Congreso, y se abrochaba con tanto salero los botones de aquellas americanas de tan impecable corte, cruzadas sobre un talle cimbreante, las señoras de las tribunas de invitados echaban medio cuerpo fuera de la barandilla. Entonces, a la inmensa mayoría de los hombres que pasaban de los cuarenta años —Maura tendría cuarenta y cinco—, la cintura les hacía una curva, aunque fuese ligera, hacia fuera. Maura, sin ser un hombre flaco, tenía la curva que empieza en el estómago hacia dentro.

Por supuesto que todo lo referente a los celos de Azaña respecto a la buena planta y al atractivo personal de Miguel Maura eran bromas. En primer lugar, porque entonces la belleza o el atractivo físico de los políticos no tenía la importancia que se le da ahora. No había televisión.

A Azaña no parecía preocuparle demasiado su físico. De no ser así, siendo como era un muchacho corriente, más bien guapete, a los veinte años —si juzgamos por las fotografías de esa época— habría procurado no engordar, que fue lo que más desfiguró su cara, carrilluda en exceso. Habría procurado también poner a todo el mundo la cara que ponía a los amigos, a los niños, a su mujer. Una cara que se parecía muy poco a la que se le veía cuando se mostraba seco, hosco, antipático...

Los caricaturistas eran despiadados con él. Los fotógrafos también solían pescarle en los peores momentos. Claro que hubo épocas en las que los peores momentos eran todos. Además, no era fotogénico. Quiero decir que al natural de cerca y pillándole en un rato de distensión y agrado, parecía diez años más joven y mucho menos feo que en las fotos de los periódicos.

Aunque toda su vida le hubiera tenido sin cuidado la apariencia física, hubo momentos en los que, aun tomándolo a broma, llegó a molestarle.

—Soy el primer hombre en la Historia —nos dijo un día riendo— contra el que se maneja la fealdad como arma política. Hace poco tiempo, una señora desconocida se acercó a mí y me llamó «¡Feo!». Lo normal, teniendo esa oportunidad, era que me hubiera llamado alguna cosa peor.

No era el mismo

La última vez que oí hablar a Azaña en aquellas Cortes, elegidas en 1931 y que duraron hasta casi finales de 1933 —dos años y medio—, me di cuenta de que entre lo de Casas Viejas y algunos otros contratiempos había perdido mucho prestigio entre su propia mayoría y, sobre todo, aquella especie de respeto rencoroso que en otros tiempos imponía incluso a sus enemigos cuando hablaba.

Le interrumpían con frecuencia y había momentos en los que le costaba trabajo hacerse oír. ¡Qué lejos parecía ya aquel tiempo en el que mientras él hablaba, el silencio era absoluto! Oyéndole, ahora entre murmullos, perder su habitual seguridad y hasta equivocarse o al menos rozar una palabra, cosa que no le había ocurrido nunca, comprendí que su caída estaba muy próxima.

Se le veía harto hasta no poder más. Harto de la política. Harto de las acometidas de sus enemigos y de los consejos maniobreros de aquellos en quienes se apoyaba. Harto de los socialistas, que empezaban a dividirse —en sentido distinto a como se dividieron después, pero división al fin y al cabo— y hacían la vida dura a los tres ministros que tenían en el Gobierno. Harto de los radicales socialistas, que ya estaban divididos. Harto de su propio partido, que no acababa de hacerse un partido poderoso ni coherente, tal vez porque él entendía que desde el Gobierno no debía servir intereses partidistas. Todos los que lo formaban eran amigos suyos, incondicionales en lo personal, pero no enteramente de acuerdo en los métodos de gobierno.

Él había dicho: «Yo, en política, no tengo amigos». Esto era verdad al menos en lo referente a sus amigos políticos. Apenas había uno de su partido en el Gobierno. En cambio, había dado pruebas de amistad, que llegaban hasta el sacrificio heroico —al suicidio político, decían los maldicientes— por sostener y defender en todo momento a su ministro de la Gobernación, Casares Quiroga, que no era de su partido, pero por el que sentía una inclinación amistosa, una simpatía que no le inspiraba ningún otro de sus ministros.

XVI

LA PRIMERA CAÍDA

Un jefe de Gobierno que cuenta con mayoría parlamentaria no está de ningún modo obligado a dimitir. Pero cuando a la oposición se la oye más que a la mayoría, cuando el país se encuentra desorientado y temeroso, cuando el jefe del Estado no se lleva bien con el del Gobierno ni está contento de cómo van las cosas, cuando el jefe del Gobierno está cansado de ganar batallas parlamentarias que no le sirven para nada puesto que, al día siguiente, no hay más remedio que librar otra, lo más natural es que ese jefe del Gobierno, sobre todo si es un intelectual —los intelectuales en política son siempre peligrosos para sí mismos y para la causa que defienden, puesto que el intelectual sufre a veces el tormento de la duda, mientras que el político puro siempre se siente seguro de sí mismo o al menos de que los demás se lo creen—, no tiene nada de particular que un día cualquiera, el jefe del Gobierno se harte y decida dimitir.

Azaña estaba cansado. Se le notaba desde hacía tiempo. Lo de Casas Viejas había sido un asunto feo, desagradable. Toda la oposición —desde la extrema derecha hasta la extrema izquierda— lo había aprovechado a fondo. Los mismos que pedían al Gobierno «mano dura» contra la subversión y los desmanes que cometían a diario los campesinos sin jornal y sin pan, gritaban «¡Casas Viejas!, ¡Casas Viejas!», incluso sin estar bien enterados del origen, desarrollo y complejidad de tan feo y oscuro asunto.

Por otra parte, los socialistas, que eran la verdadera base de la mayoría sobre la que sustentaba el Gobierno Azaña, estaban tan descontentos de tener tres ministros en el Gobierno como lo estaba una parte muy numerosa del país y sobre todo muy influyente, que tampoco quería ver ministros socialistas en el Banco Azul.

Todavía no se había acuñado la frase tan verdadera, según la cual «a los partidos socialistas el poder los desgasta, pero la colaboración en los gobiernos burgueses los destroza». No se había acuñado, digo, porque aún no se habían destrozado por ese sistema de la colaboración, unos partidos socialistas tan fuertes como lo fuera el francés —rehecho al cabo de muchos años por Mitterrand, con grandes trabajos y más éxito en la conquista de votos que en el número y disciplina de los militantes— y como lo fuera también el italiano.

Sin embargo, los cerebros del Partido Socialista Obrero Español, como don Julián Besteiro, siempre fueron contrarios a esa colaboración temiendo también la prisa revolucionaria, que les entraría después a algunos de ellos y con la que tratarían de hacerse perdonar el haber sido colaboradores de un Gobierno burgués durante dos años y medio.

Por supuesto que los burgueses, grandes y pequeños, tampoco estaban contentos con que hubiera ministros socialistas en el Gobierno. Los escasos burgueses republicanos, cada vez había menos, porque la clase media en

España se sentía especialmente más cerca de la alta que del proletariado, entonces muy numeroso. Los republicanos de origen burgués eran en su mayoría intelectuales y muchos de ellos pensaban que la salvación de Azaña en aquel duro trance en el que le puso lo de Casas Viejas hubiera sido —además de echar al ministro de la Gobernación, convirtiéndole en chivo expiatorio— licenciar a los tres ministros socialistas.

No pensaban lo mismo los interesados, sobre todo alguno de ellos, como don Indalecio Prieto, por ejemplo, que se sentía bastante encariñado con las tareas emprendidas desde su Ministerio de Obras Públicas y que, además, era un político con vocación de poder. Pero la mayoría del partido habría estado muy contenta de pasar a la oposición.

En diversas ocasiones charlé largamente con diputados socialistas de los que no estaban conformes con la colaboración.

—Mientras Azaña sea jefe del Gobierno, no permitirá que los socialistas nos quedemos fuera —me dijo un día uno de ellos.

Otros argüían:

—¿Y qué tenemos nosotros que ver con Azaña? ¿Por qué vamos a hacer lo que él diga? ¿Cómo podría el jefe de un partido que no sería capaz de sacar por sí solo diez diputados conseguir que se deshaga un partido como el nuestro? Azaña es un burgués, siempre lo está repitiendo; parece como si se sintiera orgulloso de pertenecer a una clase social que le detesta. ¡Estaría listo si no contara más que con los burgueses para salir diputado!

El empeño de Azaña por retener a los ministros socialistas en el Gobierno no era precisamente conseguir que el partido se deshiciera. Varias veces le oí decir que eso no era deseable porque, dado el bajísimo nivel de vida de la mayoría de los españoles de entonces, toda la militancia o el electorado que perdiera el Partido Socialista no iría ciertamente a engrosar los partidos republicanos burgueses ni tampoco los antirrepublicanos, sino que se convertiría en ganancia para los comunistas —todavía pocos y mal avenidos— y, sobre todo, para los anarquistas, cada vez más fuertes.

La CNT disponía de tantos o más militantes que la UGT —sobre todo en el campo— y de ahí provenían la mayor parte de los graves problemas de la República.

Lo que Azaña sostenía era otra cosa. Un día se lo oí decir, sin ningún secreto, a uno de los líderes socialistas —no recuerdo si era Negrín o Araquistáin— disconformes con la colaboración:

—Eso está en la mano de ustedes. Procuren sacar menos diputados, cedan su fuerza electoral a los republicanos y así podrán estar tan ricamente en la oposición. Pero, amigos, con ciento dieciocho diputados, no se puede estar en los bancos de la oposición. Tienen que estar sentados conmigo o con quien me suceda, compartiendo las responsabilidades, los riesgos y lo que venga.

—¡Claro...! Es que sin nosotros usted no tendría mayoría.

—¡Eso está por ver...! Si yo me desprendiera de los socialistas, es muy posible que encontrara otros árboles donde ahorcarme. Pero tengan por seguro que ningún jefe de Gobierno republicano y minoritario, como lo serían todos los que pueden ser llamados para ese cargo con estas Cortes, permitirá que la minoría más numerosa se instale cómodamente en la oposición. Con ciento dieciocho diputados no se puede estar allí enfrente. Hay que estar aquí conmigo. Bueno, quiero decir en el Banco Azul.

Aparte del cansancio y la náusea que le produjo lo de Casas Viejas, Azaña tenía encima otros problemas políticos.

Se trataba de las leyes complementarias de la Constitución que tenían que aprobar aquellas Cortes. Muchos pensaban que el presidente de la República ejercería su derecho de veto, al menos cuando se le presentase a la firma la Ley de Congregaciones Religiosas.

Fuese o no cierto, la realidad era que Azaña presentía un forcejeo con el jefe del Estado, buen conocedor de sus prerrogativas, no muchas pero de bastante importancia. Sobre todo, las suficientes para hacer la vida difícil a un jefe del Gobierno con el que no estuviera de acuerdo. Y era evidente que, en muchos aspectos, no lo estaban.

Don Niceto Alcalá Zamora y don Manuel Azaña eran los temperamentos más opuestos. Siempre se tuvieron respeto, pero nunca simpatía. Entre los enigmas que aún quedan por aclarar en la Historia de la Segunda República, uno de ellos son las razones que se dio a sí mismo don Manuel Azaña —justo en el momento en el que tenía un poder casi absoluto, una mayoría parlamentaria enorme, una autoridad indiscutida— para apoyar la candidatura de don Niceto Alcalá Zamora a la presidencia de la República.

Las malas lenguas decían que lo que quiso fue «quitarle de en medio». Evitar que pudiera convertirse en el único recambio posible en caso de que el Gobierno que él presidía se fuera a pique. Evitar también que formara un partido fuerte, una Derecha Republicana con elementos más prestigiosos que los lerrouxistas, que enarbolase la bandera de la reforma constitucional. Evitar tener en los bancos de la oposición un parlamentario hábil y elocuente, de la raza de los que podían derribar un Gobierno con un discurso.

Nada de esto es verosímil. ¿Qué más habría podido desear Azaña sino que a su derecha no hubiera habido más fuerzas políticas que las que pudiera reunir Alcalá Zamora, aun en el caso de que su proyecto político alcanzara el éxito que algunos esperaban?

En caso de haber querido «quitar de en medio» a alguien, le habría resultado mucho más «rentable» que fuera Lerroux quien ocupara ese cargo. Así se habría deshecho un partido que, por la fuerza de la tradición, tenía más arraigo electoral que el suyo y del cual habría resultado, en buena parte, heredero.

Fuese como fuese, de lo que no cabe duda es de que, muy poco tiempo después de pasadas las alegrías y el éxito de la proclamación, en las que Azaña participó muy sinceramente —pocas veces se le vio tan contento y tan ilusionado como cuando andaba preparando los detalles de la elección, el juramento y la instalación del nuevo presidente—, empezaron las diferencias entre ellos.

Azaña quería rodear la presidencia de la República de una pompa y un esplendor que prestigiase la institución republicana, haciéndola, aunque sólo fuera en eso, muy semejante a la monárquica.

Le molestó que don Niceto se empeñase en seguir viviendo en su casa, que solamente fuera al Palacio Real como quien va a la oficina, y que cuando presidía el Consejo de Ministros lo hiciera con la misma sencillez y campechanía que cuando era jefe del Gobierno y que devolviera dinero que le sobraba de los gastos de representación, cosa lógica puesto que, viviendo como había vivido siempre, le sobraba mucho de lo que habría tenido que gastar en cocineros, ayudas de cámara y todo lo necesario para entretener el funcionamiento palatino-republicano.

No le gustaba que Alcalá Zamora viviera
como un particular

Un día que alguien comentó en el Congreso que a don Niceto le habían hecho desaires en la iglesia, Azaña respondió malhumorado:

—Eso le pasa por empeñarse en seguir oyendo misa en San Fermín de los Navarros. Si viviera en palacio o en cualquiera de las otras mansiones que podrían haber sido habilitadas y reúnen condiciones para residencia de un jefe de Estado, tendría su capilla privada, que podría utilizar. La República laica ha elegido (a sabiendas) como el primero de sus presidentes a un católico muy sincero y ferviente. Nadie va a impedirle, por tanto, que siga fiel a su fe y la practique como, cuando y donde quiera.

—Pero si él prefiere ir a su iglesia de siempre...

—¡Es que el presidente de la República no puede hacer la vida que hacía cuando era un ciudadano particular! Por muy sencillo que sea, hay cosas que no pueden hacerse. A mí también me gustaría ir por las tardes a mi tertulia del café. Pero me aguanto y no voy.

Desde el punto y hora en que fue investido, Azaña llamó siempre a Alcalá Zamora «señor presidente», incluso le nombraba también por el título cuando hablaba con sus amigos y en las cartas particulares. Por eso no le agradaba que don Niceto, al dirigirse a los ministros, en el Consejo, siguiera llamándoles «don Fernando», «don Paco» o «don Inda» en lugar de nombrarles por los títulos de sus carteras.

Azaña estaba convencido de que una institución nueva necesita prestigiarse ante el público revistiéndose de unas formas también relativamente nuevas, pero dentro de una cierta etiqueta tradicional y, por supuesto, teniendo siempre en cuenta la estética y el buen gusto.

Es posible que a él le rondara ya por la cabeza la idea de que llegaría un día, todavía lejano —dentro de diez años, dentro de quince—, cuando él hubiera alcanzado la edad que ya tenía Lerroux, el más viejo de todos, en que él —Azaña— ocuparía la presidencia de la República.

Si el primer presidente empezaba viviendo en una casa de estilo andaluz de la calle de Martínez Campos, a lo mejor ocurría que el segundo, por no ser menos, se quedaba a vivir en un piso de la calle Fuencarral y chocaría mucho que el tercero, cuando le tocase a él, viviese, por lo menos, como el presidente portugués. La gente le criticaría diciendo: «¿Se habrá creído que es Napoleón?».

Estas diferencias de criterios formalistas —y también de fondo— entre los dos presidentes se fueron ahondando al correr de los dos años. Azaña se cansó de batallar, las cosas se le fueron poniendo cada vez peor. Perdía crédito en el país, tenía dificultades con algunos ministros precisamente por la marcha de los acontecimientos y por las leyes de desenvolvimiento de la Constitución.

La dimisión

Así pues, sin esperar a una derrota parlamentaria, que podría producirse en cualquier momento en vista de que los radicales-socialistas andaban divididos y los socialistas (el partido, más que los ministros) descontentos, un día del otoño de 1933, cuando se habían cumplido los dos años y medio de la proclamación de la República y él llevaba dos a la cabeza del Gobierno, presentó su dimisión al presidente.

Algunos creyeron que no se la aceptaría. Otros, que después de evacuar las consultas pertinentes, le ratificaría la confianza encargándole formar otro Gobierno, sin socialistas. Pero Azaña sabía muy bien que las cosas no pasarían así. Que don Niceto estaría encantado de aceptarle la dimisión y que él no volvería al poder en bastante tiempo.

Aconsejó al presidente que no disolviera las Cortes porque aún les quedaba mucha tarea que otras no podrían cumplir sin mayores dificultades, y que el Gobierno futuro podría formar una mayoría, contando, claro está, con el apoyo de los socialistas. De otro modo sería muy difícil.

El presidente de la República abrió consultas muy amplias. Llamó incluso a los antiguos políticos que ya estaban fuera de juego, algunos de los cuales no eran siquiera republicanos declarados, aunque sí demócratas y hombres de experiencia, para acabar —como todo el mundo suponía— encargando formar Gobierno a Lerroux.

Como éste no podía gobernar con los socialistas ni los socialistas con él, formó un Gobierno de lerrouxistas —creo que con algún independiente— que tal vez hubiera podido obtener mayoría parlamentaria si la derecha moderada hubiera sido más numerosa. Además, lo que querían todas las derechas —monárquicos, vasco-navarros y «gilroblistas»— era que se disolvieran aquellas Cortes. Creían haber ganado mucho terreno y deseaban nuevas elecciones que, sin duda, les darían más fuerza.

Don Manuel Azaña, entristecido pero no resentido ni obstruccionista, hizo todo lo que estaba en su mano para ayudar a que el inevitable decreto de disolución se le diera a un Gobierno que ofreciera alguna garantía de que las elecciones serían aceptables para todos.

Apoyó a Martínez Barrio, a pesar de que éste había pronunciado la famosa frase «Sangre, fango y lágrimas» (oscurecida años más tarde por otra muy semejante de

Churchill) referida al Gobierno de Azaña y que a éste le dolió como una puñalada. Pero en pocos días se rehízo y, deseoso de que las cosas marcharan lo mejor posible, no tuvo inconveniente en ir una noche a casa de Lerroux —con el que no se hablaba desde hacía tiempo— para rogarle que colaborase en el enderezamiento de la situación. Lerroux se sintió muy conmovido. No llegaron a abrazarse, pero faltó poco.

Aunque había visto varias veces a Azaña en el Congreso durante el poco tiempo que duraron aquellas Cortes —estaba relajado y bromista—, dejé de verle cuando se disolvieron. Andaba muy ocupado mudándose de casa, lo que para él era importante porque le gustaba disponer sus viviendas con el mejor gusto y comodidad posibles. El nuevo piso que encontró en la calle de Serrano, junto a Goya, era algo más grande que el de Hermosilla. No lo vi por dentro hasta año y medio después. Desde luego resultaba mucho más alegre y acogedor que las habitaciones del Ministerio de Guerra que ocupó desde que fue presidente del Gobierno. La mudanza y el cuidado que pusieron él y su mujer en el arreglo de la nueva vivienda me dieron a entender que estaba seguro de que iba a permanecer fuera del Gobierno bastante tiempo, tal vez años.

Además, con algunos ahorros y sobre todo con lo que Lola había heredado de su padre, fallecido hacía poco tiempo, se compraron un solar en la llamada Colonia de la Residencia, cerca del Viso, lugar agradable y con buena vecindad. Allí tenían casa don Julián Besteiro y otros varios intelectuales, a los que gustaban las zonas verdes. El proyecto era edificar en aquel paraje su residencia particular o definitiva, en caso de que Azaña se retirase por completo de la política, lo que no estaba descartado.

Convertido en simple diputado, don Manuel Azaña siguió, como dije antes, yendo al Congreso durante el poco tiempo que duraron aquellas Cortes elegidas en 1931.

Se podía hablar más fácilmente con él porque ya no se veía tan rodeado. Me sorprendió verle con buena cara y hasta contento. En el rincón del Salón de Conferencias, a la parte izquierda del fondo, que era donde solía reunirse con sus amigos, lo encontré una de aquellas tardes. A los chismes que algunos contaban sobre la difícil situación parlamentaria y sobre el ministro perteneciente a su partido —don Claudio Sánchez Albornoz— que formaba parte de aquel Gobierno, él respondía con las bromas de siempre.

—Todo el mundo está deseando verle actuar a usted en la oposición. Se espera mucho —le dije.

—Pues ya sabe usted lo que decía un político francés: «La oposición es la forma más incómoda del poder». Claro que se refería a los jefes de una oposición numerosa y en expectativa de derribar al Gobierno. No es ése mi caso. Yo soy el modesto jefe de un partido no menos modesto. Por eso tal vez puedo sentirme cómodo.

—Y si la República estuviera consolidada, además de cómodo, estaría usted encantado. ¡A que sí...! —dijo uno de los interlocutores.

Azaña no respondió. Miraba con curiosidad el revuelo de periodistas y diputados hacia la puerta por donde acababa de entrar don Alejandro Lerroux, tan solemne y aparatoso como siempre. Todo el mundo parecía muy divertido.

Por lo visto, en la misma entrada se había tropezado don Alejandro con el diputado de su partido don Basilio Álvarez, sacerdote y antiguo republicano.

—¡Pase el señor arzobispo! —había dicho Lerroux, exagerando la categoría eclesiástica de su correligionario y cediéndole sitio en la puerta.

Don Basilio, inclinándose respetuosamente ante su jefe político, le respondió:

—Pase Su Señoría que es el Estado... La Iglesia está de capa caída...

—No tanto, amigo mío, no tanto... Algunos llevan la capa con mucho garbo —respondió.

Hubo grandes risas y miradas hacia el canónigo magistral de Granada, señor López Dóriga, diputado de Acción Republicana (azañista), quien no sólo se distinguía por su buena presencia sino por la pulcritud y elegancia de sus manteos. Solían llevar entonces los sacerdotes una capa de cuello alto, sujeta con un cordón. Cuando no hacía frío —y aun haciéndolo— la llevaban toda echada hacia atrás, sin que les tapara los hombros y, en lugar de dejarla colgando sobre la espalda, se recogían todo el vuelo sujetándolo sobre el antebrazo izquierdo. Hacía muy elegante sobre todo cuando el portador de ese atuendo disponía de buena figura y elegancia natural.

Una curiosidad de aquel tiempo es que, habiendo recibido todos los sacerdotes españoles permiso de sus obispos para vestir traje seglar, a los eclesiásticos que eran diputados —alrededor de media docena— jamás se les vio en el Congreso despojados de la sotana, el manteo y hasta el sombrero de teja, que dejaban, naturalmente, en el guardarropa. Igual si eran diputados republicanos (lerrouxistas o azañistas, como los ya citados don Basilio Álvarez y López Dóriga), que si pertenecían a la derecha más combativa, como el canónigo Pildain, que fue obispo de Canarias después de la guerra, todos iban vestidos de curas, de pies a cabeza.

Los compañeros que hacen información en las Cortes actuales, así como algunos diputados, se asombran cuando yo les digo que precisamente en las Cortes más anticlericales y jacobinas que haya habido nunca, las que introdujeron el divorcio, la separación de la Iglesia y el Estado, la secularización de los cementerios, la disolución y expulsión de la Compañía de Jesús, era precisamente cuando se veía circular por aquel recinto más sotanas sin que se diera el caso de que nadie les faltase nunca el respeto debido. Es de señalar que el traje talar era entonces más aparatoso, con más vuelos y signos externos que tuvo después, al irse simplificando con el paso del tiempo.

Otra cosa que también les choca a algunos es que la ultraderecha estaba representada entonces por la llamada «minoría vasco-navarra». Los carlistas y los nacionalistas vascos, que tenían muchos puntos en común, votaban siempre juntos, siempre en contra del Gobierno y, sobre todo, de las medidas democráticas y republicanas por suaves que fuesen.

—Nosotros no somos monárquicos, como lo son nuestros compañeros carlistas con los que, sin embargo, tenemos muchas coincidencias ideológicas. Pero antes que una República democrática... ¡todo! —me dijo un día uno de los diputados vascos, los únicos que entonces se autocalificaban como nacionalistas.

A los catalanes se les llamaba «catalanistas», «regionalistas» y en algún caso, y peyorativamente, «separatistas». Lo de «nacionalismo» o «nacional» tenía más bien connotaciones derechistas y antirrepublicanas. Por eso el Gobierno prohibió que se empleara la palabra «nacional» en aquellos actos, partidos o locales, que no fueran de carácter oficial. Así, el partido de Gil Robles, que empezó llamándose Acción Nacional, tuvo que cambiar su nombre por el de Acción Popular. Tengo idea de que incluso al Hotel Nacional, donde paradójicamente se celebraban más actos y banquetes políticos, en su mayoría de carácter republicano, hubo también que cambiarle el nombre. Los nacionalistas vascos siguieron utilizando el suyo. No se les prohibió. En primer lugar porque, probablemente, no habrían hecho ningún caso y porque, además, se sabía que en su circunstancia, los términos «nacionalista» y nacionalismo no se referían a la nación toda entera.

XVII

EL «FACCIOSO» AZAÑA Y SU RESURRECCIÓN

«El faccioso Manuel Azaña parece haber sido capturado en Barcelona adonde, sin duda, había ido a preparar el movimiento subversivo de la Generalitat felizmente aplastado por las fuerzas del orden. El siniestro personaje fue descubierto en su escondite, desde el que trataba de burlar la acción de la policía y de la Justicia.»

No puedo asegurar que fueran estas mismas las palabras con que una nota, si no oficial sí oficiosa, daba cuenta por radio de la detención de Azaña el 9 de octubre de 1934. Si no eran éstas, eran otras peores.

Era natural que, tras un movimiento subversivo de tanta importancia como el que se desató a comienzos de octubre de 1934 —y que, concretamente en Asturias, necesitó una seria movilización de fuerzas militares para ser sofocado—, el Gobierno pusiera el mayor énfasis en una victoria que había costado bastante cara.

Pero de eso a vocear de aquel modo la detención de Azaña —al que lo mejor que llamaban era «sujeto»—, como si se tratara de un revolucionario temible, poco menos que el jefe de las vanguardias de los dinamiteros asturianos, había mucho trecho. Sólo se podía achacar aquello al nerviosismo del Gobierno, que a pesar de haber traído de África nada menos que unas banderas del Tercio, no había logrado aún la pacificación total de la cuenca minera del norte.

Al día siguiente, en las redacciones de los periódicos donde no faltaba el trabajo se oía de todo en vista de que los periodistas estaban tan divididos como el país:

—Azaña había ido a sublevar al Gobierno de la Generalitat, que no quería meterse en el lío. La prueba es que después del fracaso lo encontraron escondido en un balcón.

—¿Y tú crees que un balcón es el sitio más apropiado para esconderse en una casa que estaba rodeada por la policía? ¡Vamos, vamos, un poco de formalidad!

—Bueno, eso ya lo averiguará la Justicia. Está preso en un barco. Fue probablemente él, tan catalanista, quien aconsejó a Companys que se sublevara proclamando el «Estat català».

Los que sabíamos el asco que Azaña había tenido siempre a esas dos palabras, «Estat català», y las batallas que había librado con Macià para que eso no se mencionara ni siquiera con eufemismos en ningún texto escrito ni en ningún discurso, no podíamos creer nada de lo que se decía a ese respecto, a menos que don Manuel se hubiera vuelto loco.

No vale volver sobre lo que el propio Azaña contó en el libro *Mi rebelión en Barcelona*. No sólo por su testimonio, sino por el resultado de las diligencias judiciales, quedó clarísimo que todo había sido un globo hinchado, la culminación de la campaña de desprestigio y calumnias inaugurada coincidiendo con el inicio de su carrera política meteórica.

La fama de Azaña —buena y mala según quien la juzgase— había subido como un cohete, había estallado en todo lo alto y ahora se trataba de convertirlo en la caña chamuscada que cae al suelo y se tira a la basura.

El apaciguamiento de las masas era un deber de la izquierda

Los bien enterados sabían que Azaña había ido a Barcelona para cumplir el triste deber de acompañar el entierro de Carner, que había sido uno de sus ministros preferidos, del que más sintió separarse cuando se le declaró una enfermedad de las que no perdonan.

Como cualquier otra persona, por poco enterada que estuviese, Azaña sabía que en España, y sobre todo en Asturias, se estaba preparando un movimiento revolucionario, como protesta si llegaban a entrar las derechas en el Gobierno. Don Indalecio Prieto no era ajeno a aquel movimiento disparatado con el que muchos socialistas no estaban conformes.

—Si cada vez que ganen las derechas unas elecciones hay que hacer un movimiento revolucionario, cuando ganemos las izquierdas, ellos se creerán con derecho a hacer lo mismo —decían los disconformes con aquella revolución.

Entre estos socialistas sensatos figuraban, en primer lugar, don Fernando de los Ríos, quien también había ido a Barcelona al entierro de Carner y que apoyó lo dicho por Azaña en el sentido de que «el apaciguamiento de las masas populares era un deber», ya que una explosión provocada por ellos, aunque fuera poco importante, acarrearía tremendas represalias por parte de los que, por unas razones u otras, incluso en virtud de unas alianzas contra natura habían obtenido mayor número de diputados que las izquierdas en las elecciones de finales de 1933.

Fue normal que ganaran las derechas

No sé a quién pudo extrañar que aquellas elecciones las ganaran las derechas. Lo chocante fue que no sacaran todavía más diputados de los que sacaron.

En primer lugar, la conjunción republicano-socialista que trajo la República y consiguió en sus primeras elecciones legislativas una mayoría abrumadora se había hecho añicos.

Primero fueron los lerrouxistas —alrededor de cien diputados— los que negaron su concurso a Azaña a partir del primer Gobierno constitucional, situándose en la oposición.

Pero entonces, apoyándose sólo en los republicanos, en los catalanes —que tenían un gran número de diputados—, en los radicales socialistas, en los socialistas (la minoría más numerosa) y en sus propios diputados, Azaña logró una mayoría cómoda.

Sin embargo, una vez disueltas las Cortes, resultó que los socialistas, o al menos los más influyentes de entre ellos, pensaron que les convenía más ir a las elecciones solos. Era la única forma de paliar el desgaste que les había ocasionado la colaboración con el Gobierno. Así podrían prometer a su electorado lo que no les había sido posible hacer formando parte de un Gobierno todo lo republicano que se quisiera, pero, al fin, burgués.

Por su parte, a los republicanos de izquierda tampoco les disgustaba romper su alianza con los socialistas, a los que culpaban de la imagen demasiado revolucionaria del Gobierno entre la clase media. Pensaban que, si en 1931 la unión con los socialistas estaba justificada por carecer ellos de un jefe conocido, de una cabeza visible con prestigio en el país entero, ahora ya lo tenían.

No contaron con que la mayoría del voto republicano era proletario o lerrouxista. Que el hecho de que la CNT hubiera ordenado a sus afiliados la abstención —pocos tienen en cuenta que la abstención o la participación de la CNT, con su millón de votantes casi duplicado ya a causa del voto femenino— fue una de las causas determinantes de los tres bandazos (izquierda, derecha y de nuevo izquierda) que pareció dar la masa de electores en las tres elecciones legislativas de la República.

En la derecha las cosas se habían hecho con más cuidado y más suerte. El partido de Acción Popular, magníficamente organizado, puso en planta una Confederación de Derechas en la que cabían muchos partidos, muchos restos de antiguas tendencias. No se les exigía una disciplina de partido férrea, sino solamente una cierta cohesión dentro del Parlamento. Estaban, además, los llamados Agrarios —una derecha más moderada en ciertos aspectos—, que habían logrado bastante fuerza procedente de los pequeños y aun de algunos grandes propietarios rurales. Eran esos pequeños propietarios los que se sentían más incómodos, los que estaban más cerca de los jornaleros y los que, atravesando una época de gran depresión económica y desvalorización de sus productos, sufrían las consecuencias de ciertas disposiciones encaminadas a aliviar el paro, como era la prohibición del empleo de maquinaria agrícola y la Ley de Términos Municipales, que les impedía, por ejemplo, contratar segadores especializados —que trabajaban a destajo para volverse pronto a Galicia o al sitio de donde vinieran—, teniendo, en cambio, que emplear a los de su propio término municipal que nunca habían segado y necesitaban mucho tiempo para desarrollar una tarea tan dura. Los Agrarios entraron, creo, con un solo ministro en el primer Gobierno que se formó bajo presidencia lerrouxista después del triunfo de las derechas.

Lo natural hubiera sido que entraran todos, especialmente la CEDA de Gil Robles, que eran los más numerosos. Pero la teoría o eslogan tan repetido «La República para todos, pero gobernada por los republicanos» había hecho mucho camino.

Así, durante el verano de 1934, al que se llegó mediante diversas componendas y con muchas dificultades, ya estaba en la calle y se voceaba la amenaza de que si la CEDA entraba en el Gobierno, habría un levantamiento general de las masas obreras.

La CEDA entró en el Gobierno tras la crisis de primeros de octubre de 1934, unos días antes de la detención de Azaña.

En el libro de Cipriano Rivas Cherif *Retrato de un desconocido*, una buena biografía de Azaña que trata al personaje con gran cariño, cosa natural tratándose de su cuñado y su mejor amigo, hay un error, absolutamente involuntario y fácilmente disculpable en quien tuvo que escribir su obra en circunstancias tan dramáticas —en presidio— sin poder consultar periódicos, libros ni papeles.

Se dice, por ejemplo, que en aquella crisis de primeros de octubre, Gil Robles entró en el Gobierno como ministro de Guerra. No. Gil Robles no entró personalmente en el Gobierno ni ocupó esa cartera hasta bastantes meses después, cuando Azaña estaba ya libre y en su casa. Repito que el error no tiene nada de particular. Las crisis totales o parciales fueron tantas durante aquel período que es muy fácil equivocarse.

Por supuesto, en las historias fieles de la época, que no pudieron hacerse hasta mucho tiempo después, queda claro en qué fechas entró Gil Robles en el Ministerio de Guerra. Pero como yo no escribo para eruditos, creo un deber aclarar que las vejaciones que, según nos cuenta su cuñado y según supimos a su debido tiempo, padeció Azaña detenido en el patio de Capitanía General de Barcelona no ocurrieron siendo Gil Robles el jefe supremo de ésa y de todas las otras capitanías.

La sublevación de la Generalitat, un disparate

Si la sublevación general —que en muchos sitios no pasó de una huelga— sorprendió a la mayoría de los republicanos y disgustó profundamente a no pocos socialistas, la sublevación de la Generalitat de Cataluña nos sorprendió a todos. Era un disparate.

Sin duda las cosas no andaban bien entre el Gobierno central y el de Cataluña. Pero allí no habían entrado las derechas en el poder y, de momento, no se sabía que nadie estuviera dispuesto a suprimir la autonomía. Aquel golpe disparatado e inútil —el más fácil de sofocar ya que sólo duró unas horas, hasta que sonaron los primeros cañonazos— fue para Azaña una sorpresa y un disgusto atroz.

Precisamente, si se había quedado allí era porque sabía, como sabíamos todos, que en el resto de España iba a ocurrir algo inoportuno, que sería aplastado con facilidad y que sería altamente perjudicial para republicanos y socialistas, puesto que justificaría una reacción de alcance incalculable.

Lo normal era que en Barcelona, donde seguía en planta el Gobierno autonómico, no ocurriese nada y que Azaña se hallaría allí más protegido incluso en el caso de que hubiera algún brote de violencia.

Ni él ni nadie podrían imaginar que Companys, que siempre contemporizó con el Gobierno de Madrid, cuando se trataba de contener los ímpetus del anterior presidente de la Generalitat, Macià, se dejaría arrastrar a un traspié como el que dio.

Se dijo, y es muy verosímil que así fuera, que cuando se retiró del balcón después de la proclamación de «l'Estat català», se dejó caer en una butaca diciéndoles a los extremistas que le habían arrastrado a dar la cara en aquella aventura:

—¡Acabamos de suicidarnos! ¡Ya estaréis contentos!

Al cabo de unas horas, Companys no era más que un preso. Y tres días después, Azaña, sin haber tomado la menor parte, era otro preso. Tres meses pasó detenido, primero en el vapor *Uruguay* —donde se hallaban hacinados miles de presos—, surto en el puerto de Barcelona. Después pasó al destructor *Sánchez Barcaiztegui*, disfrutando ya de un trato más considerado.

La profecía de José Antonio

La sesión de Cortes en la que se discutió si había o no lugar a conceder el suplicatorio para procesar al diputado Manuel Azaña fue bastante penosa tanto para los que querían «empapelarle» seriamente como para los que trataban de hacer una defensa que no lo era, puesto que la cosa exigía una frialdad incompatible con el estado de excitación y confusión que habían producido en el país la sublevación y la represión.

Lo más significativo e inesperado de aquella sesión fueron unas palabras realmente proféticas de José Antonio Primo de Rivera: «Con esa persecución tan torpe e idiotamente llevada, lo único que vais a conseguir es que ese hombre [Azaña] recobre el prestigio que había perdido».

Se quedó corto. Fueron multitudes las que acudieron a escuchar a Azaña cuando, en la primavera de 1935, accedió a tomar parte en un acto público en el campo de fútbol de Mestalla, en Valencia. Aquel acto en campo abierto fue seguido por otro en Bilbao, otro en las proximidades de Madrid y no sé si alguno más. Cada uno arrastraba más gente que el anterior. El propio Azaña estaba asombrado ante la fuerza popular de su resurrección política.

Con todo, el invierno no había sido tan fácil. Puesto en libertad a finales de diciembre de 1934, se reintegró a su casa de Madrid de donde salía poco. Visto que la maniobra de «empapelarle» seriamente había resultado un fracaso, sus amigos y parientes temían un atentado personal. Había habido ya varios de diferente signo. Su correo llegaba constantemente lleno de amenazas. Lo mismo ocurría con el teléfono.

Como tantas otras personas que le conocían —aunque parece ser que no fueron todos, especialmente al principio—, yo había escrito a Azaña una carta cuando estaba preso en el barco en el puerto de Barcelona.

Unas líneas en el tono en el que nos hablábamos siempre y que no creía que merecieran los honores de respuesta, ya que imaginé que cartas como aquélla habría recibido muchos miles.

Sin embargo, me sorprendió recibir una respuesta de su puño y letra escrita cuando ya estaba de regreso en su casa de Madrid. Esto daba mucho más valor a la cosa que si me hubiera respondido en el acto. Eso solamente suele hacerse cuando se tiene un secretariado organizado, cosa que él no podía tener mientras estaba preso en el barco.

Responder a mano y en el tono que convenía al trato superficial, pero siempre afectuoso, que habíamos mantenido era una prueba de que agradecía mucho que quien jamás le había escrito ni puesto un telegrama de felicitación mientras estuvo en el poder, le enviase unas líneas cuando parecía que había caído para no levantarse más.

Me ayudó a hacer un reportaje

En vista de esto, se me ocurrió pedirle un favor: el primero y el último.

Yo tenía que escribir una serie de artículos con motivo del centenario de la fundación del Ateneo, que se celebraba precisamente en aquel mes de febrero de 1935, sin grandes actos ni conmemoraciones públicas porque no estaba el horno para muchos bollos ateneísticos.

Se me ocurrió que Azaña podría ayudarme. Nadie sabía del Ateneo tanto como él.

«No se trata, don Manuel —le dije en una carta— de hacerle una de esas interviús a las que usted tiene tan santo o, mejor dicho, tan endemoniado horror. Sólo quiero que me cuente usted algunas cosas y yo las pondré como averiguadas por mi cuenta, sin mencionarle, si usted no quiere.»

Pensé que, a pesar de estas salvedades, me daría calabazas, pero no me las dio. No sé si fue el secretario, Santos Martínez, o su auxiliar, el «joven Marqués» —el hijo del peluquero del Ateneo que se llamaba así de apellido—, el cual también colaboraba en el despacho de la correspondencia de Azaña, que se iba haciendo cada vez más copiosa, quien me avisó diciéndome que podía ir a Serrano número 38 cuando me viniera bien, siempre que fuese alrededor de las siete de la tarde. Don Manuel me complacería en lo que pudiera.

Era la primera vez que entraba en aquella casa, que me pareció alegre y puesta con el buen gusto que distinguió siempre al matrimonio Azaña, en su entorno y en la calidad y estilo de vida, aunque nunca dispusieran de mucho dinero. En el recibimiento encontré, muy atentos a la puerta, a varios amigos: Santos Martínez, Fernando García Bilbao, el pintor Paco Galicia y no sé si alguno más. Eran ellos quienes abrían la puerta y hacían de guardaespaldas *amateurs*. Me dio un poco de risa. ¿Qué habrían podido hacer aquellos plácidos y amables contertulios en caso de que de verdad hubieran querido echar la puerta abajo y asaltar la casa algún grupo de hombres decididos, armados y avezados, a los que todavía no se llamaba «comandos»?

Entré primero en el salón, donde saludé a la señora de Azaña, que iba a salir no recuerdo si con su hermana o con amigas.

—Manolo está ahí al lado, en su despacho. Pasa...

—¿No sería mejor avisarle de que estoy aquí?

—No hace falta. Ya os conocéis.

Llamé, sin embargo, con los nudillos porque yo no abro jamás ninguna puerta sin que me hayan dicho antes que puedo pasar. Lo encontré exactamente igual que meses antes, la última vez que le había visto en el Congreso. Tal vez había adelgazado un poco, pero eso no le iba mal. Al contrario.

Cuando los hombres —o las mujeres— envejecen prematuramente como le había ocurrido a Azaña, tal vez entre los cuarenta y los cincuenta años, luego «se plantan» y ya siguen igual durante muchos otros años, cualesquiera que sean las vicisitudes.

Además, aunque no hubiera tenido paz pública en los últimos cinco años, sí había disfrutado paz y felicidad dentro de su casa —incluso en el barco-prisión donde su mujer pasaba con él las tardes—, que es lo que más ayuda a mantenerse en buena forma.

No lo encontré solo. Estaba con él su antiguo ministro de la Gobernación, Casares Quiroga, hombre muy bromista al que divirtieron mucho las cosas que don Manuel me contaba del Ateneo y que no eran los chascarrillos que han corrido tanto y que no son verdad la mayoría de ellos.

—El Ateneo —me decía Azaña— ha sido durante más de cincuenta años una magnífica escuela de parlamentarios. Igual si se discutían las cuentas del semestre o los ripios de don José Zorrilla, allí era menester saber defenderse bien hablando. Se adquiría el hábito de la respuesta rápida, a fuerza de tropezones, claro. Por ahí dicen que yo me he formado en el Ateneo. Eso no es verdad. Pero, tanto a mí como a otros, el Ateneo nos ha servido muy bien como escuela parlamentaria. Allí aprendí a hablar en público con soltura y a rechazar con rapidez un ataque justo o injusto.

—¿Usted cree que eso ya se ha terminado? ¿Que el Ateneo ya no es escuela de parlamentarios?

—Por supuesto que no. Aparte de la decadencia natural de la mayoría de las agrupaciones independientes, bien sean de tipo cultural o recreativo, que ya no pueden sostenerse con las cuotas de los socios (suponiendo que éstos paguen) como se sostenían antes, hay en el Ateneo un ambiente general de intolerancia que hace muy difícil aquel tipo de discusiones, a veces absurdas y disparatadas, hasta incoherentes, pero en las que cada cual decía lo que quería sin que se viniera abajo el mundo, ni siquiera el local, aunque a veces estuvo a punto. Ahora, a la intolerancia de fuera responde la intolerancia de dentro, no menos sañuda e intratable.

Era curioso y yo me estaba riendo por dentro al recordar que, pocos días antes, el conde de Romanones, que naturalmente no era azañista, me había dicho lo mismo sobre la intolerancia, hablando con él, no sólo del Ateneo —al que él había dejado de ir desde hacía muchos años—, sino del país en general.

Un chisme le enfureció

Estábamos hablando tan entretenidos cuando, de pronto, todo se nos vino abajo. Alguien llegó diciendo que al entrar los políticos de la CEDA en el Ministerio de Guerra —creo que fue por aquellos días cuando tomó posesión Gil Robles como ministro— habían echado en falta un cuadro de Vicente López y achacaban la desaparición a la época en la que Azaña vivió allí.

Probablemente aquello no era más que un chisme, pero ni yo ni nadie habíamos visto jamás a Azaña tan furioso. Acudieron otros amigos que andaban por la casa. Creo que uno de ellos era Mariano Ansó, que recordará la escena. Hacía año y medio que Azaña había abandonado el Palacio de Buenavista. No había, pues, motivo —si es que la acusación había tenido en efecto lugar— para lanzar una especie así, al cabo de tanto tiempo y tantos cambios en el Ministerio.

—Ahora mismo me van ustedes a hacer el favor de ponerse en movimiento. Vean a Fulano, a Mengano. Esto tiene que quedar aclarado esta misma noche. No lo tolero, ¿oyen? ¡Pues hasta ahí podíamos llegar!

—Es posible que todo sea un bulo, una mala interpretación...

—No sé. Estoy acostumbrado a que siempre me den el golpe donde saben que me duele más.

En efecto, pocos hombres habrá habido en la política tan preocupados por las obras de arte españolas. Los inventarios, las localizaciones, la búsqueda del sitio más lucido y más propio le habían llevado muchas horas de trabajo.

Mientras estuvo arreglando la presidencia del Consejo de Ministros, de Castellana número 3 —que solamente usó circunstancialmente, pero que quiso alhajar y arreglar como merecía el Palacio de Villamejor—, se le oía de pronto decir, por ejemplo:

—En este testero estaría muy bien un cuadro que hay en la tercera sala de Riofrío y que no sé qué es lo que hace en aquel sitio, porque no pega ni con el palacio ni con el resto de lo que hay allí ni con el entorno.

Cambió muchas cosas de lugar y hasta de edificio. Pero siempre con el asesoramiento de técnicos y, naturalmente, sin olvidar jamás los inventarios.

Había que buscar inmediatamente a quien hubiera lanzado la especie de que había desaparecido un cuadro del Ministerio. Deshacer el entuerto aunque hubiera que revolver Roma con Santiago.

Yo estaba metidita en un rincón, con mis notas sobre el Ateneo en la mano. Las guardé con disimulo. Casares Quiroga, que no se había inmutado, trató de calmarle:

—¡No sé por qué se enfada usted tanto, don Manuel! Después que le han llamado traidor a la patria...

Azaña se puso más tieso y furioso todavía de lo que estaba (todos, empezando por él, se habían puesto en pie desde que surgió aquel barullo), y dando media vuelta se encaró con el interlocutor:

—¡Es que no es lo mismo, Casares! No es igual que me llamen traidor a la patria que digan que me he llevado un Vicente López. ¡Pues hasta ahí podíamos llegar!

Era uno de los típicos «quiebros azañísticos» que tantas veces nos habían hecho reír, pero que esta vez no se atrevió a reírle nadie.

Supongo que la cosa se aclaró aquella noche misma, porque no se oyó más hablar de semejante infundio que le había sentado tan mal.

Nadie que haya leído las memorias de Azaña se extrañará de que se enfadara tanto.

Su respeto y preocupación por las obras de arte españolas le acompañó hasta en los momentos más críticos y horribles. Cuando, viéndose ya vencido, pisando a pie los últimos palmos de terreno de su patria, a pocos metros de las tropas que podían hacerle cautivo, habiendo perdido una guerra que le repugnó desde el primer día, su gran angustia era todavía la suerte de las obras maestras del Prado:

—Dentro de doscientos años ya no se acordará nadie de Franco ni de mí. Pero el mundo no habrá olvidado que Velázquez pintó *Las meninas*.

Claro que todavía no existía la bomba atómica, que puede hacer que los hombres que queden vuelvan a las cavernas y allí se entretengan pintando animales en las paredes, haciéndose la ilusión de que están inventando las artes decorativas.

XVIII

«PAGAREMOS ESTE TRIUNFO MUY CARO»

Hacia las diez de la noche de aquel 16 de febrero de 1936 ya se sabía que el Frente Popular había ganado las elecciones.

Los cafés estaban concurridísimos. Cada nuevo republicano que entraba en el Lion, frente a Correos, donde las tertulias estaban al completo, traía noticias más terminantes.

De pronto entraron dos azañistas —Paco Galicia y no sé qué otro— con caras largas y tristonas.

—¿Qué pasa? ¿Es que hay noticias de algún suceso grave?

—No, nada... Es que hemos ido a ver a don Manuel para felicitarle por el triunfo, que es en gran parte suyo porque ha sido él quien más gente ha arrastrado durante la campaña, y resulta que está hecho polvo... ¿A que no sabéis lo que nos ha dicho? «Sí, sí... ¡Un triunfo...! ¡Pero ya verán cómo este triunfo lo vamos a pagar muy caro!»

—Parece que no conocéis a Azaña. Es especialista en echar jarros de agua fría, para apagar los entusiasmos.

—Sí, ya se lo hemos dicho. Pero él nos ha respondido diciendo que en los jarros de agua fría siempre se ha quedado corto.

Mucho más disgustado estaba Azaña todavía al día siguiente, cuando supo que el Gobierno de Portela Valladares, que había presidido las elecciones, estaba dispuesto a «tomar el olivo». Los gobernadores no contestaban al teléfono y en muchos Ayuntamientos contestaban los alcaldes de antes, es decir, los que habían sido destituidos con motivo de la Revolución del 34, y que ahora arrojaban a la calle a sus sustitutos, nombrados por el Gobierno.

Las masas empezaban a desmandarse. Todo el mundo, comprendidas las derechas antiazañistas, empezó a pensar que sólo Azaña, tomando el poder sin pérdida de tiempo, podía contener el «desmadre» que se avecinaba.

Pero Azaña se resistía incluso después de que el presidente de la República le hubo llamado a palacio.

—No se puede formar un nuevo Gobierno con esta precipitación. Hay que esperar a que se constituya el Parlamento. Todavía no sabemos ni siquiera el número de diputados que hemos sacado.

Sin embargo, nadie tenía paciencia para esperar tanto. Así, cuando se le oyó hablar por radio diciendo que acababa de hacerse cargo de la presidencia del Gobierno, hubo como un suspiro de alivio incluso entre las gentes que antes le detestaban, pensando que era el único que podría resolver la situación que amenazaba con convertirse en caótica.

El único que no se sintió aliviado fue el propio Azaña, quien, dentro de la anormalidad del caso, procuró obrar, en lo posible, conforme a las normas constitucionales. Visitó al anterior jefe del Gobierno, Portela Valladares, con el que no había hablado nunca, visitó al presidente de las

Cortes disueltas, don Santiago Alba, que aún estaba en funciones, como cabeza de la Comisión Permanente, y logró que esa Comisión le aprobara una Ley de Amnistía. De ningún modo quería cargar con la responsabilidad de tomar aquella decisión por decreto.

No era un Gobierno del Frente Popular

Al Gobierno que formó Azaña se le llamó «Gobierno del Frente Popular», aunque en realidad no lo era. Digo esto porque no dio entrada ni a los socialistas ni a los comunistas. Sólo figuraban en aquel Gobierno miembros de Izquierda Republicana, algunos tan moderados como el profesor Gabriel Franco y don Amós Salvador. En ese partido se habían fundido los radicales socialistas. También entraron en el Gobierno algunos representantes de la Unión Republicana de Martínez Barrio —separado ya definitivamente de Lerroux— y algún republicano catalán elegido también entre los más pacíficos.

La situación era mala en vista de que aquel Gobierno tenía que estar apoyado en el Parlamento por los socialistas y comunistas —éstos eran pocos—, pero sin que ni unos ni otros compartieran las responsabilidades que conlleva el poder.

Los socialistas, a su vez, estaban ya muy divididos en «prietistas» y «largocaballeristas», lo que no facilitaba nada las cosas.

Por otra parte, el Frente de Derechas, a cuya cabeza seguía Gil Robles, no había ganado las elecciones. Pero sí había sacado muchos diputados. Los bastantes para hacer la vida dura al Gobierno, denunciando las quemas de iglesias, los asaltos de fincas rústicas, las huelgas y los motines de presos comunes, furiosos porque los políticos habían sido puestos en libertad y ellos no.

La destitución de don Niceto. Otro error

Estuve en el Congreso una tarde de primeros de abril y salí con dolor de cabeza porque aquello era una terrible barahúnda. Encontré que Azaña parecía envejecido y sobre todo cansadísimo. Tenía una cara de aburrimiento y enojo que daba miedo. Los que habían votado al Frente Popular creaban al Gobierno, a través de toda España, tantos o más conflictos que los que estaban en contra. Daba la impresión de que se habían propuesto provocar, o al menos justificar, una reacción irreversible.

Mientras las derechas culpaban al Gobierno de la situación caótica en la que se vivía, las izquierdas no representadas en el Gobierno se quejaban de que el pueblo victorioso en las urnas se veía acorralado y hambriento a causa de la actitud hostil de los patronos. Por eso, a veces se tomaban la justicia por su mano.

Aparte de los desórdenes continuos, también era grave la situación que planteaban las huelgas. Los metalúrgicos estaban en huelga cada lunes y cada martes. Los camareros también. Paraban igualmente al menor pretexto los albañiles, los ferroviarios (quienes ya habían hecho una huelga muy larga y muy dura durante el bienio de derechas) y, para el mes de mayo, se anunciaba una huelga general de campesinos que haría difícil o imposible la recogida de las primeras cosechas.

En éstas estábamos cuando se planteó la cuestión de destituir al presidente de la República, don Niceto Alcalá Zamora. La verdad es que las dos partes principales —derechas e izquierdas— habían hecho la campaña electoral acusando al presidente de la República de partidismo. Todos habían prometido destituirle en cuanto ganaran la mayoría.

El subterfugio constitucional, empleado por unos y otros, era injusto y hasta grotesco. Se le acusaba de haber disuelto dos veces las Cortes, siendo así que las presiones habían sido grandes para que las disolviera. Primero por parte de unos, después por parte de otros. Finalmente, todo el mundo había estado contento con las disoluciones. Porque si grandes eran las posibilidades de triunfo electoral del Frente Popular, no parecían menores las del Bloque de las Derechas.

Parece que solamente Azaña, cuya antipatía hacia don Niceto no había hecho más que aumentar con el tiempo, era, sin embargo, en un principio, el único opuesto a la destitución.

—Si queremos que la República no se hunda hay que engrasar y hacer funcionar bien [todavía no se decía «potenciar»] las instituciones. Que las Cortes duren lo que tengan que durar y que al presidente de la República se le deje terminar su mandato, pase lo que pase.

Ese mandato era de seis años. Expiraba en diciembre de 1937. Sólo faltaba, pues, año y medio para evitar el escándalo, el mal precedente y la afrenta de la destitución.

Pero en aquellos momentos todo el mundo parecía tener prisa. Los socialistas más que nadie. Me refiero a la parte de los socialistas que seguía a Prieto y que creía que éste haría la política enérgica que Azaña no llevaba camino de poder hacer.

No se sabe qué argumentos se emplearon para convencer a Azaña de que debía mostrarse de acuerdo en destituir al presidente y ocupar su puesto.

Sus amigos, y en general todos los miembros del partido de Izquierda Republicana, se enfadaron mucho ante lo que calificaban de abandono o más bien de engaño. Prieto le había engañado. Mal conocían a Azaña quienes pensaban que era hombre capaz de dejarse engañar. Azaña era mucho más inteligente que Prieto y si se dejó convencer fue porque estaba convencido. En realidad lo que ocurrió fue que la política activa había dejado de interesarle o que, aun interesándole, le asustaba.

El propio Azaña, sin que nadie lo engañara, se engañó pensando que la situación de España permitía que él se retirase al olimpo de la presidencia, mientras otros hombres podrían seguir manejando la frágil carreta de la República por los pedregosos vericuetos, los baches y el terreno movedizo que habría que salvar, si no se hundía en ellos.

De la postración en la que se hallaba sumido días antes le sacó la idea de dejarlo todo sin tener que fugarse ni dejarse derrotar. Parece que estaba encantado con los preparativos de su «entronización».

Incluso logró infundir ánimos a sus amigos desanimados. Ya tenían un partido con arraigo en el país.

—El partido era usted —le respondían— y sin usted quedará descabezado.

—Eso no es verdad ni deben ustedes tolerar que lo sea. Cuando un partido se deshace por la falta de un hombre es que no es un partido. Ustedes van a seguir funcionando e incluso con más libertad y responsabilidad que antes. Si alguna vez necesitan mi consejo, como particular, se lo daré. Pero creo que ya es hora de que puedan echar a andar solos.

A pesar de todo esto, los amigos de Azaña, tanto personales como políticos, volvieron a estar inconsolables.

Seguían echando la culpa a Indalecio Prieto de la maniobra. Quitando a Azaña de en medio, él (Prieto) podría ser jefe de un Gobierno formado por socialistas (los de su tendencia) y republicanos. Un Gobierno que no gobernaría en socialista como venía pidiendo Largo Caballero, que no mentaría siquiera la dictadura del proletariado. Prieto se proponía emplear una mano dura contra los desórdenes que estaban minando la República por la izquierda, mientras que por la derecha se preparaba un verdadero movimiento militar para derribarla definitivamente. También contra eso creía tener remedios.

Presidente de la República

Llegó el día de la elección y enseguida el de la proclamación solemne en el Congreso de los Diputados.

Por más azañistas que fueran algunos y por mucho que hubieran variado sus sentimientos tristes de los días anteriores, animándose al verle izado al más alto puesto de la nación, tuvieron que reconocer que las cosas no empezaban con buen pie y que, entre aquella proclamación y la de don Niceto cuatro años y medio antes, no había comparación posible.

¡Hasta el tiempo se puso en contra! Alcalá Zamora había sido proclamado en diciembre, con un día esplendoroso que permitió el paso de los coches descubiertos a través de un Madrid enfebrecido de entusiasmo. Las ovaciones continuas que recibieron Besteiro, presidente de las Cortes Constituyentes, y don Niceto, presidente electo de la República, cuando descendían el paseo de la Castellana bajo aquel sol primaveral de diciembre, dirigiéndose a la ceremonia del juramento, no fueron menores ni menos entusiásticas que las que se hayan escuchado en los momentos más culminantes de la historia de España. Los que presenciaron el paso de aquel cortejo y sigan vivos todavía lo recordarán.

En cambio, la toma de posesión de Azaña, a pesar de celebrarse en mayo, no tuvo nada que ver con la anterior. El tiempo —como ocurre muchas veces en Madrid en primavera— era abominable. La inestabilidad política era todavía más amenazadora que la meteorológica.

Yo no asistí a la ceremonia del Congreso porque me tocó estar en los servicios informativos de Radio Madrid recibiendo las informaciones que constantemente me transmitían Rafael Chico desde las Cortes —quien todavía sigue en la brecha— y otros de los reporteros que teníamos distribuidos por los sitios estratégicos.

Los temores de que se produjera un atentado eran grandes y no carecían de fundamento.

Ceremonia brillante pero precipitada

El caso era que el salón de sesiones presentaba aparentemente la misma brillantez que en ocasiones análogas. Las tribunas aparecían abarrotadas. Estaba allí todo el cuerpo diplomático y muchas mujeres elegantes. Había animación en los pasillos y también en la calle. Pero, según me fueron explicando nuestros reporteros y también algunos amigos, allí parecía que faltaba algo. Nadie estaba realmente contento y todo se llevó con precipitación y como con miedo. Aquello hacía el efecto como de una corrida de toros de las que se celebran bajo amenaza de lluvia, cuando los toreros están deseando terminar y el público deseando también encontrarse lo antes posible en casa o al menos en el metro antes de que empiecen a caer chuzos de punta.

Cuando los periodistas bajaron de la tribuna para telefonear a sus medios respectivos, ya quedaba muy poca gente en los salones y en los pasillos del Palacio de las Cortes. El desfile de tropas en la puerta también fue muy breve.

Los curiosos y entusiastas que se habían estacionado frente al edificio, no muy cómodamente, puesto que las precauciones tomadas por la Fuerza Pública eran grandes y ello se explicaba perfectamente, se sintieron decepcionados al ver que no había coches descubiertos. Todo fue muy rápido y los coches cerrados abandonaron la puerta de los leones a gran velocidad.

Acababa de enterarme de esto cuando me llegó una llamada telefónica de Carlos Esplá, que, estando en paro político (no quiso aceptar la subsecretaría de la presidencia), había vuelto al periodismo y dirigía el periódico de Izquierda Republicana. Como disponía de pocos medios y poco personal, solía pedirme información de última hora.

—¿Qué noticias tienen ahí del Congreso? A mí hace un rato que no me llama nadie, ni he podido comunicar con la gente nuestra que hay allí.

—Pues lo último que yo sé es que todo terminó y que el presidente se ha marchado.

—¿¿¿Ya??? —me preguntó Esplá, que era un alicantino inteligente y socarrón a quien a veces el humor se le volvía negro. Aquello me recordó la pregunta idéntica del confesor de Talleyrand, cuando asistía al político y antiguo obispo en su lecho de muerte. Debo recordar, además, que Esplá había sido uno de los azañistas más opuestos a lo que consideraban como una deserción o fuga de su jefe.

—¡Vaya...! ¡No lo tome por donde quema! —le respondí—. El presidente se ha marchado, pero solamente al Pardo. Parece que esta noche ya dormirá allí.

Mal tiempo en La Quinta

Hubo entre la gente una especie de confusión. Se pensaba que Azaña se había instalado en el palacio donde murió Alfonso XII, o el de La Zarzuela. No era allí, sin embargo, donde había resuelto el presidente fijar su residencia mientras se hacían las obras de acondicionamiento en el palacio de la plaza de Oriente.

Ya he dicho que Azaña había llevado muy mal, durante su anterior etapa, la decisión de don Niceto de seguir viviendo en su casa particular, como antes, y utilizando el antiguo Palacio Real solamente de oficina.

No sólo era coherente con esa actitud anterior, sino necesario para su seguridad personal, que Azaña abandonase el piso de la calle de Serrano, en el momento mismo de salir con dirección al Congreso para ser investido. Entre los lugares de los que podía disponer, el que más le gustó como residencia provisional fue el llamado «La Quinta», que muchos confundían con La Zarzuela, pero que, como residencia, era mucho más modesta, ya que no se le podía llamar palacio, ni siquiera palacete, sino simplemente pabellón o quinta, como se le llamaba.

Ciertamente, Azaña lo eligió no porque sus gustos fueran modestos —no lo eran—, sino porque le encantaba el paraje —en pleno bosque de El Pardo— y le dolía que aquel pequeño primor hubiera sido estropeado desde tiempos de Fernando VII, a quien encantaba la cría de gallinas y había instalado allí una especie de granja avícola que estropeaba la gracia y el encanto de la pequeña edificación.

Allí en La Quinta pensaba Azaña pasarse la primavera disfrutando del aire libre —no pudo porque llovía casi a diario—, leyendo y, una vez que estuviese bien, descansando —¡esa ilusión se hacía el pobre!—, reanudando su labor literaria.

—Lo más odioso de la política —le había oído decir una vez— es el poco tiempo que deja para leer y el trabajo que cuesta concentrarse en la lectura cuando se tiene el espíritu ocupado por pequeñas y antipáticas pejigueras. Creo que es el oficio más propio para analfabetos o para acabar desalfabetizando a los que no lo eran.

Azaña procuró despachar cuanto antes la crisis que planteaba su ascensión a la presidencia de la República.

Ante el asombro de mucha gente, no fue Prieto el encargado de formar Gobierno, aunque sí es cierto, como todo el mundo sabe, que le llamó de los primeros para confiarle el encargo. No ciertamente a fin de pagarle de alguna forma los esfuerzos que había hecho para abrirle un camino que estaba lleno de maleza. La verdad es que, unos porque creían firmemente en Azaña como político activo y otros porque no entendían que se prestara a abandonar una tarea apenas comenzada, la oposición interna era grande en el seno de todos los partidos del Régimen. A los de la oposición, en cambio, les alegró. Si Azaña se retiraba era porque se daba por fracasado. Los que vinieran fracasarían aún más deprisa.

La dialéctica de Prieto, muy eficaz, se empleó a fondo en el empeño. Pero era evidente que si Azaña no hubiera querido o no hubiera tenido sobre su partido el dominio que tenía, nada habría podido hacerse.

Ahora bien, si Azaña llamó a Prieto para ver si podía formar Gobierno, no fue por agradecerle ningún esfuerzo. Lo hizo porque seguía creyendo que solamente la resurrección de la alianza republicano-socialista podría dar al país una situación relativamente estable. Al decir «estable» quiero significar basada en una sólida mayoría parlamentaria y con alguna posibilidad de control de las masas. Por lo demás, teniendo en cuenta que no era sólo el descontrol de las masas obreras sino la posibilidad de otros movimientos más graves de signo contrario lo que amenazaba al sistema y la endeblez del material humano de que disponía, la formación de un Gobierno fuerte era totalmente ilusoria.

Don Indalecio Prieto, a pesar del apego al poder que había tomado mientras lo ejerció, a pesar de su capacidad de maniobra y su talento político —sobre todo dialéctico—, no sólo no pudo garantizar a Azaña que contaba con el respaldo de su partido, sino que tuvo que reconocer que, aun entre aquellos socialistas que se le mostraban adictos, predominaba la opinión de no entrar a formar parte de ningún Gobierno en el que estuvieran en mayoría los republicanos burgueses, que era lo que Azaña les proponía.

Los reformistas de don Julián Besteiro —quedaban pocos pero buenos— que no fueron partidarios de la colaboración ni siquiera en los primeros tiempos de la República, mal podían serlo en unas circunstancias en las que el país estaba tan salido de quicio y el partido, precisamente por los efectos de aquella colaboración durante el primer bienio, había dejado de ser lo que siempre había sido, y se encontraba atravesando una fase de deterioro tal vez insuperable.

En cuanto a los largocaballeristas, que eran sin duda la mayoría, sobre todo entre las masas de aluvión llegadas al partido a favor de la República, ésos ya no querían ni oír de nada que no fuese la revolución social.

La verdad era que lo que ocurría por entonces con el Partido Socialista y sus hombres —aquellos hombres tan sensatos, tan honrados, tan idealistas, que habían hecho tantos sacrificios a lo largo de tantos años— era algo como para volver loco a cualquiera.

Sólo don Julián Besteiro y un pequeño puñado de adictos se mantenían en su línea de siempre. Lo primero, la salud del partido y la lucha pacífica por la elevación de la clase trabajadora. Nada de aventuras revolucionarias insensatas, de origen político —como la Revolución de Octubre—, pero tampoco comprometerse tomando parte en gobiernos que forzosamente tendrían que defender unos intereses que no eran los de los obreros si querían sobrevivir como tales gobiernos liberal-burgueses.

Luego estaba el caso de don Francisco Largo Caballero, cuyas contradicciones son difíciles de comprender. Hombre sencillo, trabajador ejemplar, al que yo tenía gran simpatía desde que me contó su vida en muy pocas palabras, como si me contara la cosa más natural del mundo. Hijo de un carpintero con muchas necesidades y poca salud, tuvo que ponerse a trabajar antes de cumplir los seis años de edad. Al cumplir los nueve, que fue cuando entró como aprendiz estuquista, ya había ejercido tres oficios: cordelero, o sea, trenzador de esparto para hacer cuerdas, encolador de cajas de cartón y repartidor de libros en una casa de encuadernación. Éste fue el más penoso porque le cargaban con unos paquetes de volúmenes que abultaban más que él. A menudo tenía que sentarse en las aceras para soportarlo. Menos mal que aquella mercancía no la robaba nadie.

Cuando entró como aprendiz estuquista ganaba tres reales. Luego ascendió a peón, después pasó a oficial, pero lo más que llegó a ganar fue un duro.

—Había ases del oficio, maestros, que ganaban hasta siete y ocho pesetas —me dijo una vez—, pero a eso ¡yo no llegué nunca!

Lo malo del oficio de estuquista era que no había trabajo más que en verano. La gente rica prefería hacer las obras en sus casas mientras estaban de veraneo. La mayor parte del invierno, los del oficio se veían parados. Entonces iban a hacer cola al Ayuntamiento, donde daban seis reales de jornal a los que les llegaba el turno —la mitad o más se quedaban de sobra— para hacer de peones en los trabajos de arreglo de las calles y otras chapuzas.

Una noche, al cabo de varios días de búsqueda inútil sin haber podido llevar un céntimo a su casa, Paco «el estuquista» se fue con otros compañeros a oír a Pablo Iglesias.

Aquello resultó el consuelo de todas sus penas. Se apuntó en el partido y en la UGT y, cuando no tenía trabajo, se iba al sindicato a trabajar gratis.

La única frivolidad que se permitió en aquellos años tan duros fue la de irse los domingos por la tarde, bien puesto de limpio, a marcarse un chotis en los merenderos del barrio de los Cuatro Caminos, que era el suyo.

—Sí; me gustaba mucho el baile y en especial el chotis. Pero siempre girando a izquierdas, ¿eh? Tenga eso en cuenta... —bromeaba.

—¡Menos mal, don Francisco —le decía yo— que entonces todavía no habían decretado los soviéticos que el baile es una diversión burguesa!

—¡Eso será en Rusia! En Madrid, el baile era la diversión proletaria más barata. Además, yo nunca logré bailar más que con las criadas. Y conste que eran lo más fino que se podía escoger como pareja.

Largo Caballero, cuando ya fue persona importante en el partido, además de concejal y después diputado, siempre creyó que las mejoras de la clase obrera había que irlas conquistando por los medios que se presentaran en cada oportunidad. ¿Que había que meterse en una huelga revolucionaria, como la del año 1917? Pues ¡a ello! ¿Que había que ir a presidio, como entonces...? Pues se iba...

—Fue tremendo dejar a la mujer sola con tres chiquillos que no levantaban un palmo del suelo y sin un pedazo de pan que llevarse a la boca. Pero, aparte de eso, no me vino mal aquella temporada. Como yo había empezado a trabajar a los seis años no tuve tiempo de ir a la escuela. Aprendí sólo a leer, a escribir y a hacer números. Fue en la cárcel, teniendo por maestros nada menos que al compañero Besteiro, a Anguiano y a Saborit, que también sabían bastante, donde pude empezar a entender los libros y donde me echaron la «solería», quiero decir, la base para ponerme en condiciones de aprender lo poco que sé.

Cuando llegó la Dictadura de Primo de Rivera, Largo Caballero fue uno de los partidarios, no de una colaboración política con el Régimen, como tantas veces se le echó en cara, sino de aprovechar las oportunidades que aquel Gobierno dio al Partido Socialista de seguir funcionando, cosa que no toleró a ningún otro. Largo Caballero ocupó incluso un puesto en el Consejo de Estado, en calidad de representante de los trabajadores.

Fue también uno de los más reacios a colaborar a la traída de la República mientras no se les dieran las garantías necesarias. Y, dentro de lo que cabía en aquella situación social angustiosa que se atravesó mientras él era ministro del Trabajo, se mostró moderado.

Ciertamente, nunca llegó a sentirse «tan ministro» ni tan integrado en los intereses gubernamentales como su compañero Prieto, por ejemplo, quien como ministro de Obras Públicas llegó a decir un día que, si se declaraba la huelga general ferroviaria, él no tendría inconveniente en echar mano del Ejército para acabar con ella.

Se dijo que al oírlo, al presidente de las Cortes don Julián Besteiro se le saltaron las lágrimas mientras se retiraba a su despacho y que murmuró:

—A estas cosas tan tristes conduce la colaboración en gobiernos que no tienen nada que ver con los trabajadores.

Entretanto, en el seno del mismo Gobierno, don Francisco Largo Caballero, sintiéndose socialista antes que ministro, proponía medidas que le acarreaban escaramuzas con el ministro de Hacienda don Agustín Viñuales, catedrático de Economía Política que había sustituido a Carner.

—Si hiciéramos eso que usted dice —apuntó don Agustín—, el lunes nos encontraríamos con que los bancos estarían cerrados ¡todos!

—Usted es un economista burgués y, claro, hace una política burguesa en su Ministerio.

—Mire, don Francisco. Déjese de adjetivos. Aquí no se trata de lo que yo sea ni de lo que yo haga. De lo que se trata es de que si se hace lo que usted dice, los bancos cierran —concluía Viñuales con su eterna sonrisa bondadosa.

—Es que habría que haber empezado por nacionalizar la Banca.

—Ésa es otra cuestión. Además, no hay tiempo desde hoy hasta el lunes.

Todo esto indica que si bien Prieto se había ido haciendo con el tiempo más conservador y gubernamental, Largo Caballero, en cambio, se fue radicalizando.

Luego vino la absurda Revolución de Octubre, estando ya todos fuera del Gobierno. Prieto, sin duda, tuvo que ver mucho en ella. Logró huir a Francia. Largo Caballero quedó en Madrid y fue a la cárcel. No se le pudo demostrar ninguna participación directa ni indirecta como no fuera su protesta contra la represión, que fue lo que hizo que mucha gente se solidarizase *a posteriori* con un movimiento que, en principio, les había parecido insensato e inadmisible. Si se habían perdido unas elecciones, no había más que aguantarse, capear el temporal y hacer las cosas mejor a fin de poder ganar las siguientes.

Todos a los extremos

Sin embargo, la victoria del Frente Popular lo sacudió todo determinando nuevos cambios de posiciones. Prieto quería entrar a gobernar con los republicanos, a ser posible, como presidente. Largo Caballero —que fue hombre de pocas palabras pero que se había ido convirtiendo en un orador de mitin, arrastrador de multitudes— era aclamado por todas partes como «el Lenin español». La inmensa mayoría del partido estaba con él. El partido también se había radicalizado pasando de «reformista» a «revolucionario».

Todo se había ido radicalizando en España hacia un extremo o hacia otro. Todo el mundo estaba exaltado.

—Aquí, en este local, pondremos el Santo Oficio —me dijo un día mi inolvidable amigo Paco Andes, al que todavía no llamábamos así porque aún no había heredado el título de su padre, sino marqués de la Eliseda. Acababa de separarse de José Antonio Primo de Rivera, con el que formó minoría durante algún tiempo, por parecerle que el ya jefe de la Falange se mostraba tibio cuando se discutían cuestiones religiosas.

Varias veces, a lo largo de los años siguientes y mientras se iba haciendo cada vez más comprensivo y liberal, le he recordado al conde de los Andes aquello que me dijo una tarde en el llamado salón del reloj. Siempre se reía...

—¡Hija...! ¡Qué memoria...! Recordarás también lo que te decían los otros...

—Sí, Paco. Los «otros», como tú dices, soñaban con poner allí el Sóviet Supremo, la Convención o el Comité de Salud Pública.

—Total que, en dejarlo como estaba, es decir, en que siguiera siendo el templo o el foro de la democracia, no pensaba nadie...

—Puede que un puñado de profesores siguieran pensando en eso. Pero ¡estaban los pobres tan tristes...! Parecía que tenían el presentimiento de que les iban a sacudir leña por un lado y por el otro.

En estas condiciones de exaltación, que se dejaban sentir todavía más vivamente en las provincias, era difícil que Azaña lograra formar un Gobierno que le descargase de preocupaciones.

XIX

EL «ERROR CASARES»

Descartado Prieto por no contar con el apoyo total, ni mayoritario, ni siquiera mínimo, de su partido, que no quería colaboración directa; descartados los personajes republicanos históricos como Marcelino Domingo o Álvaro de Albornoz (recomiendo de nuevo no confundir con Claudio Sánchez Albornoz), que nunca se llevaron demasiado bien con Azaña y que, además, estaban dolidos porque ambos habían sido candidatos *in pectore* de muchos republicanos para el caso de que se destituyera a don Niceto, como ocurrió; descartado Martínez Barrio, ya separado de Lerroux y jefe de un partido, Unión Republicana, reconciliado con la Izquierda Republicana de Azaña, pero que ni aun en el supuesto de que éste hubiera creído útil preferirle a los de su partido ya no era posible porque había sido elegido presidente del Congreso de los Diputados, Azaña se encontró con que no tenía a nadie más que a sus colaboradores de siempre, que, además, era entre los que se sentía seguro.

Así pues, encargó de formar Gobierno y puso en el lugar que él había ocupado durante el primer bienio —jefe del Gobierno y ministro de Guerra— a don Santiago Casares Quiroga.

La cosa no pudo caer peor entre los amigos y entre los adversarios. Bueno, es posible que algunos adversarios se sintieran reconfortados, pensando que en esas condiciones todo iría de mal en peor para el Gobierno.

Casares Quiroga se había desgastado mucho al frente del Ministerio de la Gobernación. Todo el mundo en todos los tiempos se desgasta en ese Ministerio. Incluso en la época de Franco, cuando ser ministro era una especie de gloria bendita en la que no había más que halago y satisfacciones, la mayoría de los ministros de la Gobernación se desgastaron por las críticas de las fuerzas que sostenían el Régimen y que los tachaban de duros o de blandos.

El puesto de ministro de la Gobernación en la República fue siempre terrible. Desde el primer día hasta el último. Igual durante el primer bienio Azaña que durante el otro y, por supuesto, durante la guerra.

En general, es un cargo que sólo se acepta en democracia por tres motivos: por manipular las elecciones, por servir a un amigo que le pida a otro ese sacrificio, o como prueba —la más difícil— para obtener otro puesto mejor en caso de salir victorioso. Siempre hubo también alguno que aceptó esa cartera por vanidad, porque parece la más importante, después de la presidencia del Gobierno. Se trataba, y sobre todo se trataba antes, de un departamento ministerial tan amplio, con tan diversas competencias y un poder tan extenso, que a veces está justificada la frase que un amigo político y personal de don Miguel Maura, al observar la vida espantosa que llevaba el ministro en aquellos primeros meses de la República, le decía para animarle:

—Pues mira, si te soy franco, a mí me encantaría estar en ese puesto desde el que se manda al mismo tiempo en los hospitales y orfelinatos, en los Ayuntamientos, en los gobernadores, en las corridas de toros y en la Guardia Civil.

A pesar de todo, el puesto resultaba atroz para un hombre como Casares Quiroga, quien, encima, era un enfermo crónico. Fue Azaña quien le nombró y quien le mantuvo en el cargo contra vientos y mareas. No creo que fueran amigos muy antiguos, pero le cayó en gracia como ninguno de los otros políticos que le rodeaban. Ciertamente, Casares era simpático en su trato, pero eso solo no justifica que le entrara a Azaña tan por el ojo derecho como le entró. Al contrario. Él solía mirar con poca benevolencia a los hombres aficionados al chiste fácil, aunque él mismo fuera amigo de hablar irónicamente.

Para interlocutores bromistas, ya tenía bastante con su cuñado Rivas Cherif, cuyo ingenio fértil y cuya mordacidad ocurrente le divertían mucho, como nos divertían a todos. Pero esos amigos que le divertían no eran precisamente los que le parecían aptos para confiarles puestos en el Gobierno, entre otras razones, porque tampoco se los pedían.

Tengo la impresión de que lo que le inspiraba Casares era una confianza ciega. Le parecía muy leal a su persona, a sus ideas y a sus métodos políticos.

Pero el nombramiento de Casares Quiroga como jefe del Gobierno y ministro de Guerra en mayo de 1936 no fue bien recibido. Ni por la opinión pública ni por los políticos.

Sólo tranquilizó a aquellos que temían que, como buen presidente constitucional que había prometido ser, Azaña se conformaría con un papel de árbitro, sin inmiscuirse de ninguna forma en el desarrollo de la política. Con Casares como presidente y ministro de Guerra, era seguro que Azaña seguiría teniendo una influencia política directa y total. Es decir, que ejercería el poder por persona interpuesta.

Para las derechas, incluso republicanas y más aún para las otras, el nombramiento de Casares significaba que ya no habría componendas posibles de la situación. Se iba a una prueba de fuerza, lo antes posible y ¡asunto concluido!

El odio hacia Casares era atroz. Este odio nacía en parte de su lenguaje desenvuelto, de aquellas frases como la de «¡Frente a esas gentes, me declaro beligerante!» que dijo en el Congreso, refiriéndose a la oposición de derechas. Ello dio lugar a que se le dirigieran toda clase de ataques y se le levantaran después calumnias como alguna —que ha quedado escrita incluso por gente seria— y según la cual fue él quien envió a los guardias de Asalto a asesinar a Calvo Sotelo.

Ninguno de los difusores de la especie ha tenido jamás en cuenta que, cuando sucedió el abominable asesinato de Calvo Sotelo, Casares no era ministro de la Gobernación y, por lo tanto, no tenía ningún mando sobre los guardias de Asalto.

Ciertamente, como jefe del Gobierno y ministro de Guerra, le cabía la responsabilidad de la situación y muy especialmente la de la actuación de los cuerpos del Estado. Tendría que haber hecho una declaración tajante, él mismo o el ministro responsable del orden público en su nombre.

Por el contrario, lo que sí se hizo fue dar unas órdenes severas a la censura —había en ese momento censura de prensa—, la cual nos transmitió la orden, totalmente absurda, de que había que «tratar informativamente» de la misma forma el asesinato del teniente Castillo que el de don José Calvo Sotelo, sin dedicar ¡ni una línea más ni menos! al uno que al otro.

Pero, en fin, no divaguemos. Todo esto tendría cabida si se tratara de atacar o rehabilitar la figura de Casares Quiroga, personaje al que todavía no se ha juzgado con la seriedad que sería menester dado su papel preponderante en la Segunda República. Tal vez ello se deba a que él nunca escribió nada en su propia defensa ni justificación.

Tampoco ha habido quien lo haga por él. Lo único que cabe decir, pues, es que no era el hombre adecuado para tan grave momento. Y que, con todos los respetos, cualquiera podía sacar la conclusión de que don Manuel Azaña cometió un tremendo error al confiar la dirección del Gobierno y, sobre todo, del ámbito militar, en el que era público y notorio el descontento e incluso la preparación de un golpe de consecuencias incalculables, a un hombre cada vez más enfermo, más cansado, más irritado y, sobre todo, con menos deseos de asumir tan tremenda carga.

«Los tiranos iban a caballo»

No hablé con don Manuel Azaña durante las semanas que pasó en La Quinta como presidente de la República. Tenía noticias de él con frecuencia por los amigos no políticos que iban a verle y a los que a veces invitaba a almorzar o a tomar el té.

Seguía con su sistema de no recibir a la prensa. Ésta fue invitada, sin embargo, un día a presenciar las pruebas de un coche adquirido para el presidente. Dentro de aquel vehículo podría circular bien tranquilo.

Ni bala ni bomba ni piedra serían capaces de atravesar aquel caparazón charolado y aquellos cristales diáfanos. Ahora, el coche oficial o particular blindado es cosa corriente, aunque se sabe también que no es tan invulnerable como entonces se creía.

El representante de la casa constructora dijo como colofón, a fin de que todo el mundo apreciara la calidad y rareza del artículo:

—Hasta ahora sólo se han construido tres coches de estas características. Uno, que es el que usa Hitler; el segundo para el presidente de la República de México, general Lázaro Cárdenas, y este que ven ustedes y que está destinado al presidente de la República española, don Manuel Azaña...

Parece que el tercer usuario de tan gran adelanto apostilló esta noticia con su ironía habitual:

—¡Vamos... que se trata de una «especialidad» destinada a jefes de Estado populares! ¡Y pensar que los grandes tiranos de la Historia se paseaban a caballo...!

Si Azaña incluía a Hitler como «presidente popular», comparándole consigo mismo y con el presidente Lázaro Cárdenas —quien, aparte de la tradición mexicana de jefes asesinados, acababa o se proponía nacionalizar el petróleo de su país, lo cual suponía exponerse a grandes riesgos por los intereses que lesionaba tal decisión—, era porque, cualquiera que fuera su repugnancia por el Régimen nazi, tenía que reconocer que Hitler había ganado la presidencia de Alemania al morir Hindenburg por elección popular bastante reñida, aunque después desdeñara ese título y se llamara oficialmente sólo canciller del Reich y, más comúnmente, Führer.

302

Teniendo en cuenta que cuando Azaña fue elegido presidente de la República ya había pasado la fiesta nacional del 14 de abril con su desfile militar en el paseo de Recoletos en el que apareció, como antes, junto al anterior presidente (una ráfaga de disparos, hecha por no se sabe quién, estuvo a punto de acabar con todos), sus salidas oficiales fueron escasas.

Sorprendió bastante que una de ellas fuera para presidir la corrida de Beneficencia de aquel año, que, como de costumbre, se celebró en junio.

Jamás se había visto a Azaña en los toros ni hablar de toros ni pronunciarse en pro o en contra. Era un asunto que parecía serle del todo indiferente.

Sin embargo, debe tenerse en cuenta también que la República coincidió con una de las épocas taurinas más brillantes. Ya no eran los tiempos de la rivalidad entre Joselito y Belmonte. Pero la inauguración de la Plaza Monumental —hermosa y cómoda a pesar de que había quien se quejaba del emplazamiento— coincidiendo con la reaparición brillantísima de Juan Belmonte, quien aquella temporada acababa de firmar una larga serie de contratos para actuar durante todo el verano en toda España, la culminación del «fenómeno» Domingo Ortega, la plenitud de Marcial Lalanda, la alegría que sembraban por todas partes las actuaciones de los hermanos Bienvenida, la valentía del mexicano Armillita, y otra serie de ases que venían pegando muy fuerte, como Félix Colomo, Alfredo Corrochano, el Estudiante y tantos otros, produjeron una especie de renacimiento de la fiesta que estaba un poco decaída.

Por otra parte, la politización general también se notaba en las plazas y, en vista de que entonces el público era más popular (el sol estaba siempre mucho más lleno que la sombra y, además, como las corridas empezaban más temprano, era más abundante el número de localidades soleadas), quienes más gritaban cuando se producían broncas políticas eran los republicanos.

Sin llegarse a lo que pasaba en el siglo pasado, en el que, según Alejandro Dumas, en la Plaza de Málaga había visto rivalizar —casi batallar— a dos cuadrillas, una de toreros liberales y otra de toreros carlistas, cada uno con su público entusiasta, la parte más fanática del público solía echarse encima de aquellos diestros que por haber conseguido ya una situación social sólida en la agricultura o en la ganadería, se les consideraba como enemigos del pueblo. La aparición del nombre de uno de los ases taurinos en la lista de donantes para el fondo electoral de las candidaturas de los «cedistas» de Gil Robles hizo que empezara la temporada entre constantes griteríos.

—¡Cómo te aplauden las derechas...! —le gritaron una tarde a Alfredo Corrochano, que comenzaba a hacer su faena, bajo el tendido nueve.

La aparición de Azaña, con su esposa, que iba sencilla y elegante, con sombrero, como de costumbre, presidiendo la corrida de Beneficencia en el palco, que todavía se llamaba «Real», produjo oleadas de entusiasmo, especialmente entre el público de la solanera. Tampoco hubo sensibles manifestaciones hostiles en las localidades caras, que estaban trufadas de diputados y altos cargos republicanos y socialistas, que acudían asiduamente a la plaza.

El público, a la entrada y más aún a la salida, lo pasó muy bien viendo caracolear los caballos de la escolta presidencial, cuyos efectivos había aumentado don Manuel Azaña.

Fue, según se decía, también él quien ideó el uniforme, muy parecido al de los coraceros, la guardia presidencial francesa. En lugar del plumero blanco, en alto, de la antigua escolta real —que también rodeaba los coches palatinos cuando los reyes iban a presidir una corrida—, los soldados y oficiales de la escolta republicana llevaban un largo penacho oscuro colgando del casco.

Bien entrenados y elegidos entre los mejores jinetes y de mejor presencia, aquel despliegue militar, alrededor del nuevo jefe del Estado, complació mucho tanto a los espectadores de la corrida como a las multitudes de curiosos que bajaron desde las Ventas y hasta desde Vicálvaro a aplaudir el espectáculo.

La misma expectación continuó a todo lo largo de la calle de Alcalá. El pueblo sencillo, poco acostumbrado a que el jefe del Estado se rodeara de pompa —la austeridad de don Niceto había procurado siempre evitar tales exhibiciones—, agradecía que Azaña hiciera de sus salidas un espectáculo callejero brillante. Les parecía que de ese modo la República, tan amenazada ya, estaba más segura.

Otra salida oficial del matrimonio Azaña fue a una cena de gran gala ofrecida por el embajador de México en nombre y representación del presidente Cárdenas en honor del presidente de la República española y de su esposa, que pocos días después tenían dispuesto marchar a la residencia de verano que se les había preparado en Santander.

XX

EL ESTALLIDO. «YA ESTAMOS LISTOS
PARA QUE NOS FUSILEN.»

Indalecio Prieto llevaba mucho tiempo anunciando en los artículos que publicaba en *El Liberal* de Bilbao que el movimiento militar era seguro e inminente. Había que tomar precauciones que no podían consistir más que en una preparación severa, que tendría que empezar por una verdadera revolución en los mandos militares y por armar milicias en los partidos políticos.

¿Creían Azaña y Casares Quiroga que tan profundo y extenso movimiento llegaría a producirse?

Todo indica que no. Ellos seguramente pensaban que podía ocurrir algo. Incluso algo muy serio. Pero, sobre todo Azaña, siempre había parecido seguro de que, lo que fuera, podría sofocarse con más o menos dificultades, sin echar mano de más medios que aquellos de los que un Gobierno dispone normalmente. Los resortes del poder son siempre fuertes. Bastaba con emplearlos a fondo.

Azaña estaba seguro de la lealtad de los jefes de las regiones militares y no andaba tan descaminado puesto que sólo uno —el de Zaragoza, general Cabanellas— se sublevó. Ni el presidente de la República ni el ministro de Guerra sospechaban en absoluto que estuvieran comprometidos ciertos militares que desempeñaban cargos de confianza en el seno del Gobierno, como el general Queipo de Llano.

Contaban, además, con la lealtad y eficacia de la Fuerza Pública —Guardia de Asalto, Guardia Civil, Guardia de Seguridad, cuerpo de Policía—. Todo esto unido a la confianza que les inspiraban los altos jefes de muchas guarniciones, les hacía sentirse relativamente tranquilos.

El poder es sin duda un vehículo cuya confortabilidad hace que quienes viajan dentro confíen plenamente en su potencia, en sus resortes mecánicos, en sus frenos y su acelerador.

Como nunca ven circulando enfrente ningún otro tan saludado ni de mejores características, lo creen invulnerable.

Les parece imposible que las tropas que los saludan, los escoltan, les rinden honores, puedan no ya volverse contra ellos, sino verse impotentes para dominar cualquier intento venido de fuera.

«Ha empezado la insurrección en África», dijo Prieto

La tarde del viernes 17 de julio, hacia el anochecer, a pesar de que el Congreso de los Diputados estaba en vacaciones, acudieron a los pasillos del Palacio de la Carrera de San Jerónimo bastantes diputados. La antevíspera, había celebrado la Comisión Permanente una reunión tumultuosa, en la que Gil Robles hizo el balance de la situación. Un balance terrible que concluyó con previsiones apocalípticas como consecuencia del asesinato de Calvo Sotelo. Inmediatamente tomó su coche y aquella misma noche llegaron noticias de que el jefe de las derechas había pasado la frontera.

La situación para el Gobierno de la República, después del asesinato de Calvo Sotelo, se hizo tan mala, tan insostenible, que muchas gentes, incluso entre sus enemigos, pensaron que ya no habría necesidad de desgastarse ni correr los riesgos que comportaba un golpe militar. Bastaba con que las cosas siguieran como estaban para que la situación de izquierdas se viniera abajo ella sola. O se rectificaba el rumbo o aquello no podía durar un mes.

Estaba yo aquella tarde, como siempre, en los servicios informativos de la radio, cuando uno de nuestros reporteros me llamó desde el Congreso:

—Acaba de llegar don Indalecio Prieto, quien ha dicho en voz bastante alta las siguientes palabras: «Ha comenzado la insurrección en África».

—¿En África? ¡Qué cosa más rara...! Pero ¿eso es cierto o es un rumor?

—Prieto asegura que es absolutamente cierto. Ahora vamos a ver si en los centros oficiales lo confirman o lo desmienten.

Momentos después, sonó el teléfono de nuevo.

—La noticia es cierta, aunque seguramente el Gobierno no dirá nada hasta mañana. Prieto y Largo Caballero se han dado un abrazo.

—Eso sí que es gordo. ¿Tienes confirmación?

—No la necesito. Lo estoy viendo. Ya no hay escisión en el Partido Socialista. Acaban de firmar la paz. Muy grave tiene que ser la cosa para que se haya producido esa reconciliación tan espectacular.

Pocas semanas antes, justo el día de la elección de Azaña, los prietistas y los largocaballeristas se habían pegado en el Palacio de Cristal del Retiro, que fue donde se efectuó la votación. En cuanto a los dos jefes que acababan de unirse en apretado abrazo, hacía tiempo que no se saludaban.

Fue aquella del viernes la última noche que se pudo salir en Madrid después de cenar sin sufrir molestias. Entre los republicanos moderados que frecuentaban el Lion y que días antes no acertaban a explicarse cómo el Gobierno podría salir de una situación tan apurada, había división de opiniones:

—Yo creo que los militares han cometido un error. Hace unos días, el Gobierno estaba abrumado por lo de Calvo Sotelo, sin acertar a comprender cómo podría quitarse de encima una losa semejante. Ahora sólo se piensa ya en sofocar la sublevación. El crimen y el castigo que sería necesario imponer han pasado a segundo término. Los socialistas se han reconciliado. Piensan armar milicias populares. En caso de que la sublevación sea aplastada, los moderados perderemos todavía más terreno del que habíamos perdido.

—A mí me parece, por el contrario, que si la sublevación se corre a la Península, no habrá quien la detenga.

De pronto llegó alguien diciendo:

—Parece que todo está muy tranquilo en el Ministerio de Guerra. Casares Quiroga no piensa que la sublevación se extienda. La prueba es que cuando los periodistas han ido a preguntarle, les ha dicho: «¡Mañana hablaremos! ¿Ustedes dicen que los militares se levantan? Pues bien, yo me acuesto».

Si no era cierta, la frase estaba bien inventada y se correspondía perfectamente con el desenfado en el que Casares procuraba envolver su lenguaje, a fin de dar una cierta sensación de dominar, sin dramatismo, las situaciones más dramáticas.

Veinticuatro horas después, todo había cambiado. Casares se veía impotente para dominar lo que se le venía encima. Intentaba comunicar con los altos mandos y no siempre lo lograba. Unas veces le contestaban angustiosamente que no podían resistir más. Otras veces no le contestaba nadie y muchas otras recibía la respuesta de un capitán o comandante, quien le decía que los altos mandos por quienes preguntaba ya no mandaban en nada ni en nadie. Unos habían huido y otros estaban presos o muertos. Casares acabó dejándose caer en un sofá y diciendo con su habitual desenfado: «¡Que talle otro!».

En fin, no es cosa de meterse aquí a contar otra vez la guerra, que ya está suficientemente contada desde todos los ángulos.

Sólo diré que fue el sábado por la tarde cuando se repartió por los medios de comunicación —periódicos y radio— una larga nota en la que se veía claramente, por el estilo inconfundible y ciertas frases bien conocidas, que había sido redactada por don Indalecio Prieto, en la que se llamaba al pueblo para que tomara las armas.

La idea de Azaña y también de Casares Quiroga, según la cual la República podría muy bien defenderse empleando solamente los resortes del poder, con los medios de que disponía, que todavía eran poderosos, ya no podría llevarse a cabo normalmente.

¿Habrían ganado si les hubiera sido posible hacer eso, es decir, defenderse con sus medios legales? No se sabe. Pero lo que sí se sabe es que, haciendo al mismo tiempo una revolución popular, no ganaron. Se sabe también que las primeras victorias —si se puede emplear esta palabra tratándose de una lucha fratricida—, los primeros y únicos aplastamientos de la sublevación, se debieron más que al folklore bullanguero de las milicias, a las actuaciones de la Fuerza Pública —Guardia Civil, sobre todo—, que en los primeros días tuvo el Gobierno a su lado, especialmente en Madrid y en Barcelona.

—¿Qué dice Azaña de todo esto? —le pregunté a uno de los amigos que le veían.

—Se ha trasladado al Palacio Real para estar mejor guardado. Era una temeridad seguir en aquel rincón del bosque de El Pardo.

—Pero ¿cuál es su estado de ánimo?

—Pues ya os podéis imaginar. El otro día dijo medio en broma medio en serio: «¡Ya estamos listos para que nos fusilen!». Le afectó bastante la dimisión de Casares y más aún el fracaso de ese Gobierno de paz y negociación que intentó formar la otra noche.

—Y de todo esto de los milicianos paseándose en coches descubiertos y con los fusiles arriba y abajo, ¿qué dice?

—Es fácil de adivinar lo que dice y lo que piensa. ¿O es que no le conoces?

El presidente de la República no se movió de Madrid en todo el verano. Entre los sufrimientos y las tormentas de su corazón viendo lo que ocurría a su alrededor, debió de comprender lo candoroso que había sido por su parte pensar que podría pasar un verano apacible en Santander, repartiendo el tiempo entre paseos por el monte y ratos de lectura en la Biblioteca de Menéndez y Pelayo.

En lugar de eso, se veía prácticamente preso. Cuando se asomaba a los balcones de la fachada norte del Palacio Real, para contemplar el paisaje que amaba tanto, veía incendios y polvareda de cañonazos. Aquello, a pesar de todo, tenía más grandeza que las noticias de los horrores que llegaban cada día. El acoso del enemigo era menos terrible para él que las torpezas del Gobierno y las noticias de las barbaridades que se cometían en la retaguardia. Que en la otra retaguardia se cometieran también atropellos no le consolaba en absoluto ni le servía de justificación.

Por los cafés corrían de pronto noticias de victorias imaginarias. Recuerdo que un día, no sé por qué razón, estuve hablando con Carlos Esplá, que ya tenía su despacho en la presidencia del Gobierno.

—¿Qué significa ese boletín de victoria que han dado hoy, según el cual el ejército del frente de Talavera ha avanzado en una tarde veinte kilómetros? ¿Es verdad?

—Sí... es que como el otro día retrocedieron treinta, y como ocurrió que los otros no habían ocupado ese terreno vacío porque han preferido fortificarse, el mando ha obligado a que vuelvan atrás y ocupen de nuevo veinte de los treinta kilómetros que dejaron.

«Azaña se ha marchado»

Cuando todavía faltaba algún tiempo para que el ejército de Franco se acercara a Madrid, se dio una nota diciendo que «el presidente de la República, por acuerdo del Gobierno, se había trasladado a Barcelona». En los círculos más críticos se aseguraba que el Gobierno no había dispuesto semejante cosa. Había quien decía que algunos ministros pusieron el grito en el cielo cuando el presidente les comunicó que, con autorización o sin ella, pensaba salir de Madrid aquella misma tarde.

—¡Eso es absolutamente anticonstitucional! —le dijo alguno.

—Sin duda está más de acuerdo con la Constitución abrir las cárceles y repartir fusiles entre la población penal. Además, lo que yo pienso hacer hoy es lo mismo que van a hacer ustedes dentro de muy pocos días.

Así ocurrió.

Desde el principio quiso hacer la paz

Pocos meses después, en un café de París sorprendí una conversación entre un anarquista catalán y un republicano madrileño:

—Aquello anda manga por hombro —decía el catalán—, pero yo me vuelvo mañana.

—¿Y Azaña qué hace? —preguntó el otro, que llevaba ya bastante tiempo fuera—. No se oye hablar de él. Parece como si no existiera.

—Ha querido escaparse varias veces. Pero nosotros no se lo permitiremos. Si no fuera por la vigilancia de la FAI, ya lo habría conseguido.

Era verdad que la FAI, con sus luchas y su desorden, le tenía puesto un cerco inicuo. Pero era mentira que hubiera querido escaparse. Sin duda lo pensó muchas veces y algunas tomó la resolución, no de escaparse, sino de dimitir, sobre todo mientras reinó el desorden absoluto. Pero no era hombre de fuga. Tenía suficiente prestigio internacional para, en caso de haber resuelto dejarlo todo, haberlo hecho mediante una dimisión razonada y en regla, midiendo bien sus consecuencias. Creía un deber permanecer en su puesto, primero porque sabía que en el otro lado muchos sufrían prisión y hasta muerte, acusados solamente de ser amigos o partidarios suyos, sin renegar por eso de la amistad o el partidismo.

Por otra parte, no renunciaba a entablar gestiones de paz —todo el tiempo tuvo la misma obsesión— y sabía que la única forma de conseguirlo, si ello era posible, sería mantenerse con dignidad en el puesto atroz que la Historia le había asignado.

«No se aceptan regalos»

En París, uno de los que habían sido amigos suyos y que había abandonado definitivamente España porque encontró medios de vida fuera y se hallaba en buena situación económica, me dijo un día:

—Ha venido Fulano [no recuerdo quién era] y me ha dicho que hace poco le invitó a comer don Manuel y que le dio bastante pena ver que en su mesa faltan muchas cosas de las que a él le gustaban. Me gustaría que acompañaras a mi mujer a encargar unos paquetes para hacérselos llegar, como regalo. Tú sabes qué cosas les gustan a él y a su mujer.

Estuvimos en Chez Fauchon, la mejor tienda de comestibles de París en la plaza de la Magdalena. Elegimos los mejores cafés, las más bellas frutas en dulce, los frascos de *foie gras* trufado, varias cajas de finísimas galletas, y pastas para el té, azúcar, miel, mermeladas, latas de té para un par de años, leche en polvo, mantequilla salada, quesos de todas clases... Sin embargo, conociendo como conocía algo al personaje, yo me imaginaba que, a pesar de tratarse de cosas que le eran muy gratas, Azaña no consideraría oportuno el envío.

En efecto, algún tiempo después supe, por otro amigo de la familia que había querido hacer tan espléndido regalo, lo decepcionante que había sido el acuse de recibo:

«Agradezco muy sinceramente su envío de víveres, pero debo decirles que les han informado a ustedes mal. Yo no carezco de nada de lo indispensable porque en las circunstancias actuales lo indispensable es muy poco y las apetencias son mínimas. He hecho, pues, entrega de sus obsequios a los establecimientos que cuidan niños, ancianos y convalecientes. Por las notas adjuntas verán que todo ha sido bien recibido y espero que, en lo sucesivo, sus obsequios sean enviados directamente adonde más falta hacen, a fin de ganar tiempo».

Quien fue capaz de devolver un lote maravilloso de libros que le envió Pérez de Ayala desde Londres en un momento que le pareció inoportuno —en lugar de habérselos enviado mientras estaba preso— no era hombre capaz de aceptar las costosas exquisiteces, aunque algunas de ellas no fueran enteramente superfluas, que le enviaban quienes podían permitirse hacer tales obsequios, mientras los niños y los enfermos en España pasaban hambre.

XXI

CON LA CRUZ A CUESTAS

Nunca había creído Azaña que aquella guerra podría ganarse. Por desgracia para él, no era de los que confunden sus deseos con las realidades. Y la realidad era que, si bien la sublevación militar había fracasado en Madrid, Barcelona, Valencia y otros puntos importantes, quedaban aún muchas tropas y mucha tierra en poder de los sublevados. A esto se sumaban las fuerzas que, estando en un principio —por disciplina— al lado de la República, se iban pasando poco a poco, asustadas ante el cariz revolucionario que se respiraba en la zona republicana.

Tan pronto como la sublevación se convirtió en guerra civil y se vio también que el Gobierno, en lugar de seguir en su papel de restaurador del orden, se manifestó como una fuerza revolucionaria que persigue el asalto al poder y lucha por hacerse con los resortes del mando —dividido en facciones, que era lo más triste—, la cosa estaba perdida.

Azaña no confundió nunca la capacidad de resistencia con la posibilidad de victoria. Nunca creyó en esa victoria. Pero, creyéndose depositario de la titularidad del poder legítimo, entendía que no podía huir dejándolo tirado en medio de la calle.

Aquellos gritos de «¡No pasarán!» que empezaron a sonar en las calles de Madrid mucho antes de que la capital estuviera en peligro le parecían una solemne confesión de impotencia.

—Lo normal —les decía a sus amigos e incluso a los ministros— sería que hubiera podido completarse la tarea de hacer fracasar la sublevación, que fue lo que se inició los primeros días. Si ahora resulta que se han invertido los papeles y que lo que estamos haciendo es resistir, la cosa cambia por completo.

Por eso le molestaba también mucho que el Gobierno Largo Caballero, que con poco entusiasmo por parte del presidente de la República se constituyó a primeros de agosto como «Gobierno de la victoria», en el que había socialistas de todo pelaje, comunistas e incluso anarquistas, empleara el lenguaje de la revolución bolchevique.

Alguno de los sufridos republicanos azañistas, que no tuvieron más remedio que seguir apoyando la situación, me contaba que Azaña había intentado más de una vez poner las cosas en claro.

—Olvídense ustedes, si es que pueden —le había dicho a Largo Caballero—, de la Revolución rusa. Nosotros no somos un grupo que pretende tomar el poder ni asaltar ninguna fortaleza de Pedro y Pablo. La situación es exactamente la contraria. El Gobierno ha sido atacado. La victoria hubiera debido consistir en hacer fracasar el asalto. Si las circunstancias nos fuerzan a defender palmo a palmo las posiciones que eran nuestras, del Gobierno legítimo, considerándolas como posiciones revolucionarias cuya conquista hay que consolidar, estaremos perdidos a más o menos largo plazo.

Azaña, por otra parte, se sentía decepcionado ante la reacción de las potencias que deberían haberse puesto al lado del Gobierno de la República.

Recordaba que cuando el político Édouard Herriot hizo un viaje a España siendo presidente del Consejo de Ministros francés, en el otoño de 1932, venía muy decidido a la firma de una alianza. Su entonces colega español Manuel Azaña se negó a cualquier clase de hipoteca que pudiera comprometer la neutralidad española. Ya tenía entonces bastante la República con afrontar la oposición interior, que hizo lo que pudo para presentar aquel viaje como un intento de ligarnos a Francia, rompiendo nuestra neutralidad tradicional.

Lo único que consiguió Herriot fue la promesa, o tal vez el compromiso, de que las armas que España necesitara para la modernización del Ejército se las compraría a Francia.

También era ése uno de los objetivos del viaje. Francia ha tenido siempre «tienda abierta» en ese sentido, como seguimos viendo tan a menudo. Era, pues, ventajoso para la República francesa y para la española que tal comercio se efectuase cuando hiciera falta.

Sin embargo, llegado el momento en que el Gobierno español necesitó comprar el armamento que con tanta insistencia le ofrecieran los vecinos, el Gobierno francés del Frente Popular decidió alinearse con los ingleses en el famoso Comité de No Intervención, mientras Italia y Alemania, metidas también en el Comité, hacían lo que les venía en gana. En lugar de procurar una mediación que resultara aceptable para los dos bandos, los franceses y los ingleses parecían procurar lo contrario.

Visto, pues, que la ayuda a la República de los aliados se reducía a una especie de apoyo moral —no siempre bien llevado— y a dejar pasar lo indispensable para que la guerra se prolongara, visto también que la ayuda rusa era más espectacular que eficiente y muy bien cobrada no sólo en dinero sino en influencia política de los comunistas españoles —que siendo los menos llegaron a arreglárselas para que pareciera que eran los más—, los esfuerzos de Azaña, dentro de sus escasas posibilidades, se encaminaron a que Francia e Inglaterra, sobre todo Inglaterra, que tenía más poder —y más contactos con el Gobierno de Burgos—, ayudaran a conseguir una paz honrosa.

Tampoco lo logró, a pesar de haberse valido de algunas ayudas tan prestigiosas en el extranjero como la de don Julián Besteiro, quien acudió en calidad de delegado del Gobierno a las ceremonias de coronación de Jorge VI, sin más idea que la de conseguir que las altas instancias internacionales vieran la forma de mediar en el conflicto a fin de que la sangría y la descomposición no llegaran hasta sus últimas consecuencias.

El calvario

Del calvario sufrido por don Manuel Azaña durante la guerra ya lo ha dicho él todo o casi todo. No vale argumentar que una cosa es lo que se cuenta después de la derrota y otra es la actuación. Azaña, después de la derrota total, apenas estuvo en condiciones de escribir nada, puesto que salió de España moralmente deshecho y mortalmente enfermo. Apenas sobrevivió año y medio. Todas sus opiniones sobre la guerra, la insinuación de sus sufrimientos, que un pudor comprensible le hacía disimular hasta donde podía, fueron puestos sobre el papel a medida que las cosas iban ocurriendo.

Se había criticado mucho que don Niceto Alcalá Zamora no se entendió bien con ninguno de los jefes de Gobierno que tuvo. A Azaña le ocurrió más o menos lo mismo. Y en peores condiciones.

Sus amigos, sus preferidos, como fueron Casares Quiroga y, tras el muy comprensible abandono de éste —que se sintió incapaz desde los primeros momentos para dominar una situación tan crítica y tuvo el valor de decir «¡Que talle otro!» y marcharse a su casa—, don José Giral, demostraron que no valían para aquellas circunstancias, como tampoco valía el propio Azaña. Se le planteó, pues, sin escapatoria posible, la papeleta de confiar el Gobierno a Largo Caballero, con Indalecio Prieto como ministro de Defensa. Las cosas fueron de mal en peor. A mí me cuesta mucho trabajo imaginarme a Azaña presidiendo las reuniones de aquel Gobierno. Seguramente las presidió pocas veces porque durante bastante tiempo él estaba en Barcelona y el Gobierno estaba en Valencia. Nunca había tomado en serio lo de que llamaran a Largo Caballero «el Lenin español». Le había tratado lo bastante cuando le tuvo de ministro para darse cuenta de que no lo era. La prueba fue que los comunistas no pararon hasta tumbarle. Tal vez porque hallándose entonces Stalin encaramándose en lo que llegaría a ser el apogeo de su gloria —nadie era entonces antiestalinista y ¡pobre del que sintiese alguna veleidad en ese sentido!—, pensaban que, en calidad de «lenines», ya tenían bastante con el que estaba muerto y momificado en la Plaza Roja.

Sus diferencias con Prieto

En cuanto a Indalecio Prieto, Azaña había tenido siempre serias dudas sobre sus capacidades de hombre de Gobierno. Tenían pocos puntos comunes y muchos diametralmente opuestos, por lo que nunca pudieron llegar a compenetrarse. Los puntos comunes eran todos de carácter negativo en las circunstancias en las que se hallaban. Los dos eran pesimistas en cuanto a los resultados y la marcha de la guerra. Los dos empleaban una dialéctica que no se correspondía con los hechos, tal vez porque no tenían realmente sobre las situaciones el dominio que aparentaban.

Los puntos opuestos eran insalvables. Azaña se sentía molesto y a veces hasta herido por la bastedad —él la llamó muchas veces «procacidad»— de Prieto y no comprendía cómo podía complacerse en aparecer como más ordinario e inculto de lo que en realidad era. A Azaña le molestaba mucho la gente impulsiva y precipitada, muy sujeta a los cambios de humor y con una evidente tendencia a equivocarse en sus juicios y en sus actuaciones. No comprendía cómo Prieto podía estar tan seguro de que Bilbao era una plaza inexpugnable ni de que, a pesar de su pesimismo sobre el resultado final de la guerra, hubiera estado tan convencido de que el frente del norte sería lo último que se derrumbase. También le resultaba difícil perdonarle que hubiera tenido tanta fe y tanto empeño en armar al pueblo y en que los soldados no tirarían sobre los obreros.

Para Azaña, todo eso había sido desde el principio música celestial o, mejor dicho, música infernal. Desde el principio, él prefirió la opinión de los militares. Estaba convencido de que el soldado va donde le mandan, mientras que el miliciano puede servir para un día, pero no para ganar una guerra. Cuanto más grande sea su entusiasmo, más deprisa corre en el momento en el que oye el primer cañonazo.

Por eso, cuando Azaña quería saber de verdad cómo iba la guerra, no preguntaba a los ministros. Preguntaba a los militares. Lo poco o mucho que se sepa de ese asunto son ellos quienes lo saben. Por eso tampoco le hacían ninguna gracia los improvisados generales o líderes guerrilleros. Muy pocos de entre ellos, según Azaña, sabían leer un mapa.

A pesar de tales diferencias, Azaña llegó a sentir estimación por Prieto porque el presidente era un hombre muy sensible a la lealtad y Prieto se portó siempre con él muy lealmente. A medida que avanzaba el tiempo iba haciendo más la vista gorda a aquellos defectos con los que siempre se había mostrado tan mordaz y estimando más sus cualidades, como la lealtad y la franqueza.

Negrín, ¡al fin era jefe!

Más tarde, cuando Negrín se hizo con el poder, Azaña se sintió optimista. Nunca se habían llevado demasiado bien. Eran temperamentos distintos, pero a Azaña le gustaba tener al lado un hombre de poderosa inteligencia, de gran cultura, capaz de olvidarse de todas las demagogias y camaraderías del comienzo de la guerra para comportarse ante él como se comporta un verdadero jefe de Gobierno ante un jefe del Estado, y que demostró desde el principio la energía suficiente para dar la batalla a los anarquistas y acabar con la situación caótica de Barcelona.

Negrín convirtió el Ejército Popular casi en un ejército regular. Para ello se apoyó en los comunistas, que eran los únicos capaces de someterse a una disciplina.

El doctor Negrín no era comunista, aunque algunos le hayan presentado como agente de Rusia.

La frase «Yo me aliaré con el diablo si el diablo me puede ayudar a ganar la guerra» no fue Churchill el primero que la pronunció; fue Negrín. Del mismo modo, cuando a él, socialista —y no muy ortodoxo—, se le acusaba de dar demasiadas alas y apoyarse mucho en los comunistas, respondía:

—No tengo otro remedio. Los comunistas son los únicos que «me funcionan» con disciplina. Saben obedecer y esto ya es mucho en las circunstancias en las que nos encontramos.

Azaña estuvo durante algún tiempo contento con Negrín. Era la primera vez que se encontraba tratando con un hombre de inteligencia comparable con la suya. Pero el total desconocimiento, por parte de Negrín, de la Ciencia Jurídica —¡nadie se acordaba ya de eso más que Azaña!— e incluso de los mecanismos de la política, así como su dureza y terquedad, dificultaban, a veces, las conversaciones entre ellos. Obsesionado siempre con la idea de conseguir una paz honorable, a Azaña le agradaba tener como jefe del Gobierno a un hombre de talla internacional, que podía salir de España y entenderse directamente con los estadistas extranjeros sin necesidad de intérprete. Hablaba correctamente siete u ocho idiomas, incluso el húngaro y el checoslovaco. Confiaba en que hasta los alemanes le habrían escuchado con respeto porque tenían noticias de sus méritos como científico. Con un hombre así —totalmente desprovisto del espíritu aldeano tan característico de los políticos de la República y de tantos otros políticos de todos los tiempos— sería más fácil conseguir lo que realmente nunca se había intentado con eficacia.

Sin embargo, pronto surgieron las desavenencias. Ni Azaña podía convencer a Negrín de que, estando perdida la guerra, había que hacer todos los sacrificios que fueran necesarios por conseguir la paz cuanto antes, ni Negrín podía convencer a Azaña de que lo importante era organizarse, a costa de lo que fuese, para «ir tirando» hasta que empezara la guerra europea, que estaba muy próxima.

Todo habría cambiado si no se hubiera hecho el «arreglo de Múnich». Era cierto. Pero también lo era que por muy fuertes que fueran los envites de Alemania, ni Hitler ni Mussolini estaban dispuestos a meterse de lleno en la aventura mientras no estuviese liquidado «lo de España», en la forma que ellos deseaban. Eso fue lo único que se le «escapó» a la poderosa inteligencia de Negrín.

Si los aliados se hubieran mantenido firmes en Múnich, habrían sido los líderes fascistas quienes habrían buscado la forma de concluir «un arreglo» aunque fuera provisional con España.

Las desavenencias

—Azaña se entiende muy mal con Negrín. Mejor dicho, no se entienden. Don Manuel no puede soportar a un hombre tan obcecado, tan sin corazón. Mientras Azaña padece por los horrores que se cometen en las dos zonas, por los muertos que caen a diario en el frente, el doctor Negrín come y bebe como si tal cosa, va y viene de un lado a otro, levantando la moral de los combatientes, haciendo creer a todos que la guerra se puede ganar —me dijo un amigo de Azaña de paso por París.

Lo chocante era el cambio que se había operado en el doctor Negrín. Me constaba que en los primeros tiempos de la guerra, cuando fue nombrado ministro en el Gobierno Largo Caballero, estaba no sólo desanimado de la situación, sino haciendo todo lo que podía por los antiguos alumnos, compañeros y amigos suyos a los que detenían acusándolos de fascistas. Me enteré de que habiendo tenido que ir a realizar no sé qué gestión en París, costó trabajo hacerle volver. Alguien que estuvo cenando con él una de aquellas noches me contaba que, al salir del restaurante, le señaló el maravilloso espectáculo de los Campos Elíseos iluminados diciéndole: «¡Mira esto! ¡Qué maravilla! ¡Y aquellos idiotas en España matándose unos a otros para nada! ¿No es una lástima?». ¿Cómo se explica, pues, que un hombre que por sus dotes, su carrera, sus conocimientos y su talento podría vivir y triunfar en cualquier parte del mundo, estuviera después tan «emperrado» en el sostenimiento de una causa perdida?

—Es que hay que conocer a Negrín —me objetaron—. Todo lo que tiene de vago y de *bon vivant*, lo tiene de «echado para adelante», de «flamenco», cuando llega la ocasión. Por circunstancias muy diversas y muy raras le echaron encima una tarea que jamás había pensado en desempeñar, y lo vio todo tan grave que le picó el amor propio. Por eso sigue ahí.

Como médico que era, el doctor Negrín había reaccionado como si le hubieran puesto en las manos un enfermo mal operado, comido de plagas, con diagnóstico y el tratamiento de todos sus males equivocado. Había que meterle el bisturí por la cabeza, por las tripas, amputarle los miembros dañados, sostenerle el corazón para que no se le quedara en la mesa de operaciones... mientras se inventaba la droga o la técnica quirúrgica (en aquel caso, la guerra europea) que le permitiera seguir viviendo aunque fuera en condiciones precarias. Muy raras veces una guerra grande ha resuelto los problemas que no podía resolver una guerra chica.

Aparte de las discrepancias de fondo, cada día más graves, Azaña tenía que sentirse incómodo frente a Negrín. Éste era consciente de que sus atribuciones en cuanto a la marcha del Gobierno o a la conducción de la guerra estaban muy por encima de las del jefe del Estado. Resultaba normal que a menudo contradijese a Azaña, que se sintiera superior a él en atribuciones. También a Azaña le había ocurrido lo mismo respecto a don Niceto Alcalá Zamora. Pero los tiempos eran muy distintos. La situación de España, diametralmente opuesta.

Azaña habría necesitado un jefe de Gobierno que tratase de comprenderle, de aliviar sus sufrimientos. No un hombre duro y despiadado con el que era difícil despachar los asuntos, en gran parte porque no estaban de acuerdo y en gran parte también porque no se trataba de un simple tozudo, un hombre obcecado sin inteligencia al que Azaña habría podido envolver y convencer o deshacer con su dialéctica como le había ocurrido siempre con los otros.

Por primera vez se encontraba con un hombre de un talento comparable con el suyo y de una voluntad y una fuerza física y moral superiores a las suyas.

Probablemente le hería no verle nunca ni vacilante, ni conmovido, ni desmoralizado, ni temeroso. Si dudaba, alguna vez dudó —¿qué hombre inteligente no duda?—, se cuidaba bien de disimularlo, de no dejárselo ver al presidente de la República.

La dimisión

Finalmente, un día de invierno de 1939, perdida ya Cataluña, nos enteramos de que Azaña había llegado a París. Estaba encerrado en la Embajada española dispuesto a dimitir.

Una parte del Gobierno y el propio doctor Negrín, que también habían tenido que pasar la frontera, hicieron lo imposible por traer a Azaña a Madrid a fin de continuar la lucha en la zona central, que había quedado aislada de los mares y de las fronteras.

Don Manuel Azaña se negó en redondo.

—¿Qué espera para renunciar? Cuanto más pronto lo haga, más pronto se acabará la guerra. Aquí, en Francia, el Gobierno siente por el presidente de la República española mucho respeto. Sin él, harán lo necesario para que los que quieren llevar la guerra hasta sus últimas consecuencias desastrosas no tengan más remedio que ceder —les pregunté a los amigos de Azaña que, dando ya la guerra por perdida, estaban desde hacía tiempo en París y que fueron a verle a la Embajada.

No les fue fácil conseguirlo en vista de que el embajador, que pertenecía a los que en Francia llaman *jusqu'au-boutistes* («hasta el fin», pase lo que pase), hacían lo posible por entorpecer las visitas.

—Es que ya sabes lo legalista, lo terriblemente jurídico que es don Manuel. Lo primero que ha estado intentando es que los jefes de los tres ejércitos republicanos le firmen una declaración certificando que la guerra está irremediablemente perdida. Él no ha salido huyendo. Él ha pasado la frontera con toda dignidad, cuando las tropas de Franco estaban a cincuenta metros de donde él se encontraba.

El jefe del ejército de Tierra, el general Rojo, le firmó el papel. Mucho antes de salir de España ya le había dicho lo mismo de palabra. En cambio, el jefe del ejército del Aire, el general Hidalgo de Cisneros, se negó rotundamente e incluso aseguraban que le faltó al respeto antes de volver a Madrid con Negrín y otros ministros y militares.

Pero, aun después de obtenido lo que quería —el papel del general Vicente Rojo—, Azaña continuaba sin dimitir. No quiso, y probablemente hizo bien, facilitar la tarea de los gobiernos francés y británico, que esperaban su dimisión para, apoyándose en ella, reconocer al Gobierno de Burgos.

—¡Que lo reconozcan cuando quieran! Están en su derecho. Pero que no me tomen a mí como pretexto.

Aún tuvo que vencer algunas dificultades. Había republicanos que, sin aceptar volver a Madrid y convencidísimos de la derrota, querían formar —y finalmente formaron— un Gobierno republicano en el exilio que, presidido por Azaña, tendría mucha más autoridad que si se buscaba a algún otro para que lo presidiera.

Pero don Manuel Azaña era poco amigo de «ficciones». Perdido el territorio nacional, la República española dejaba de existir. Si resucitaba algún día, no sería por obra de ese Gobierno en el exilio.

Tratándose de una guerra internacional, de una ocupación por parte de una potencia extranjera, él no habría tenido inconveniente en acceder a continuar la lucha, aunque fuese una lucha ilusoria e inerme, desde fuera. Habiendo un Gobierno español en España, que había logrado conquistar el territorio del otro Gobierno y hacerse reconocer en el extranjero, el empeñarse en mantener ficciones no haría más que agravar la situación de los españoles que habían quedado derrotados en España o que se disponían a regresar.

«Paz, piedad, perdón» había sido el lema de uno de sus últimos discursos. Mal podrían obtenerse esa paz, esa piedad y ese perdón si los hombres que habían perdido la guerra se empeñaban en seguir manteniéndola desde fuera, aunque fuese sin armas.

Azaña estaba convencido de que, lo antes posible, tendría que haber una amnistía o al menos un indulto general, como los que hubo al final de las otras guerras civiles españolas. Era evidente que media España no podía arrojar de su seno o hacer la vida imposible por mucho tiempo a la otra mitad. Cuanto más hicieran los hombres de la República por facilitar y tratar de obtener esa paz, esa piedad, ese perdón, mejor irían las cosas.

Fue, pues, después de salir de París, incluso después de estar instalado en la Saboya francesa, junto a la frontera suiza, cuando redactó el documento que envió a Martínez Barrio, el cual no había dimitido ni dimitió nunca como presidente de las últimas Cortes de la República. Comenzaba así: «Después de haber oído la opinión del general Rojo, jefe de las Operaciones Militares, en presencia del presidente del Consejo de Ministros, según la cual la guerra está irremediablemente perdida y en vista del reconocimiento del Gobierno del general Franco por los Gobiernos de Francia y de la Gran Bretaña, vengo en dimitir...», etc.

A muchos, sobre todo a muchos de los que tenían posibilidades de rehacer su vida fuera e incluso a otros que, estando en España, sabían que no les faltaría un avión para salir, la cosa les pareció una deserción.

En cambio, todos los españoles de a pie, los que estaban en las cárceles o los que deseaban volver, los que querían que terminase la guerra aunque fuera perdiéndola, encontraron que el presidente Azaña había obrado leal y correctamente.

XXII

SOLÍA ENCONTRARME CON EL DOCTOR NEGRÍN EN LA CALLE. HABLAMOS DE AZAÑA

Manuel Azaña había sido un hombre de poca suerte. Incluso aquel fulgurante ascenso a las alturas desde la oscuridad —y la caída a tierra—, todo fue demasiado rápido y, por lo tanto, terriblemente fatigoso.

No le fue dado ni siquiera disfrutar el tranquilo destierro con el que siempre había contado.

Los meses que pasó en la Saboya hubieran podido ser muy agradables y reconfortantes. Pero no pudo disfrutar ni siquiera del paisaje que en otras circunstancias le habría encantado.

«Campos sin montañas, por donde va el Henares...», había escrito describiendo su paisaje natal alcalaíno. Lo de «sin montañas» lo decía con pena porque a él no le inspiraban gran cosa ni los campos de regadío —por necesarios y admirables que sean—, ni los campos lisos y sin vegetación natural.

La Saboya le pareció un buen lugar. Pero tampoco lo disfrutó. Se sentía agobiado por la suerte de las personas que le habían seguido y que no querían separarse de él: los secretarios, algunos amigos, los mecánicos, los sirvientes...

El solo pensamiento de que muchos de sus allegados —sobrinas, primos, niños pequeños de la familia— tenían que sufrir destierro, como algunos otros de ellos durante la guerra habían padecido presión y hasta muerte sólo por pertenecer a la familia, le apesadumbraba terriblemente.

Una vez que se fue resolviendo poco a poco en forma más o menos precaria la situación de tanta gente, empezó a hacerse de día en día más perceptible el peligro de la nueva guerra europea que había de convertirse en mundial. El mismo Azaña había escrito que la «guerra española no era más que el prólogo de otra tragedia todavía más espantosa». Pero tal vez no la esperaba tan pronto.

Muchos pensábamos que el zurcido, el remiendo de Múnich, duraría por lo menos un año. Sin embargo, no bien llegó el buen tiempo, el sol que le habría permitido pasear y descansar en el campo, empezaron los preparativos militares en aquella parte de Francia donde se hallaba.

No sé por qué razón, a todo el mundo se le había metido en la cabeza que esta vez los alemanes, viendo las dificultades que ofrecería el asalto a la Línea Maginot —considerada inexpugnable— invadirían Suiza. A nadie se le ocurría pensar que, puestos a violar neutralidades, les sería más fácil invadir Bélgica, como ya habían hecho la otra vez y como hicieron de nuevo.

—Suiza no será nunca invadida —me dijo uno de los pocos franceses que conservaban la cabeza fría— ni por los alemanes ni por nadie en vista de que es allí donde todos tienen el dinero.

Pero seguramente Azaña no oyó o no creyó una opinión tan cargada de sensatez y abandonó un paraje donde hubiera podido vivir tranquilo y hasta pasar con gran facilidad la frontera en caso de que por allí las cosas se pusieran mal.

Sin embargo, la evidencia de que Suiza no sería invadida la tuvimos bastante pronto. Pocos días después de comenzada la guerra, se supo que la señora de Goering se había ido a dar a luz en una clínica de Lausana.

Como prueba para quien se fijara en detalles, no podía ser más concluyente.

Pero Azaña ya se había instalado con su familia en una casa de campo, y próxima a las playas, en la costa oeste de Francia, cerca de Arcachón.

La primera noticia de que Azaña no estaba bien de salud la tuve por Negrín, al que solía encontrarme muchas veces en la calle. Entonces era fácil encontrarse con conocidos en las calles de París porque, a causa de las restricciones impuestas por la guerra, todo el mundo andaba a pie. Además, el doctor Negrín solía ir diariamente a las Oficinas de Ayuda a los Refugiados, que estaban instaladas en una casa del boulevard Haussmann, a pocos metros de la rue de Monceau, que era donde yo vivía.

La primera vez que me lo encontré, por aquellos parajes, me chocó lo poco que había cambiado. Tenía el mismo aire de siempre, tan robusto y tan lleno de vitalidad. Parecía que por él no había pasado la guerra. Apenas se le notaba el pelo un poco más canoso, pero de eso no me di cuenta hasta que se quitó el sombrero para saludarme.

—¡Cuántos años sin vernos!

—Es verdad... ¡y qué años!

—Poco para lo que nos espera...

—¿Vive usted por aquí...? Lo digo porque, en las circunstancias en las que estamos, siempre es una tranquilidad saber que hay un buen médico cerca.

Pensaba que podría vivir por aquel barrio puesto que meses antes me había encontrado con su mujer —checoslovaca— por aquella zona del Faubourg Saint-Honoré en casa del dentista. Sabía que estaban separados hacía tiempo, pero podrían haberse reunido de nuevo o al menos frecuentarse.

—No. No vivo aquí. Vengo a la oficina. Estamos arreglando los pasajes para México de mucha gente y también ayudamos a los que quieren volver a España. Mi opinión es que todo el que no corra un peligro cierto debe volver a España. Las mujeres y los niños sobre todo. ¿Qué les va a pasar?

Por aquellos días, aparte de la inminencia de la guerra, los franceses andaban muy alborotados a causa del pacto germano-soviético, que había caído como una bomba.

Si pocos días antes los periódicos y las radios nos volvían locos anunciando jubilosamente la próxima firma de la alianza militar de Francia con Rusia, y cuidaban tanto esa futura unión que incluso habían prohibido la exhibición de la película de Greta Garbo, *Ninotchka*, por no molestar a la Embajada soviética, bastó el anuncio del tratado contra natura entre Stalin y Hitler para que la vociferación fuera atroz y a todo el mundo los dedos se les volvieran huéspedes comunistas. A los refugiados españoles se les miraba con recelo. Por eso me extrañó encontrarme a Negrín andando completamente solo y tan tranquilo por una calle céntrica.

—¿No tiene usted miedo a que le pueda pasar algo?

Negrín soltó una carcajada.

—¿De qué se ríe usted?

—No. De nada especial. Es que precisamente ayer fueron dos antiguos compañeros míos de Gobierno (me han asegurado que uno era Prieto) al Quai d'Orsay para señalarme como agente soviético.

—¿Y eso no le preocupa?

—No. Espero que los franceses tengan un servicio de contraespionaje mejor que el nuestro.

Me crucé con él otras varias veces, pero la mayor sorpresa fue encontrármelo de nuevo cuando ya había empezado el ataque alemán contra Francia. ¡Seguía tan fresco!

—Pero ¿cómo está usted en París a estas alturas? Los alemanes no van a tardar en entrar aquí.

—Ya lo sé. Pero estamos organizando la última expedición de españoles hacia México. Después, sí pienso irme.

—Es que... por muy «de guante blanco» que vengan los alemanes, me imagino que aquellos de ustedes que pillen por aquí, sobre todo a usted, los meterán en un vagón precintado, como hicieron en 1917 con los bolcheviques, y los mandarán, por lo menos, a España.

—Sí, es lo más probable. Pero aún queda tiempo.

—Óigame, doctor, ¿sabe usted algo de Azaña? Dicen que se ha ido o que está para irse a México.

—No. Sigue en Francia. Me consta que vive cerca de Burdeos, en un sitio muy agradable.

—¿Y cree que ése es un sitio seguro?

—Yo no. Pero aquí todo el mundo piensa que a los alemanes los pararán en el Marne. La gente, ya sabe, siempre está segura de que la Historia se repite. Y no es así. La Historia no se repite. Se empeora.

Creí que desviaba la conversación que yo había iniciado acerca de Azaña, con el que había terminado bastante mal. Pero fue él mismo quien la reanudó, sin la menor sombra de acritud:

—Lo peor de todo es que, según mis noticias, el presidente está mal de salud. Aún nos quedan amigos comunes y me han asegurado que se halla delicadísimo. ¿Usted hace mucho que no le ve...?

—Desde el 36... ¡Cuatro años!

—¡Ah...! Pues no le conocería. Ya el año pasado, cuando salió de España, estaba muy desmejorado y lleno de achaques. Siempre se cuidó el hígado, pero puede que tenga también otras cosas.

—Ha sufrido demasiado.

—Sí, eso es verdad.

Negrín quiso sacarlo de Francia

A pesar de todos los pesares, Negrín tuvo el arranque —¡eso iba mucho con su temperamento!— de presentarse en la casa de Azaña sin importarle cómo sería recibido para intentar llevárselo con él a Inglaterra, en un barquichuelo que había alquilado en Burdeos y en el que iba también Casares Quiroga, cuando ya estaban llegando los alemanes. Sin duda la gestión le hizo perder muchas horas y correr no pocos riesgos. Las carreteras estaban embotelladas por los millones de franceses que huían y por los convoyes militares en los que venía también huyendo el Ejército francés en derrota.

Pero Negrín era muy decidido. Y aunque muchos le habían considerado un hombre sin conciencia, alguna debía de tener cuando hizo lo posible por no dejar a Azaña abandonado y expuesto a unos peligros que luego se vio que eran ciertos.

Parece que a Azaña aquel rasgo le impresionó bastante. Los comportamientos leales, aunque partieran de personas con las que no quería tener nada que ver, le conmovían. Ahora bien, su salud estaba ya muy seriamente quebrantada. El diagnóstico de los médicos había sido terminante con respecto al estado de su corazón. Apenas podía andar a pesar de lo que le gustaba hacer ejercicio y, por mucho que su familia disimulase, él sabía muy bien que no se hallaba en condiciones de navegar por una zona llena de peligros.

Además, estaba dispuesto, pasara lo que pasara, a no separarse de su mujer, el único bien que había podido conservar en medio de unas circunstancias tan adversas.

Tampoco ella había querido dejarle ni un solo momento durante los azarosos días de Barcelona ni en todo lo que duró el éxodo. Hubo muchos otros republicanos que enviaron a Francia a sus familias, aunque sólo fuese para preparar con más sosiego una instalación en el extranjero que juzgaban inevitable. La esposa de Azaña sólo se separó de él un par de veces, en los primeros meses, es decir, cuando él se hallaba todavía bien atendido y rodeado. Lo hizo para ocuparse de la instalación de hospitales y acomodamiento de niños.

«Aquí me quedo, pase lo que pase»

Parece que don Manuel Azaña no quería abandonar su casa de Pyla-sur-Mer.

—¿Para qué correr tanto si los alemanes van más deprisa que los fugitivos?

Sin embargo, accedió en los últimos momentos a que le trasladaran a la parte que, según lo estipulado en el armisticio firmado por Pétain con los alemanes, quedaría como «zona libre» o, dicho más propiamente, como «zona no ocupada».

XXIII

LOS ÚLTIMOS GOLPES

Todo lo que ocurrió después, es decir, el final del calvario de don Manuel Azaña, no lo supe con detalle hasta dos años después.

Eran noticias de primera mano, que nos dio al regresar a Madrid nuestro excelente amigo, el ya citado pintor Francisco Galicia, una de las cuatro personas que se encontraban en la alcoba de Azaña cuando el expresidente murió.

De Galicia y su familia no había vuelto a saber nada desde que nos vimos en París, antes de que se produjera el éxodo masivo que dejó vacía la capital, cuando se aproximaban los alemanes.

—Me he enterado de que don Manuel está muy enfermo. Quiero verle y me voy a llevar a Luisita y a los chicos hacia donde él está. Todo lo que sea acercarnos a España nos conviene en estos momentos.

Galicia me contó que durante los primeros días, después de su traslado a Montauban, don Manuel pareció mejorar e incluso se encontraba animado.

Charlaba mucho con sus amigos españoles e incluso con los refugiados a los que no conocía pero que iban a verle. A todos les aconsejaba volver a España. Muy en especial a aquellos que, como Paco Galicia, no habían tenido ningún cargo político.

—A ustedes —decía— no les va a pasar nada. No creo que el haber sido amigos particulares míos lo consideren como un delito. Me da mucha pena verlos rodando, con las mujeres y los chiquillos, por este país que se porta tan mal con nosotros, que, además, está ocupado y donde sin duda se reproducirá la guerra. Los que piensan que el asunto de España no está liquidado y que se puede esperar un cambio de situación son unos pobres mentecatos, unos ilusos. El régimen actual durará años y el deber de todos es repatriarse y procurar rehacer allí su vida. Si al menos la situación de Francia fuera como era antes, aún se podría pensar en permanecer aquí. Pero ¡ya ven cómo está la zona que llaman «libre»!, ya se darán cuenta de cómo nos tratan.

Cuando Luisita, la esposa de Paco Galicia, iba a verle, siempre le decía:

—¡No sea tonta! No haga caso de su marido, que se empeña en seguir aquí porque, como otros amigos, quiere estar a mi lado. Usted vuélvase a nuestro país con sus hijos. Allí estarán bien. Y procure que Paco se marche también cuanto antes. Es una locura que teniendo hijos los lleven a América, aun suponiendo que hubiera ya medios de marcharse. Todos los que están en las condiciones en las que están ustedes, con familia en España que puede ayudarlos, deben regresar. Crea que esos cientos de miles de españoles rodando por el mundo me causan espanto. Si yo pudiera, los obligaría a todos a repatriarse.

Después de que Azaña supo que su casa había sido saqueada, que a su cuñado Cipriano Rivas Cherif, así como a sus amigos Carlos Montilla y Miguel Salvador, los habían traído a España y que estaban en la cárcel esperando comparecer ante un consejo de guerra, cayó en un terrible estado de abatimiento.

Se pasaba el día redactando telegramas, tratando de que su mujer hiciera las gestiones que él no podía hacer. Algunas sí hizo personalmente. Pero el comportamiento de las autoridades francesas para con él fue pésimo.

Se portaron como no se ha portado nunca aquel país con ningún jefe de Estado depuesto y menos con un presidente de República que, además, era un antiguo amigo de Francia y poseía el más alto grado en la Orden de la Legión de Honor.

—Y cuéntame, ¿cómo vivían? ¿Estaban al menos rodeados de comodidades? ¿Disponían del dinero necesario? —le pregunté a Galicia.

—No. Dinero no tenían. Los últimos sueldos no los había cobrado y los penúltimos los recibió en las llamadas «pesetas rojas» que no valían nada. Para colmo, durante el tiempo que pasaron en la frontera suiza, Azaña estuvo manteniendo en su casa a los que habían salido con él. No quería dejar a nadie abandonado.

—Entonces...

—Fue la Embajada de México en Vichy la que desplazó a varios de sus funcionarios para que le dieran custodia [había temor de que alguien le raptase para traerlo a España] y la que, por medio del cónsul del mismo país, alquiló las mejores habitaciones del mejor hotel de Montauban para que se instalaran él, su esposa, el fiel Antonio, su mayordomo, y el que fue siempre su ayudante de campo, el general don Juan Hernández Sarabia, que no quiso separarse de él nunca.

—El hotel, ¿era bueno?

—Dentro de lo que cabía entonces en una ciudad de provincia, no estaba mal, aunque sencillo y más bien modesto. Su habitación era espaciosa, con una chimenea y un balcón a una plaza muy animada. Los mexicanos estaban pendientes de todo lo que pudiera necesitar. Quisieron primero llevarle a Niza, que era mejor clima. Después pensaron en instalarle en la Embajada de México en Vichy. Pero las autoridades no lo permitieron; le tenían como a un prisionero.

—¿Cuál es, aparte del de la muerte, el recuerdo más vivo que tú conservas de Azaña?

—El más vivo es el de los días buenos, de las buenas épocas. Cuando era tan grato oírle hablar de lo divino y de lo humano. La comprensión y el agrado con que nos trató siempre a aquellas personas que, sin saber por qué, le caímos en gracia desde que nos conoció. ¿No te ocurre a ti lo mismo?

—Sí, efectivamente. También yo parece que le estoy viendo dar, por ejemplo, la espalda a un personaje de los que se creían importantísimos y, en cambio, sentarse tan contento y gastar bromas con algunos que no éramos nadie ni representábamos nada en su vida ni en su carrera.

—Ése es también mi mejor recuerdo. Ahora bien, el más terrible, el que no podré olvidar mientras viva, es su decadencia física y los fallos de cabeza de última hora. De pronto se ponía a hablar y a discurrir con aquella clarividencia con que lo había hecho siempre. Pesimista, eso sí:

»—Mire, Galicia, a lo único que aspiro es a que queden unos cientos de personas en el mundo que den fe de que yo no fui un bandido.

»—Pero, don Manuel, ¡no diga usted esas cosas! Usted tendrá un puesto importante en la Historia.

»—La Historia la escriben siempre los vencedores, los que ganan las guerras.

»—Pero eso es durante un tiempo. Yo he leído libros en los que se pone a Felipe II como un trapo, y otros que lo levantan hasta los cuernos de la luna. Los hay también serenos, justos.

»—Bueno, bueno... si es menester esperar el juicio sereno de la Historia, ni usted ni yo lo conoceremos.

Parece que, de pronto, seguía hablando en francés o en inglés. Otras veces empezaba a desvariar. Bueno, como desvariar del todo parece que no desvariaba nunca. Lo que pasaba era que sufría trasposiciones curiosas. Muy a menudo se creía que estaba en México. Hablaba de que «por la mañana había estado a verle el escritor Alfonso Reyes». También le hablaba mucho a Paco Galicia de Cuernavaca. «Sin duda, usted, Galicia, no había visto nunca un sitio tan maravilloso. Es el jardín más grande del mundo y durante todo el año florecen las rosas, las gardenias, los claveles. Todo esto lo hizo un francés que se enriqueció en México. Más tarde el emperador Maximiliano se vino a vivir aquí. Hay que avisar a Prieto de que hemos llegado. Se alegrará.»

Otras veces sostenía que la habitación del hotel no era la suya y quería que le sacaran de allí a todo trance y a cualquier hora.

Una tarde que Paco Galicia llegaba a verle, se lo encontró en el pasillo, dirigiéndose a una zona oscura.

Lola, su mujer, seguramente habría salido a hacer las gestiones que llevaba sin descanso a fin de conseguir primero noticias de su hermano y más tarde su indulto, puesto que lo condenaron a muerte en Madrid.

Es probable que don Manuel se las hubiera arreglado astutamente para que las otras personas que le cuidaban y acompañaban salieran de la habitación.

El caso fue que Paco se asustó al verlo andando como un fantasma por el pasillo. Delgado como estaba, parecía mucho más alto. Iba cubierto con una bata de lana, que también aumentaba su estatura porque era larga en vista de que ya iba haciendo frío y tenía que ir lo más abrigado posible.

—¿Dónde va usted, don Manuel? —le preguntó Paco, asustadísimo y cerrándole el paso.

—¡Haga usted el favor de quitarse de en medio! Soy Manuel Azaña, presidente de la República, y usted no tiene ningún derecho a impedir que vaya donde quiera —dijo golpeando fuertemente el suelo con el bastón en el que se apoyaba.

A Paco le dio miedo que pudiera caerse. El fondo del pasillo estaba oscuro. Además, eran los días en los que ganaba terreno la «psicosis» del secuestro. Corrían insistentes rumores de que alguien vendría a buscarlo para llevárselo a España.

—La verdad es que yo nunca creí que eso ocurriera. Habría sido un escándalo mundial. No, vamos... que yo nunca lo pensé.

—Sin embargo, cuando asaltaron su casa y la de su amigo Montilla, que estaba muy próxima, parece que iban buscándole a él...

—Pues, aun así, yo no lo creía. No sé si era la congoja de verle tan enfermo lo que me impedía pensar en cosas peores. Y, sin embargo, cada día ocurría algo peor que la víspera... No se me olvidará la impresión cuando me contaron lo que había ocurrido mientras yo me marché para dejar en el tren que pasaba por Toulouse a mi mujer y a los niños...

Porque, efectivamente, haciendo caso de las recomendaciones de Azaña, a quien tanto dolía ver a las familias españolas pasándolo tan mal en el ambiente entonces hostil de Francia, Francisco Galicia resolvió enviar a España a su mujer y a sus tres hijos. Cuando volvió a Montauban, lo primero que vio fue la cara desencajada del general Hernández Sarabia:

—¡Pasa algo terrible! ¡Espantoso...!

—¿Está peor don Manuel? ¿Se ha muerto? ¿Se lo han llevado?

—No, pero ¡pásmese usted...! El médico, su médico... ¡Horrible! Estaba deseando que llegara usted para que me ayude a decirle toda la verdad a doña Lola. Aún no lo sabe más que a medias...

Mientras Galicia nos contaba este episodio dos años después de haber sucedido, como yo ya tenía alguna noticia sobre el caso, le interrumpí:

—Es cierto. Aquí también nos llegó la noticia de que aquel médico de cabecera que ya le atendía antes de la guerra, y al que se alegró tanto de encontrar en Francia, se le murió de repente.

—¡Peor que eso...! El médico no se había muerto. ¡Se había suicidado!

—¡Qué horror...!

—Aquel médico era el paño de lágrimas de la pobre doña Lola (aunque es más joven que yo, siempre la llamé así, doña Lola, y a ella le hacía gracia), el que reanimaba al enfermo, el cual cambiaba de cara desde que le veía entrar por la puerta de la habitación.

Azaña preguntó por el médico muchas veces. Pero sólo durante un par de días. Le dijeron que andaba delicado. Después, que a lo mejor tendrían que operarle de apendicitis... Pero cuando el enfermo dejó de preguntar, nadie pronunció más el nombre. ¿Qué pensaría? ¿Que también se lo habían llevado a España o a algún campo de concentración? ¿Que conociendo el estado del enfermo y sabiendo que ya no podía hacer nada, se había marchado a México, como tantos otros? Nadie supo lo que pensó Azaña de aquella desaparición porque él no hizo ningún comentario. Era una nueva prueba, una desgracia más entre las muchas que agravaban aquel corazón cada día más atormentado y más enfermo.

XXIV

«ME GUSTARÍA QUE TUVIERA UNA CRUZ»

La primera vez que Francisco Galicia nos hizo el relato de los últimos días, las últimas horas, así como del entierro y posterior traslado desde un nicho del cementerio de Montauban hasta la sepultura que el propio Galicia diseñó e hizo construir por encargo de la señora de Azaña, fue, como dije, en 1942, estando él recién llegado a Madrid.

Cuatro años después, en 1946, cuando Cipriano Rivas Cherif salió del penal del Puerto de Santa María, lo repitió todo punto por punto. El cuñado de Azaña ya sabía mucho por las cartas de su hermana y de su mujer, que estaban en México. Pero como él aún no tenía permiso para salir de España y marcharse con ellas, el primer relato de un testigo presencial le impresionó mucho.

La cosa ocurría en el piso que había encontrado Paco Galicia en la calle de Estanislao Figueras. Fue realmente una casualidad que uno de los mejores amigos de Azaña viniera a vivir precisamente en la calle dedicada a aquel pobre presidente de la Primera República al que Azaña me había dicho varias veces que admiraba tanto. ¡Ah...! ¡Si él hubiera tenido el valor o la cobardía de hacer lo mismo que Figueras, ¡cuántas desdichas se habría ahorrado!

También comentamos que era una gran casualidad que a don Estanislao Figueras le hubieran dejado su calle. Es posible que los que levantaron tantas lápidas no supieran quién era aquel señor. Por eso la dejaron allí, junto a la estación del Norte, donde aquel primer jefe del Ejecutivo de la Primera República tomó el tren hacia París un atardecer de la primavera de 1873, convencido de que los españoles no teníamos arreglo.

Muchos años después, viendo que nuestro amigo Francisco Galicia andaba ya un poco malucho y con fallos de memoria, mi marido le tomó el relato en una cinta magnetofónica, una de las muchas tardes que iba a verle, cuando ya no salía. Al ponerme a escribir estas líneas la he estado oyendo de nuevo y cotejándola con los apuntes que yo tomé del primer relato. No sólo no se le había olvidado nada, sino que lo contaba todavía con más emoción, como presintiendo que también su final estaba próximo.

Hablaba con cierto trabajo, pero todo lo esencial lo seguía teniendo en la cabeza. Incluso añadió detalles que se le pasaron en los primeros relatos.

—De pronto... me encontré a don Juan... que era como llamábamos al general Sarabia.

—Una mañana...

—No. Era por la tarde. Me dijo: «Galicia, venga... Don Manuel se ha puesto de pronto muy malo... Se nos muere...». Corrimos hacia la habitación. En lugar de estar sentado en el sillón, como solía estar casi siempre, porque era mejor para su enfermedad, estaba en la cama. Se oía un estertor, una cosa horrible... ¡El estertor de la muerte! Su mujer, a su lado, serena como estaba siempre delante de él, le acariciaba las manos, le pasaba un pañuelo por la frente, le besaba... Yo me quedé de pie sin moverme... No sé si aquello duró un cuarto de hora o media hora o una hora. Ni Sarabia ni yo nos movíamos. ¡Ah...! También había en la habitación una monja, que había puesto allí a un lado una mesita con unas flores y un crucifijo...

—¿Una monja francesa...?

—No. Española. Sor... no sé cuántas... Llevaba por allí bastantes días... Ese nombre es lo único que he olvidado. El estertor se hacía cada vez más tremendo hasta que de pronto oímos que doña Lola gritaba: «Manolo, Manolo, mírame, ¡estoy aquí...!». Era la primera vez que aquella mujer, tan serena y tan sufrida, gritaba. Comprendimos que ya estaba muerto...

—Pero... ¿no había allí ningún médico?

—No. Llegó después. Creo que también había estado antes. Doña Lola abrazada a él decía cosas... no sé... esas cosas que se dicen cuando a una mujer le ocurre una desgracia así. Ella, siempre tan contenida, estaba ya al borde del ataque. Entonces el general Sarabia me hizo una seña de que la sacara de allí. Intenté tomarla del brazo, pero ella estaba como rígida. No se movía. Entonces se me ocurrió levantarla en brazos. ¡No pesaba nada...! Para la fuerza que yo tenía entonces aquello era como levantar del suelo una pluma. Creo que ella ni se dio cuenta. Me la llevé a otra habitación y la eché en una cama. Allí trataron de atenderla. Cuando, pasado mucho rato, la oí llorar desde fuera, ya me quedé más tranquilo.

«Que me dejen donde caiga»

Entretanto, la noticia había corrido. El hotel se había llenado de españoles. También llegaron los del Consulado de México. Se cerraron las puertas de la habitación.

—Yo me quedé fuera. Me chocó que pasaba el tiempo y las puertas no se abrían. «¿Qué le están haciendo a don Manuel? ¿Le están amortajando? Parece que tardan mucho.» «No», me respondieron. «Le están embalsamando.»

Aquello a Paco Galicia le chocó: «¿Embalsamando? ¿Para qué?». Precisamente él se había mostrado siempre enemigo de los trasiegos de muertos a que tan aficionados somos los españoles.

«Que me dejen donde caiga —había escrito— y si alguien, un día, cree que mis ideas eran dignas de difundirse, que las difundan. Ésos son los únicos restos de un ser humano que deben ser movidos si lo merecen.»

—No sé quién dispuso —seguía diciendo Galicia— que a don Manuel lo embalsamaran. Ésa es una operación cara, y ni él ni su esposa tenían dinero. Tampoco se les habría ocurrido, no pensando como no pensaban trasladarlo a ninguna parte. Cuando andaba yo deambulando por el pasillo, el general Sarabia me dijo: «Galicia, venga conmigo. Vamos a comprar la caja. Parece que de eso no se ha ocupado nadie». Nos fuimos a una funeraria y pedimos algo que fuera severo y estuviera bien, sin ostentación. «¿Traen ustedes las medidas?» Pues no. No llevábamos las medidas. No se nos había ocurrido. De pronto me acordé de que don Manuel tenía mi mismo tamaño. Mi misma estatura y, antes de caer enfermo, mi corpulencia. «Hágase cuenta de que es para mí», le dije al funerario. Entre la cara tan mala que llevábamos y aquella salida, seguramente pensó que estábamos locos. Dijimos que lo mandaran al hotel, lo cual también les pareció extraño.

Antes de que Francisco Galicia siguiera adelante con su relato, le preguntamos:

—Aunque ya está muy gastado el tema y se han dado muchas versiones, ¿qué crees tú que hay de cierto en lo de que Azaña se confesó con el obispo de Montauban?

—Lo único que yo sé es que poco después de llegar Azaña a Montauban le visitó el obispo, que, por cierto, era nuevo en la diócesis. Azaña le recibió bien, porque ya sabes que era hombre muy cortés, y sostuvieron una larga conversación en la galería de cristales del hotel. Al salir a despedirle, don Manuel prometió al obispo devolverle la visita tan pronto como su estado de salud se lo permitiera. Si se confesó o no durante aquella entrevista, es cosa que nadie me ha dicho ni yo se lo he preguntado a nadie. Lo que sí sé es que después, cuando las gestiones para conseguir el indulto de Cipriano, el obispo estuvo en contacto con doña Lola e hizo todo lo que pudo. Más tarde, cuando don Manuel estaba ya muriéndose, el obispo volvió al hotel. Esta vez sí creo que fue llamado por doña Lola, quien, como sabes, fue siempre muy piadosa.

A este respecto y aunque sea saltando en el relato, diré que cuando la esposa de Azaña hizo a Francisco Galicia el encargo de diseñar la sepultura, éste, después de varios ensayos, sacó algo que le parecía que estaba bien, muy sencillo, como ella quería. Solamente con la inscripción MANUEL AZAÑA, 1880-1940.

Cuando fue a enseñárselo, Lola le dijo:

—No le ha puesto usted cruz... A mí me gustaría que tuviera una cruz.

—¡Pues no faltaba más, doña Lola! Si usted quiere que tenga cruz, la tendrá.

Y la tuvo. Paco Galicia, cuando entró en España, se trajo el croquis de aquella sepultura, que siempre ha guardado entre sus papeles.

—Me dijeron que era un disparate porque me registrarían en la frontera, y me podría pasar algo. Entonces hice un arreglo. Puse en su lugar el nombre «Miguel Arana» y las fechas cambiadas.

Al cabo de los años, esto les parecerá a muchos una precaución infantil. No lo era entonces. Bastaba recordar que al poeta Francisco Vighi, quien también estuvo «empapelado» sin más acusación que la de ser amigo particular de Azaña, le habían echado en cara en un interrogatorio unos versos publicados en uno de sus libros y que empezaban así:

> *La luna se llama Lola*
> *y el sol se llama Manuel...*

Tuvo que probar que aquello era también el comienzo de una vieja copla popular y no una loa poética de los nombres del matrimonio Azaña, que ni siquiera eran novios cuando Vighi escribió aquella poesía.

Pero volvamos a Montauban.

—El entierro... —seguía contándonos Paco Galicia—, ¡qué pena...! ¡Qué mal siguieron portándose los franceses! Nosotros pensábamos que iría por lo menos una representación oficial. ¡Nada...! ¡Nadie...! Como si se hubiera muerto en aquel hotel un viajante de comercio desconocido. Tampoco consintieron que se pusiera en la caja la bandera republicana. Los mexicanos entonces le pusieron la de México. Eso no se lo podían prohibir. Ahora bien, en el cementerio ocurrió algo que nadie nos hemos explicado todavía cómo pudo pasar. No bien estuvo el féretro de don Manuel colocado en un nicho [primero le pusieron en un nicho hasta que estuviera hecha la sepultura] cuando, de pronto, en todos los árboles, en todos los arbustos, en las plantas, por todas partes, brotaron unas banderitas minúsculas, como esas que se le ponen a la gente en las solapas el «Día de la Banderita». Eran cientos, miles... ¿Quién las había cosido? ¿De quién había sido la idea de preparar y repartir por todas partes aquellas menudencias tricolores? Nunca lo supimos.

El vestuario de don Manuel

Algún tiempo después, cuando ya estaba recogiendo sus cosas para marcharse, doña Lola le dijo al bueno de Paco Galicia:

—Como yo sé que se va a marchar usted a España y que, aunque se quedara aquí, también tendría que pasar estrecheces porque hay falta de todo y también de dinero... en fin... no sé cómo decírselo... Yo tengo ahí un armario lleno de cosas de mi marido. Trajes, abrigos, camisas... Todo nuevo. Lo interior está sin estrenar. Usted es el único de todos los amigos que tiene su misma talla... Si no le importara... En fin, Paco, disculpe si no le parece bien lo que le digo.

A Paco Galicia, que era tan sentimental, se le llenaron los ojos de lágrimas.

—¿Qué me dice? ¿Que me va usted a dar la ropa de don Manuel? Pero ¡ésa es la mayor alegría que me puede usted dar! ¡El mejor recuerdo! Lo llevaré con mucho orgullo, con un cariño enorme... ¡Se lo agradeceré siempre...!

—Muchas gracias, Paco, muchas gracias. Ya sé lo que usted le quería.

Algunos meses después, estando Paco Galicia en Marsella, telegrafió el general Hernández Sarabia: «Venga si puede a Montauban. Tenemos que rendir el último servicio a nuestro querido difunto».

Era para trasladarlo desde el nicho hasta la sepultura que Paco Galicia había diseñado y que ya estaba hecha.

—Yo pensaba que aquello sería muy complicado, que habría que hacer formalidades, solicitudes. Pero, no sé si Sarabia lo había arreglado todo, el caso es que resultó de lo más sencillo. Nosotros dos solos y los, bueno..., los profesionales de esas cosas que eran otros dos, lo bajamos del nicho, se colocó en la tumba, ayudamos a colocar la lápida. Después, el general me acompañó a la estación y repartió conmigo las mil pesetas que tenía. Nos despedimos, casi seguros de que sería para siempre. Estábamos tranquilos de haber cumplido con nuestro deber. Don Juan estuvo al lado de Azaña desde el año 1931, cuando, siendo teniente coronel, entró como secretario militar del entonces nombrado ministro de Guerra, Manuel Azaña. Sólo se separó de don Manuel mientras estuvo mandando tropas en los frentes de Levante y en el Sur. Él dirigió las operaciones de retirada hacia la frontera de las últimas tropas que operaban en Cataluña.

Será presidente

Francisco Galicia conocía a Azaña desde 1915, cuando éste hizo las primeras obras de restauración en el Ateneo. Nunca fue nada ni le pidió nada. Eran amigos, se querían. Eso fue todo.

—Yo siempre creí en su talento político. Y en su triunfo. Fui del partido de Acción Republicana porque él era el jefe. Luego fui de Izquierda Republicana por la misma causa, pero sin ser político. Era sólo azañista.

Paco Galicia prestó muchos servicios «transportistas» porque era uno de los pocos republicanos de la primera hora que tenían coche.

—Una tarde llevé a don Manuel desde el Ateneo hasta el Café Regina. Iba con nosotros Luisita, mi mujer, que entonces era mi novia. Se la presenté a don Manuel diciéndole que nos íbamos a casar pronto. Cuando le dejamos en la puerta del Regina, Luisita me preguntó: «¿Quién es ese señor?». Entonces yo le dije: «Fíjate bien en él. Ése será un día presidente de la República».

—Y ella, ¿qué te contestó?

—No me acuerdo. Supongo que diría: «Paco, tú estás chalado». Pero lo que me oyó no se le olvidó. Me lo ha recordado después muchas veces.

Cuando, años más tarde, le vieron sufrir de aquella forma en el hotel de Montauban, los dos pensaron que tal vez le hubiera valido más no haber acertado en aquella profecía tan prematura.

Ni estos amigos, ni otros muchos de los que no recibimos de Azaña más favor que el de su trato (que era muy agradable hacia las personas que le caían en gracia), nunca renegamos de haberle conocido y frecuentado. No le negamos ni siquiera en los tiempos en los que su nombre no se podía pronunciar. Debo decir que tampoco nos pasó nada a los que, siempre que se presentaba la oportunidad, lo pronunciábamos con respeto. Y también con una gran compasión hacia quien sufrió tanto y encajó tantas ingratitudes.

EPÍLOGO

En 1954, cuando todavía el nombre de Manuel Azaña no se pronunciaba y, si alguna vez se leía, era rodeado de adjetivos denigrantes, hice yo un viaje a Barcelona.

Una señora amiga me invitó a una excursión hacia el interior, al norte. Nos proponíamos pasar la noche en un magnífico hotel que se había abierto en Sant Hilari de Sacalm. Cuando íbamos de camino me di cuenta de que aquel nombre me decía algo.

—¿No hay por aquí un balneario? —pregunté.

—Sí, por cierto que a ese balneario era donde solía venir Azaña. Dicen que son unas aguas muy buenas para el hígado.

—¿Te importaría que nos parásemos allí?

—No. Nada. Vamos a verlo. Está en un sitio muy bonito.

Era el mes de noviembre y allí no había nadie más que una mujer que estaba al cuidado del manantial. Nos enseñó todo y se conoce que me oyó hablar de Azaña con mi amiga, sin la acritud que era todavía costumbre, pero el caso fue que cuando nos íbamos a marchar, me llamó aparte.

—¿Le importaría a usted entrar un momento? Ahí, un poco más allá, donde yo vivo...

La seguí a una habitación muy limpia, muy campesina, como era también la buena mujer.

—Me ha parecido oír que usted conoció al señor Azaña, el que venía aquí a tomar las aguas.

—Sí, le conocí bastante. Era amigo mío.

El rostro de la mujer se iluminó. Después abrió el aparador y sacó un vaso. Un vaso vulgar y corriente, con el cristal un poco empañado.

—Mire. Éste es el vaso en el que «él» bebía agua. Lo guardé como recuerdo. Nadie más bebió después en él ni beberá mientras yo esté aquí. No sabe lo que me gusta poder enseñárselo a alguien que lo sepa apreciar.

—¿No se lo había enseñado usted a nadie hasta ahora?

—Sí... ya lo creo. En esta tierra se le quería. Más de uno ha venido preguntándome.

—Usted, por lo que veo, tiene buen recuerdo...

—No lo puedo tener mejor. ¡Era todo un señor...! Sencillo, como los verdaderos señores. Hay quien dice que era orgulloso. No es cierto.

Pasado un momento, añadió:

—Ya sé que él se murió. Pero nadie me ha dado nunca razón de la señora. ¿Qué fue de ella? Era muy dulce. Muy cariñosa con él y con todo el mundo.

—Está en México.

—Pues si tiene ocasión, mándele recuerdos de mi parte. Y dígale que aquí está el vaso. Bien guardado. Si algún día vuelve a España, yo sé que no dejará de venir por Sant Hilari. ¡Eran tan felices aquí paseando los dos solos...!

Parecerá una tontería, pero fue entonces la primera vez que tuve la sensación de que don Manuel Azaña no estaba enterrado del todo, de que más tarde o más pronto se hablaría de nuevo de él, que despojado de la idolatría incondicional de algunos y del odio feroz de otros, tendría su lugar en la Historia.

APÉNDICE IMAGINARIO

Comprendo que es un recurso viejo, manoseado. Pero he pensado y sigo pensando tanto en ello cada vez que ahora entro en el bar del Congreso o me siento en el gran Salón de Conferencias, que no resisto a la tentación de imaginar lo que sería una conversación con Azaña en aquel rincón donde tantas veces se sentó entre algunos amigos, donde le escuchamos soltar sus ironías punzantes o sus bromas, cuando estaba de buen humor.

—¿Qué es esto? ¿Cómo está tan lleno de gente? ¿Es que ahora dejan entrar aquí a todo el que quiere? ¿Sabe lo que me recuerda? Los relatos de cómo estaban las galerías del Palacio de Versalles en tiempos de Luis XV y Luis XVI, cuando el pueblo entraba por allí a pasearse, como Perico por su casa, y los servidores tenían a veces que desalojar el recinto a punta de alabarda para dejar sitio cuando tenía que pasar el rey.

—Todo lo que usted ve son sólo periodistas y diputados.

—¿Y esa cantidad de mujeres?

—Son también periodistas y diputadas.

—¿Y por qué llevan algunas esos pelos tan largos? Las encuentro raras. Recuerdo que una de las conquistas femeninas de entonces era haber ustedes podido despojarse de las guedejas y los moños de sus madres. Al paso que iban, yo esperaba encontrarlas peladas al cero.

—No hay revolución sin reacción, don Manuel. Usted lo sabe bien. Lo ha padecido.

—¿Qué diría toda esta gente si me viera aquí? A lo mejor ni me miraban. ¡Parecen todos tan ocupados con sus conciliábulos y sus declaraciones! ¿Dónde se publica todo eso que apuntan los que los interrogan? ¿Es que ahora hay más periódicos que antes?

—No. Hay menos. Y también menos lectores. Pero, en cambio, hay muchos más periodistas.

—Decididamente, no entiendo nada. ¿Qué? ¿Subimos a una tribuna?

—¡Vamos allá!

Subimos y nos acomodamos junto a la barandilla.

—Oiga, pero ¡si son todos unos críos...! Esto parece una escuela o todo lo más un Liceo. ¡Son tan jóvenes...!

—No lo crea. Es que ahora la gente se conserva más juvenil. El presidente del Gobierno anda por los cuarenta y ocho años.

—Casi la misma edad que tenía yo cuando lo fui. Pero yo parecía un viejo y él parece un muchacho. Pensé al pronto que era el secretario de alguien.

—Y el jefe de la oposición tiene treinta y ocho. ¡Ése sí que es joven!

—No crea. Era más joven Gil Robles cuando me daba tanta guerra. Pero nosotros no presumíamos de jóvenes. Ni nadie nos consideraba así. Recuerde que don Niceto tenía cincuenta y seis años. Prieto, cuarenta y ocho. Maura, el que parecía más juvenil de todos porque era muy bien plantado, andaría por los cuarenta y cinco... El más viejo era Lerroux, que tenía cerca de los setenta. Largo Caballero, sesenta y dos. Pero sigamos mirando. Ahora sube uno a leer desde un pupitre. Ése sí que será un secretario...

—No. Es que ahora los diputados no suelen hablar desde los escaños. No se les oiría. Necesitan micrófonos.

—¿Es que todo el mundo está sordo? No me extraña. Con el estrépito de las calles...

—Es que se nos ha vuelto el oído perezoso. ¡Como ya casi nunca se oye la voz humana al natural! Además, ellos tampoco hablan. Leen los discursos que traen preparados. Necesitan un pupitre donde colocar los papeles...

—Entonces, ¿aquellos debates tan vivos...?

—Ya no suele haber debates vivos. Cada cual suelta su rollo cuando le toca y ya está.

—¡Qué cómodo para los del Banco Azul! Por cierto, ¿dónde está el Banco Azul?

—Donde siempre. Es que tiene un color menos vivo y, además, ahora ya no está sólo a un lado. Da toda la vuelta al hemiciclo. Como los ministros son tantos... Incluso tienen una segunda fila.

—¿Es que hay muchos partidos a los que contentar inventando carteras?

—No, don Manuel. Es que la burocracia crece y se multiplica. A cada crisis crean más Ministerios. También hay secretarios de Estado, varios subsecretarios en cada departamento...

—¡Hermoso! Qué fácil les resultará quedar bien con los amigos políticos. Oiga, este local también lo han cambiado. Parece más grande. Seguramente es que hay más diputados. Por eso han tenido que poner más asientos.

—Los diputados son ahora menos, a pesar de que España tiene casi el doble de habitantes. Son sólo trescientos cincuenta, pero han tenido que habilitar sitios para cuando vienen los senadores a las sesiones solemnes.

—Esos escaños con los respaldos tan altos y forrados de un material frío me parecen feos. ¿Es que el terciopelo ya no existe? Desde aquí arriba parece una pecera... Sólo se les ve la cabeza a los que están de frente. Pero, ¡escuche...!, allí veo algo que está como lo dejé. El tapiz bordado en oro que siempre estuvo conservado en una caja de cinc y se sacó el día que a mí me proclamaron presidente de la República. Es una joya, pero está mal colocado. Se colgó alto porque aquel día, como en todas las solemnidades, se entraba por esa puerta del fondo y, naturalmente, había que dejar sitio para la abertura de las cortinas. Ese tapiz es una pieza única que no deberían usarla a diario y menos colocada en esa forma. ¡No me gusta cómo queda!

—Veo que no ha perdido usted su pasión por la estética decorativa...

—A propósito, ¿por qué no damos una vuelta por el Prado? Esto me aburre.

—El Prado está en obras. Pasaría usted un mal rato si viera *Las meninas* al lado de una puerta. Es una lástima que nos haya tocado una tarde tan aburrida. Los días de gran debate, casi todos los oradores le mencionan a usted. Con mucho respeto.

—Serán los socialistas, porque aquí republicanos no hay...

—Son todos. Incluso los más «a la derecha». El nombre de Manuel Azaña está de moda y flota por aquí a menudo. Se repiten frases suyas...

—¡Ya...! Realmente la política cambia poco. En el fondo, quiero decir. En la forma, sí. ¿Cuáles son los socialistas?

—Estos que tenemos debajo.

—De aspecto son casi iguales que los de enfrente.

—Es que ahora casi todos son universitarios. Ya sabe, profesores, economistas... La diferencia es que los gubernamentales llevan todos corbata y algunos hasta pasador de corbata. Los socialistas, aunque sean profesores, a veces van sin ella. Eso es ahora moda en la juventud.

—¿Y estos señores mayores de pelo blanco, algunos calvos y todos encorbatados, que están, quizá por error, en los bancos de la oposición...?

—Ésos, don Manuel, son los comunistas.

—Bueno, ande, vámonos... Tengo ganas de pasear.

—No se puede... A menos que tomemos un taxi y nos vayamos hasta más allá de Navacerrada, como a usted le gustaba. Pero ¡primero que lleguemos! Los coches corren más y, sin embargo, avanzan menos...

—También he notado que la gente se ha vuelto más antipática y sobre todo irrespetuosa. Los jóvenes llevan agarradas por el pescuezo a las chicas. Nadie dice «sí, señor», ni «no, señora». A mí me han llamado «oiga» varias veces... En fin, que si yo no estuviera en el secreto, pensaría que lo que pasaba aquí era que habíamos ganado la guerra los rojos, como nos llamaban, incluso a mí... ¡qué cosas!

Salimos por la calle de Fernanflor. Estaba llena de guardias, de coches, de mecánicos.

—Por lo que veo, el coche oficial abunda...

—Sí, ahora cualquier cargo, por poco alto que sea, lo tiene.

—¡Y pensar que hasta en el extranjero salieron críticas porque al presidente de las Cortes Constituyentes don Julián Besteiro se le adjudicaron mil quinientas pesetas al mes «para coche oficial»...! Con eso tenía que pagar la gasolina de un Hispano-Suiza que consumía una barbaridad.

Y, encima, el sueldo de los dos hombres que atendían entonces cada coche oficial.

Llegamos a la Carrera de San Jerónimo, materialmente embotellada.

—Bueno, pero ¿es que ahora nadie anda a pie?

—Casi nadie, don Manuel. El coche ya no es un lujo; es una necesidad, sobre todo para los que los fabrican y los venden.

Me indicó que deberíamos dirigirnos hacia la hermosa avenida cuya apertura él inauguró como prolongación de la Castellana. Zuazo había hecho los planos. Se hizo también una maqueta.

—Sí; usted tenía la ilusión de que fuese una mezcla de los Campos Elíseos y la rue de Rivoli. Algo que hiciera de Madrid una gran ciudad europea. Ha quedado parecida al barrio comercial de una ciudad de Texas, sólo que con los edificios más desiguales y, en general, ¡horrendos!

—Bueno, pero ¿las ocho filas de árboles que planeamos? ¿Las zonas para ir a caballo? ¿Los soportales para pasear a pie...?

—No hay nada de eso. Los que montan ahora a caballo lo hacen en los campos de las sociedades privadas. A pie ya no pasea nadie. De las ocho filas de árboles sólo quedan algunos raquíticos. Entre la contaminación, los carriles de los autobuses y la disputa entre el Ayuntamiento y el Ministerio de Obras Públicas sobre si esa avenida es calle o carretera (según se considere, tendrían que cuidarlos unos u otros y entretanto no los ha cuidado nadie), los árboles que usted soñó tan frondosos se han ido arruinando y desapareciendo... Los laterales de recreo y ornato han ido cediendo terreno al estacionamiento de vehículos. Lo del centro es una carretera por la que se va a Burgos, a Francia, al fútbol, al centro hospitalario más grande de Madrid, a los barrios nuevos y populosos, a Alcobendas, que ahora es eso que llaman los franceses «una ciudad dormitorio».

—Total, que tendremos que meternos en un café...

—Ya no hay cafés. Son cafeterías donde se toma deprisa lo que sea. Y no sueñe usted con sentarse en un ventanal ni en una terraza, porque nos ahogaríamos en humo y no podríamos hablar a causa del estrépito de la calle.

—Pues vámonos a dar una vuelta por Alcalá de Henares. Compraremos almendras a las monjas.

—¡No, don Manuel, a Alcalá no...! ¡Eso ni lo piense!

—¿Es que en mi pueblo todavía se siguen peleando por mí los que me querían y los que me odiaban? ¡No puedo creerlo!

—Es que Alcalá ya no es Alcalá... Parecía una ciudad muerta, pero resucitó «a peor». Verá usted allí edificios hasta de veinte pisos que tapan las iglesias, los conventos, las murallas...

—¿Y han suprimido aquel olor a cuadra de los regimientos de caballería? Contribuía a darle un cierto ambiente.

—Ya no hay caballería. El Ejército no usa caballos. Ahora toda la zona apesta a gasolina y aceite. Todo se vuelve ruido de aviones porque queda muy cerca la base norteamericana de Torrejón de Ardoz.

Don Manuel se quedó profundamente silencioso.

—¡Una base extranjera al lado de mi pueblo! ¡Qué cosas! ¿Se imagina usted de dónde me habrían colgado a mí, qué habrían hecho con mis cuartos, después de descuartizarme, si se me hubiera ocurrido negociar una cosa semejante?

—Es que los tiempos son distintos. Ahora ya no hay nacionalismos, si se exceptúan el catalán, el vasco, el valenciano, el andaluz, el gallego... Todos pertenecemos al bloque occidental. Hay una suerte de interdependencia. Todo el Oeste del mundo unido contra la amenaza que representa el Este.

—¡Curioso! Eso del «mundo occidental» y la civilización occidental también lo decía Hitler cuando arrollaba a Europa... Lo que quería, en realidad, era repartirse el imperio colonial con los franceses y los ingleses. Por cierto, ¿perdieron o ganaron la guerra los alemanes?

—Perdieron. Ganaron los aliados, como la vez anterior.

—Entonces, los franceses y los ingleses lograrían conservar sus imperios, que era por lo que se batían... Además de por deshacer la competencia industrial de Alemania.

—Ya no hay imperios coloniales, don Manuel. Francia perdió incluso Argelia, que era parte de Francia, según decían. Departamentos franceses, como los que formaban la Bretaña o la Provenza. En cambio, Alemania es hoy una potencia industrial colosal y, además, la democracia más fuerte de Europa, a pesar de estar el país dividido. El dinero afluye de todas partes. Tienen la moneda más alta del mundo. Sólo los iguala en eso Suiza, que, ¡ésa sí!, se conserva lo mismo.

Nos cruzamos con un autocar que se detuvo a la puerta de un hotel. Empezaron a descender manadas de japoneses.

—¿Y éstos?

—Éstos son ahora los turistas más numerosos por todas partes. Son riquísimos. Dominan los mercados y tienen una moneda fuerte y altísima. ¡Como también perdieron la guerra...!

—Bueno, mire... será mejor que nos separemos. ¡No entiendo nada! Y para un hombre como fui yo, no entender nada de lo que pasa a su alrededor es una perturbación que no puedo soportar. Me vuelvo a donde estaba...

—No le dejarán mucho tiempo. Como está usted de moda, hablan de traerle a Alcalá de Henares.

—No. ¡Eso sí que no...! Lo dije bien claro: «¡Que me dejen donde caiga!». Pero, en fin, ya veo que hay algo que no ha cambiado, que sigue igual: la manía española de zarandear a los muertos.

ÍNDICE

www.booket.com

www.planetadelibros.com